MUSHIHIME
1

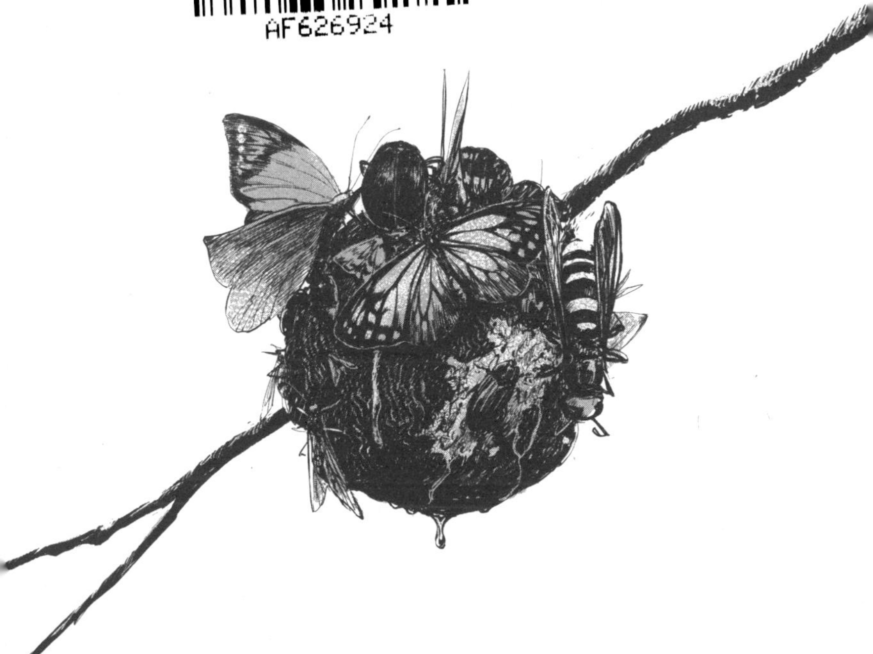

Story: Masaya Hokazono
Art: Yu Satomi

MUSHIHIME

INHALT

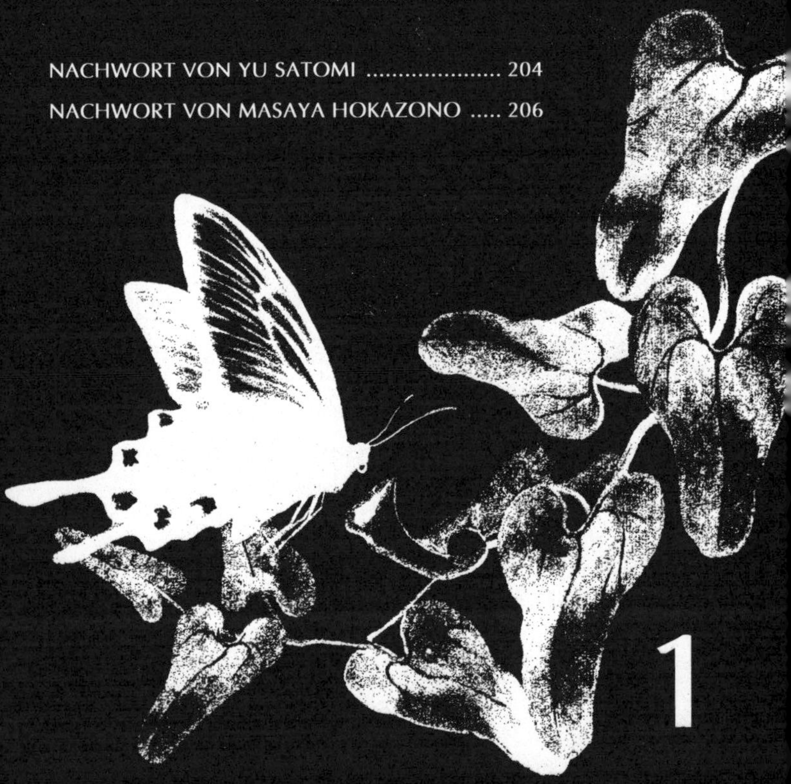

KAPITEL 1

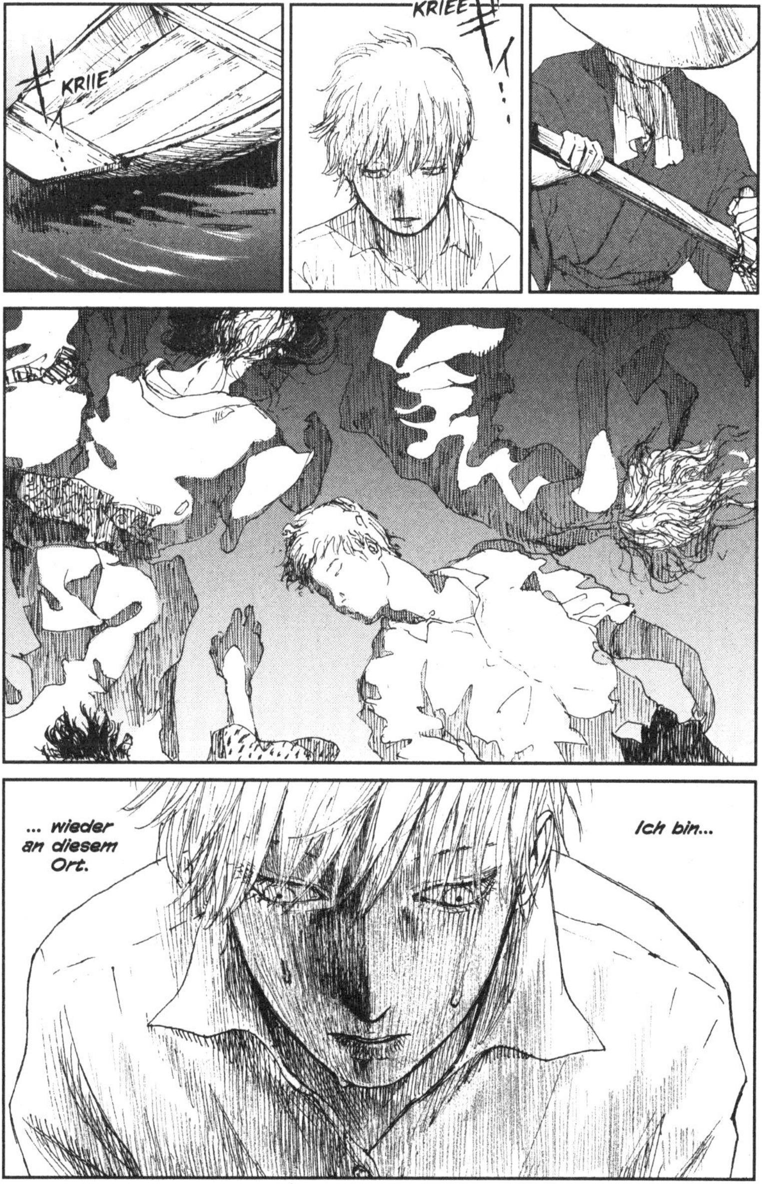

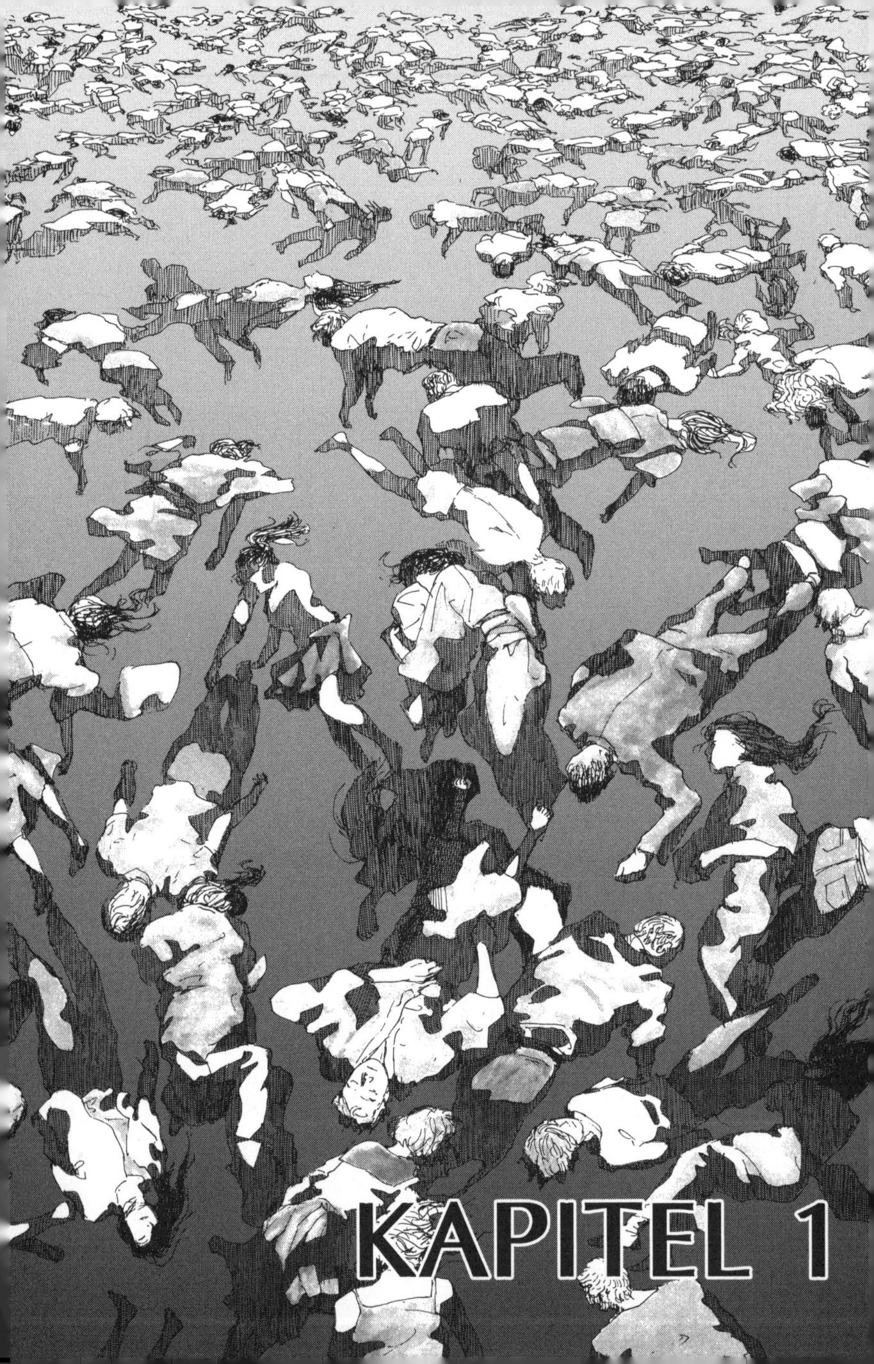

KAPITEL 1

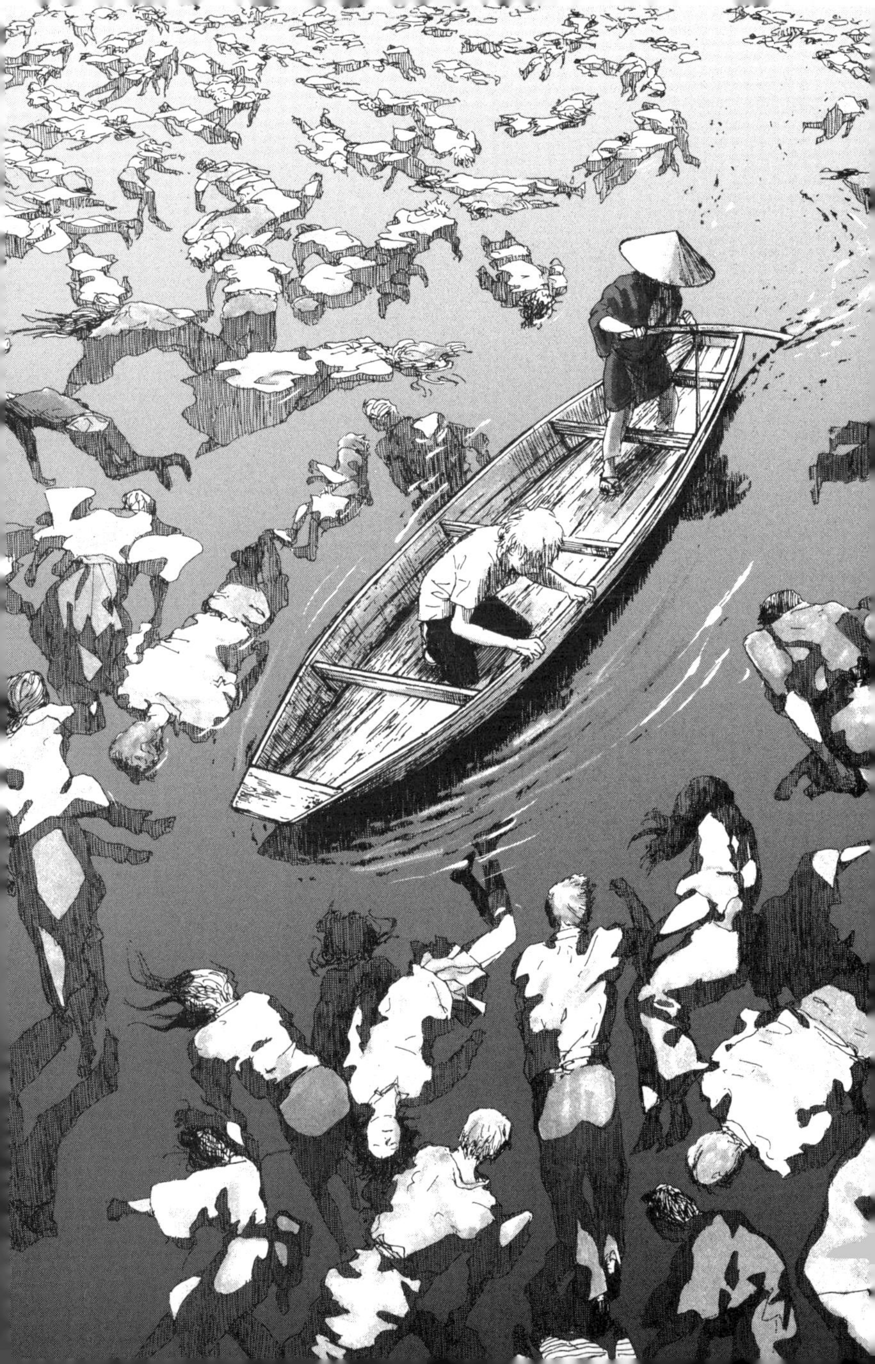

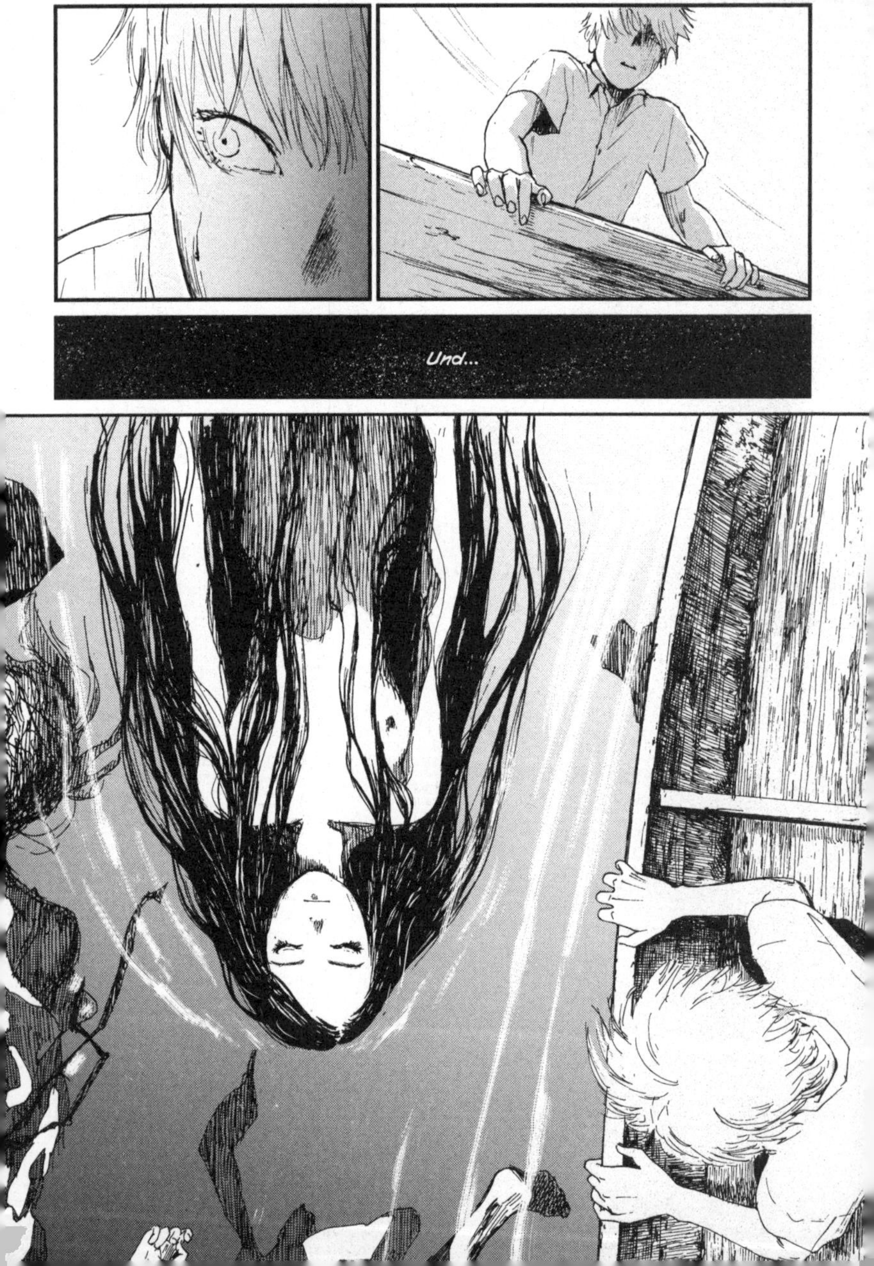
Und...

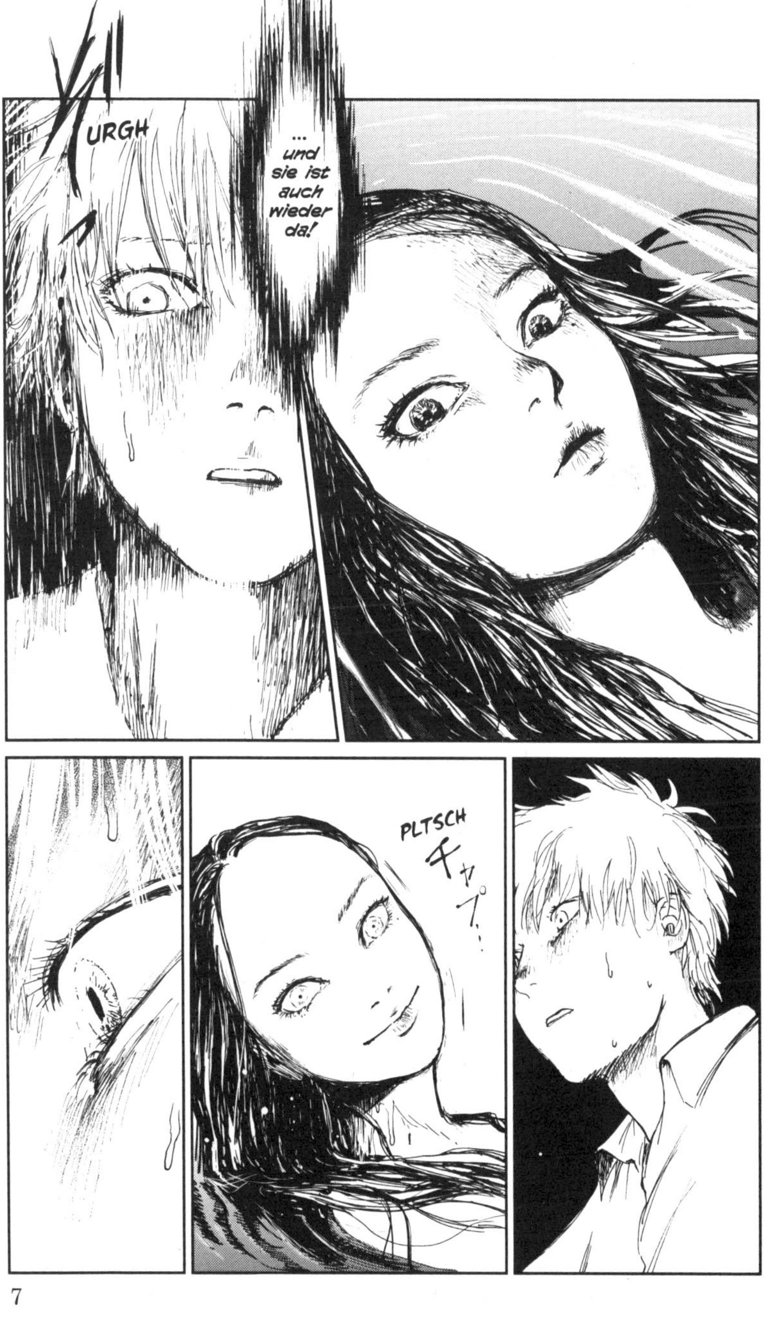
... und sie ist auch wieder da!
URGH
PLTSCH
チャプ…

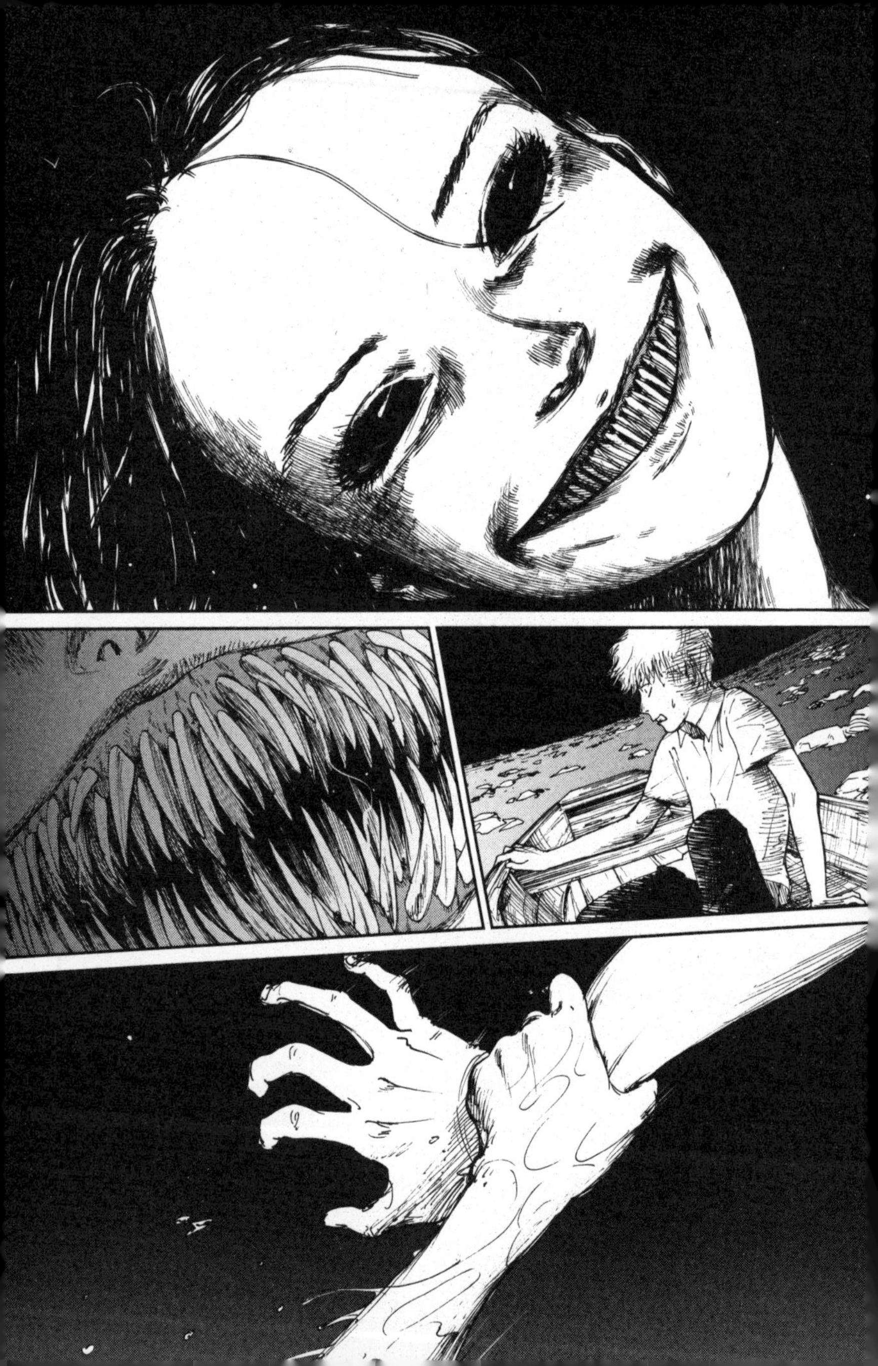

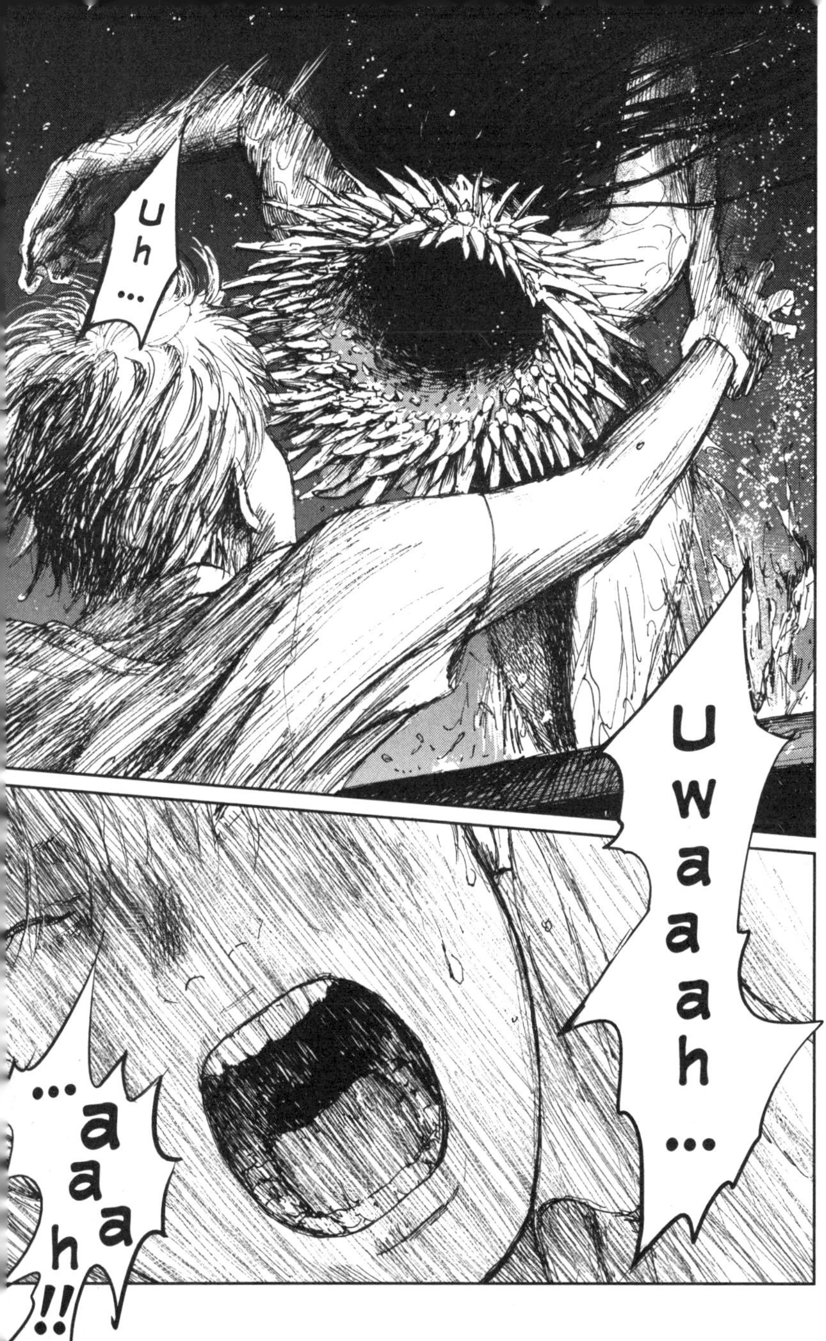

Uh ...
Uwaaah ...
...aaah!!!

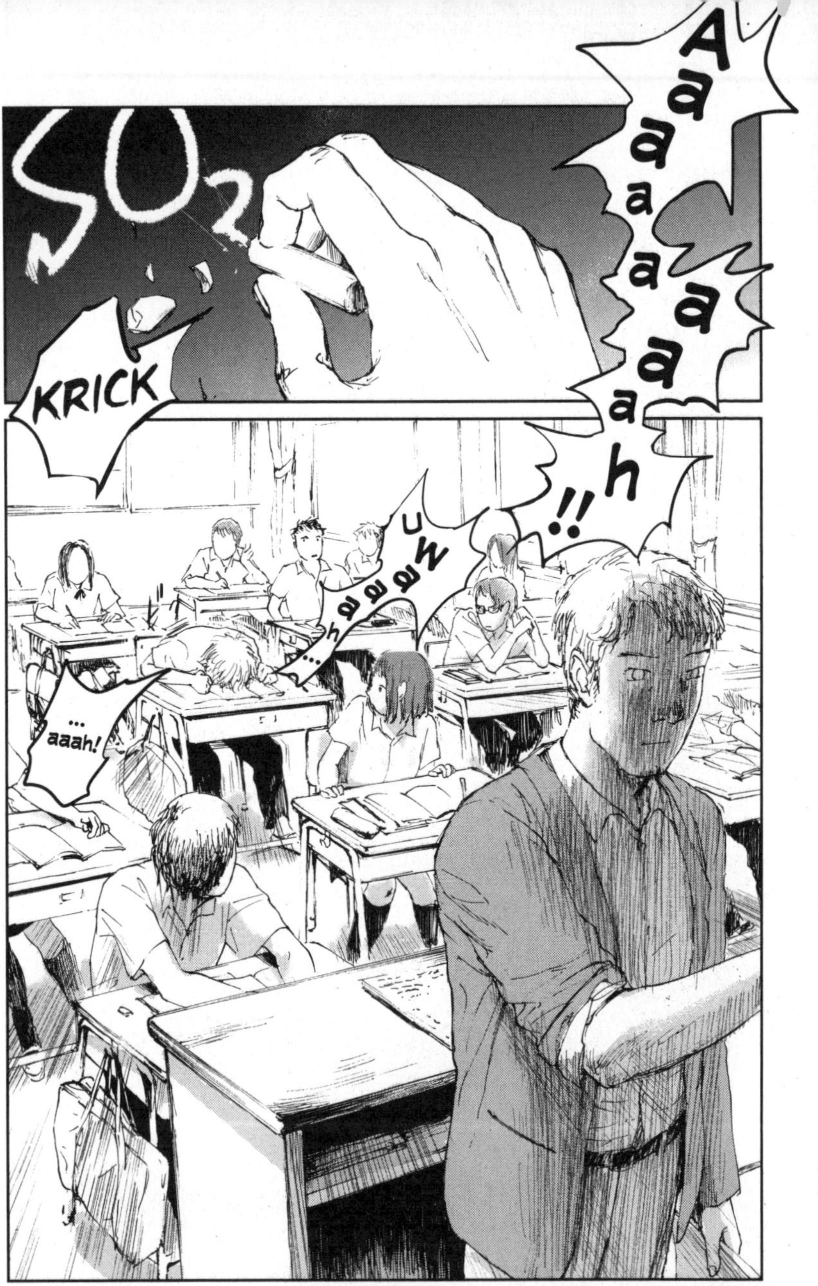

Aaaaaaaah!!
SO_2
KRICK
Uwaaah...
...aaah!

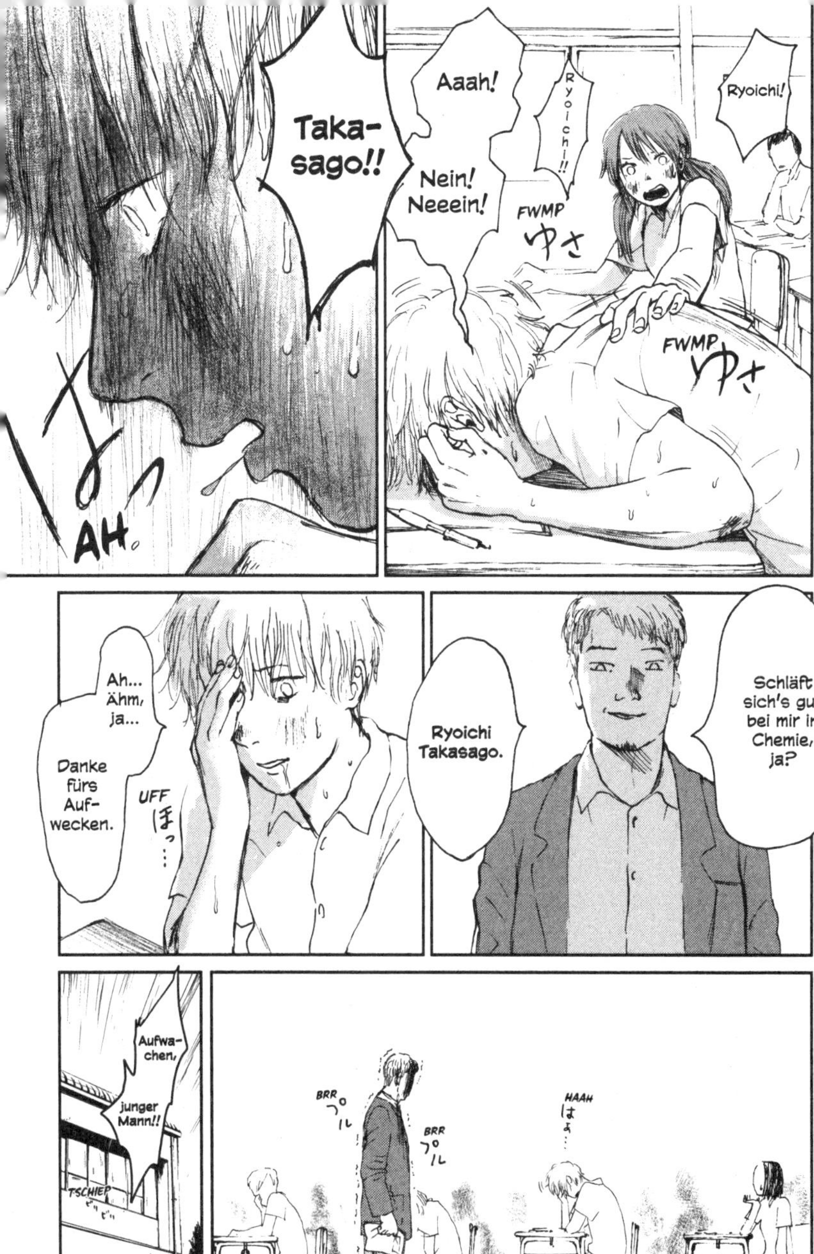
Ryoichi!
Ryoichi!!
FWMP ゆさ
FWMP ゆさ
Aaah!
Nein! Neeein!
Taka-sago!!
AH はっ
Schläft sich's gut bei mir in Chemie, ja?
Ryoichi Takasago.
Ah... Ähm, ja...
Danke fürs Auf-wecken.
UFF ほっ…
HAAH はぁ…
BRR プル
BRR プル
Aufwa-chen,
junger Mann!!
TSCHIEP

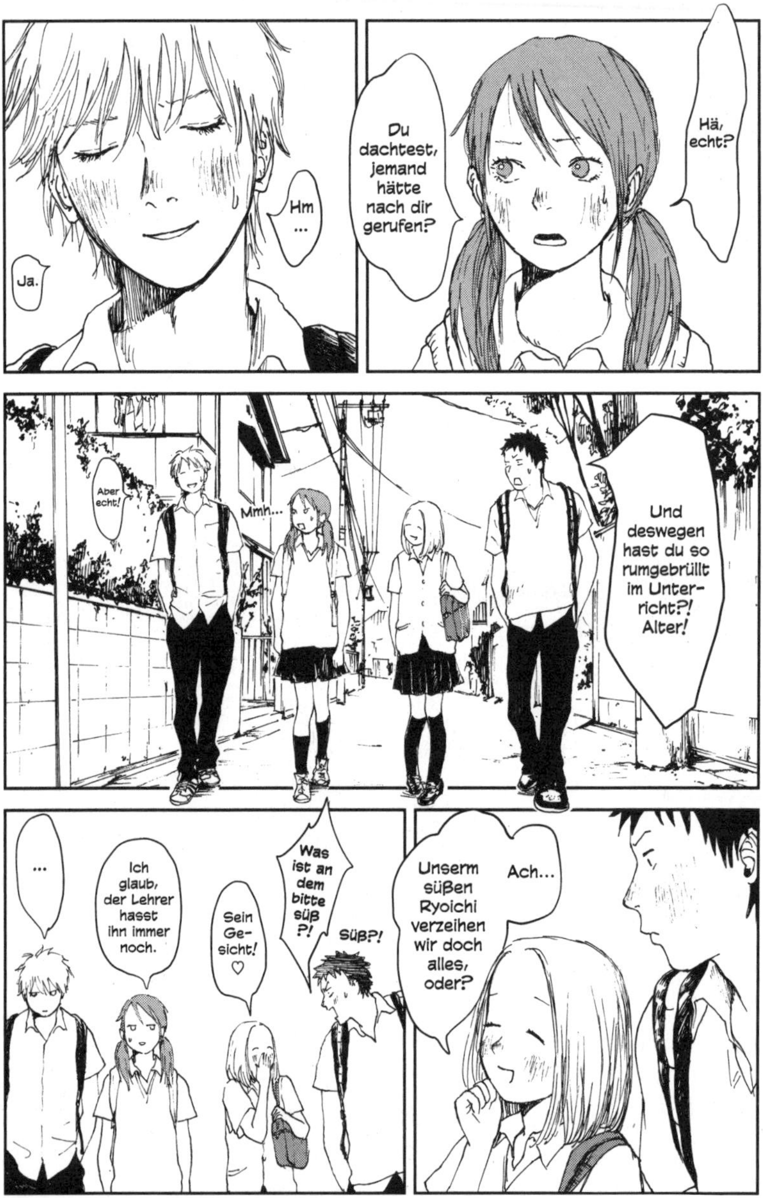
Hä, echt?
Du dachtest, jemand hätte nach dir gerufen?
Hm ...
Ja.
Und deswegen hast du so rumgebrüllt im Unterricht?! Alter!
Mmh...
Aber echt!
Ach...
Unserm süßen Ryoichi verzeihen wir doch alles, oder?
Süß?!
Was ist an dem bitte süß?!
Sein Gesicht! ♡
Ich glaub, der Lehrer hasst ihn immer noch.
...

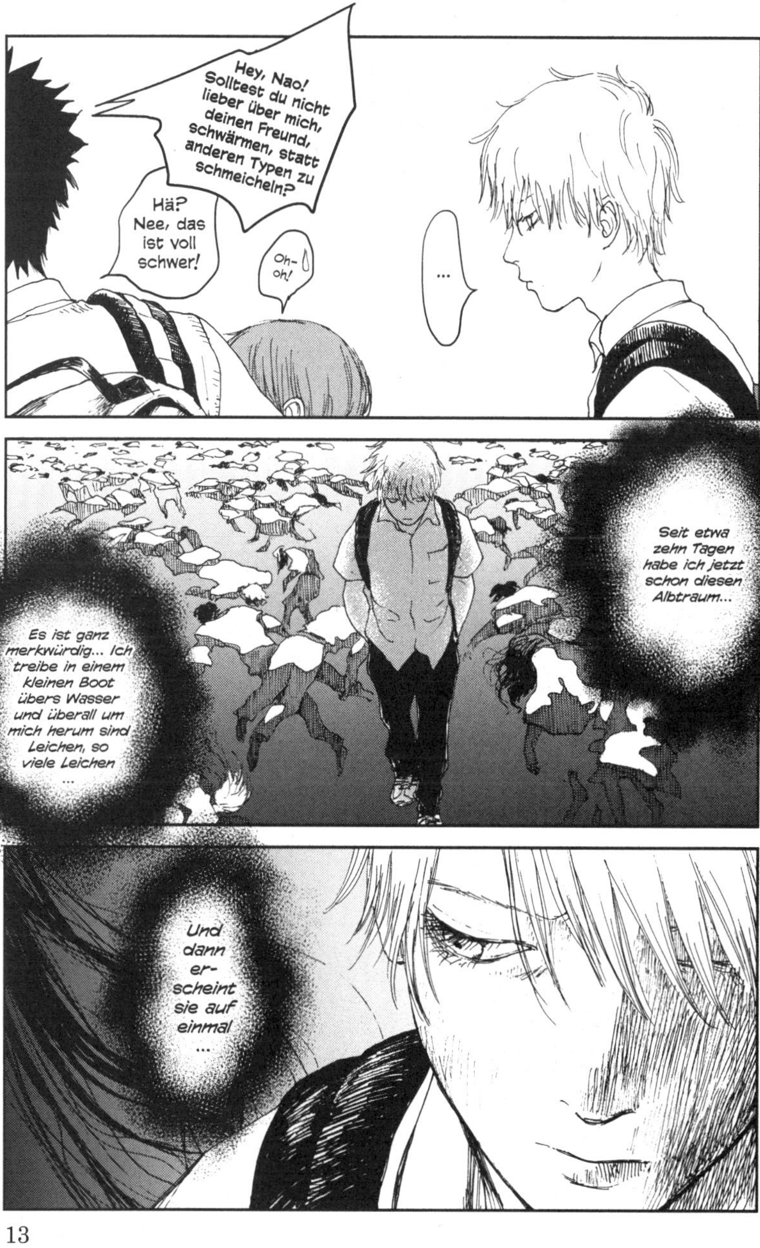

Hey, Nao! Solltest du nicht lieber über mich, deinen Freund, schwärmen, statt anderen Typen zu schmeicheln?
Hä? Nee, das ist voll schwer!
Oh-oh!
...
Seit etwa zehn Tagen habe ich jetzt schon diesen Albtraum...
Es ist ganz merkwürdig... Ich treibe in einem kleinen Boot übers Wasser und überall um mich herum sind Leichen, so viele Leichen ...
Und dann er-scheint sie auf einmal ...

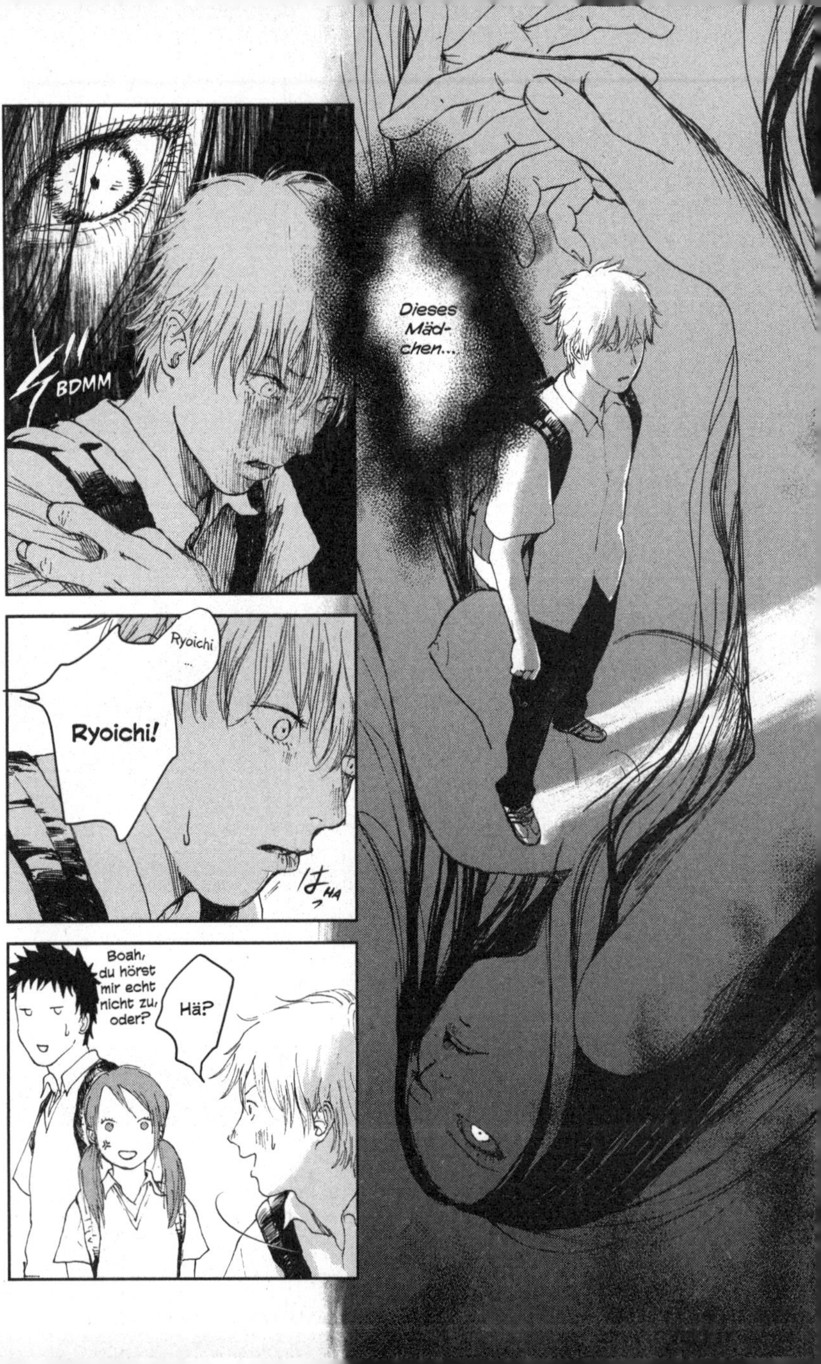
Dieses Mädchen...
BDMM
Ryoichi ...
Ryoichi!
HA
Hä?
Boah, du hörst mir echt nicht zu, oder?

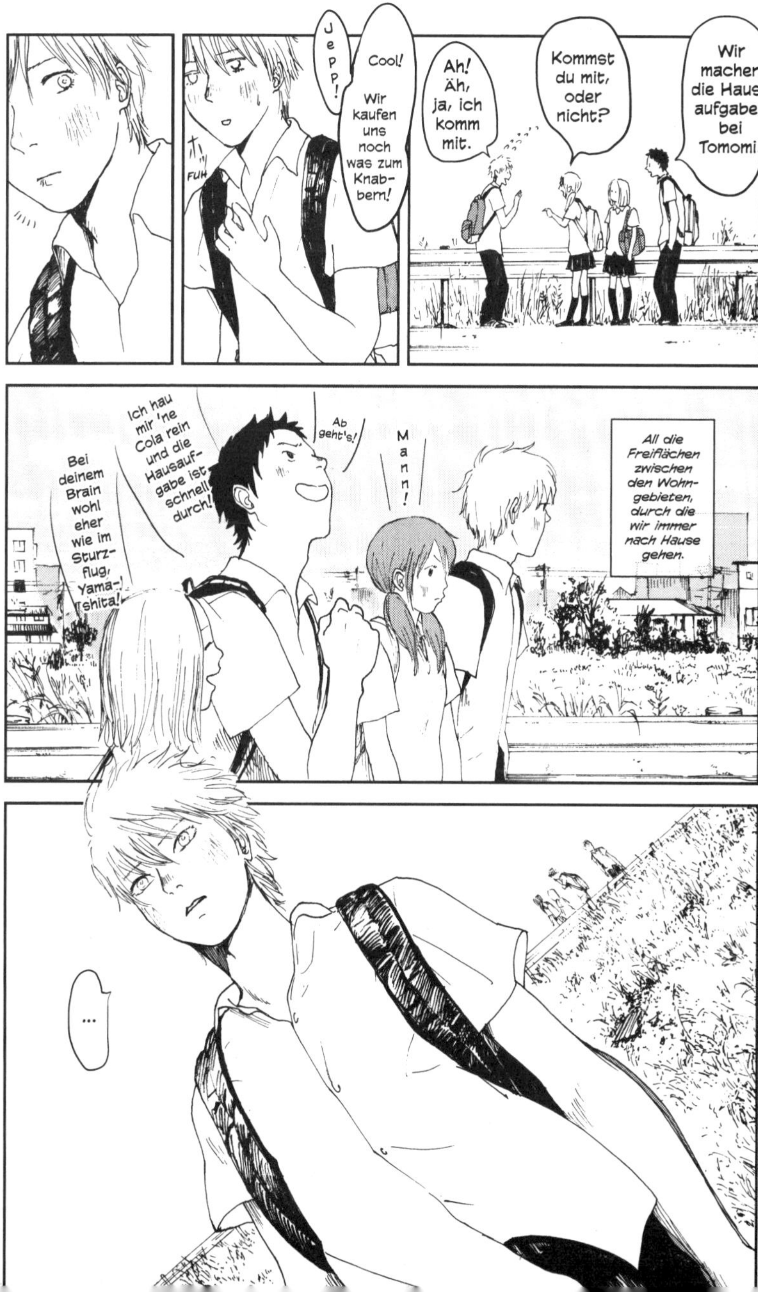
Wir machen die Hausaufgaben bei Tomomi.
Kommst du mit, oder nicht?
Ah! Äh, ja, ich komm mit.
Cool! Wir kaufen uns noch was zum Knabbern!
Jepp!
FUH
All die Freiflächen zwischen den Wohngebieten, durch die wir immer nach Hause gehen.
Mann!
Ab geht's!
Ich hau mir 'ne Cola rein und die Hausaufgabe ist schnell durch!
Bei deinem Brain wohl eher wie im Sturzflug, Yama-shita!
...

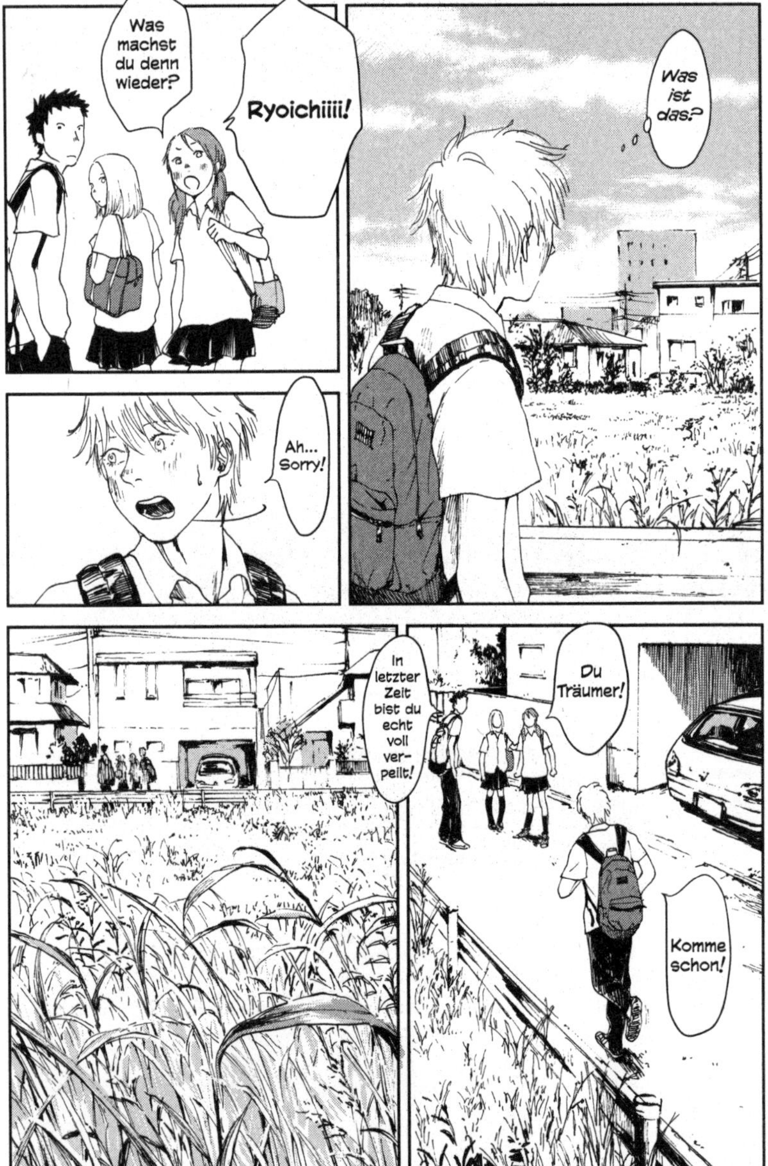
Was ist das?
Ryoichiiii!
Was machst du denn wieder?
Ah... Sorry!
Du Träumer!
In letzter Zeit bist du echt voll ver-peilt!
Komme schon!

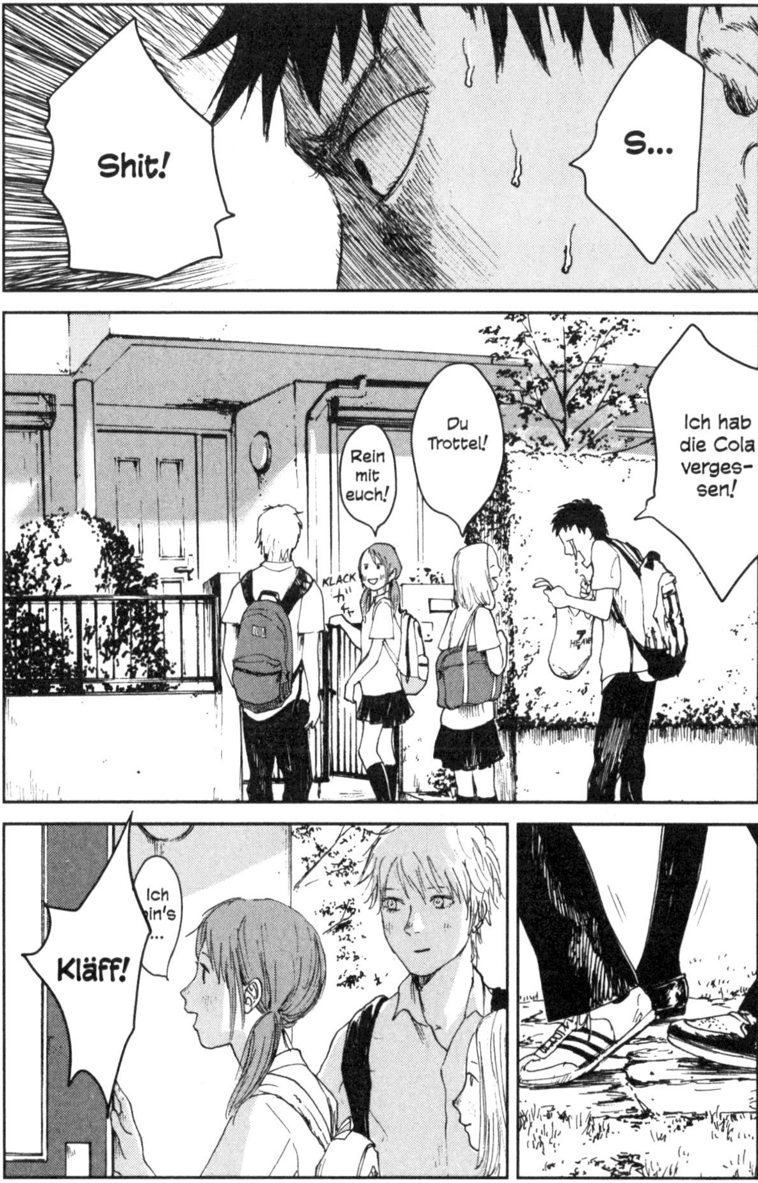
S...
Shit!
Ich hab die Cola verges-sen!
Du Trottel!
Rein mit euch!
KLACK
Kläff!
Ich
in's
...

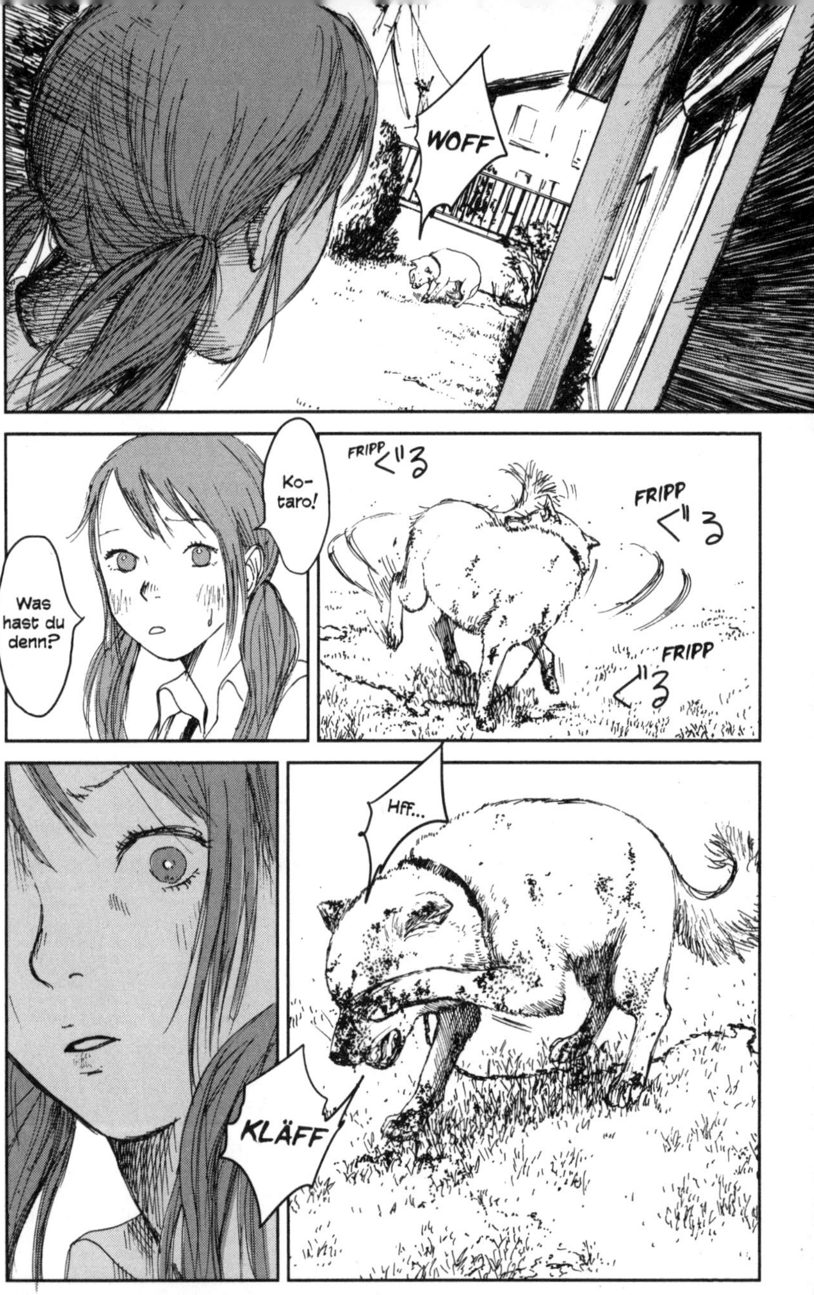
WOFF
Ko-taro!
Was hast du denn?
FRIPP ぐる
FRIPP ぐる
FRIPP ぐる
Hff...
KLÄFF

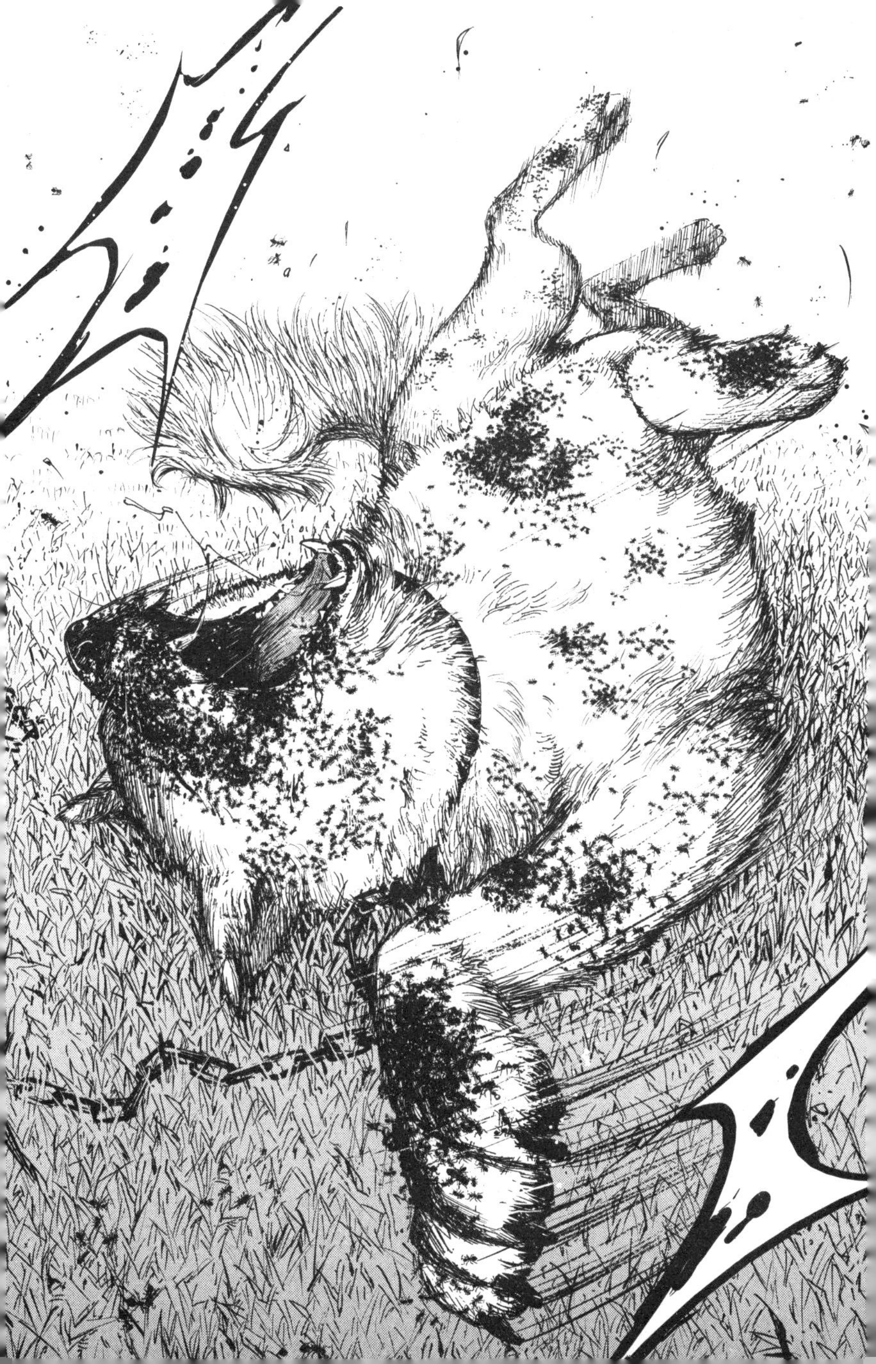

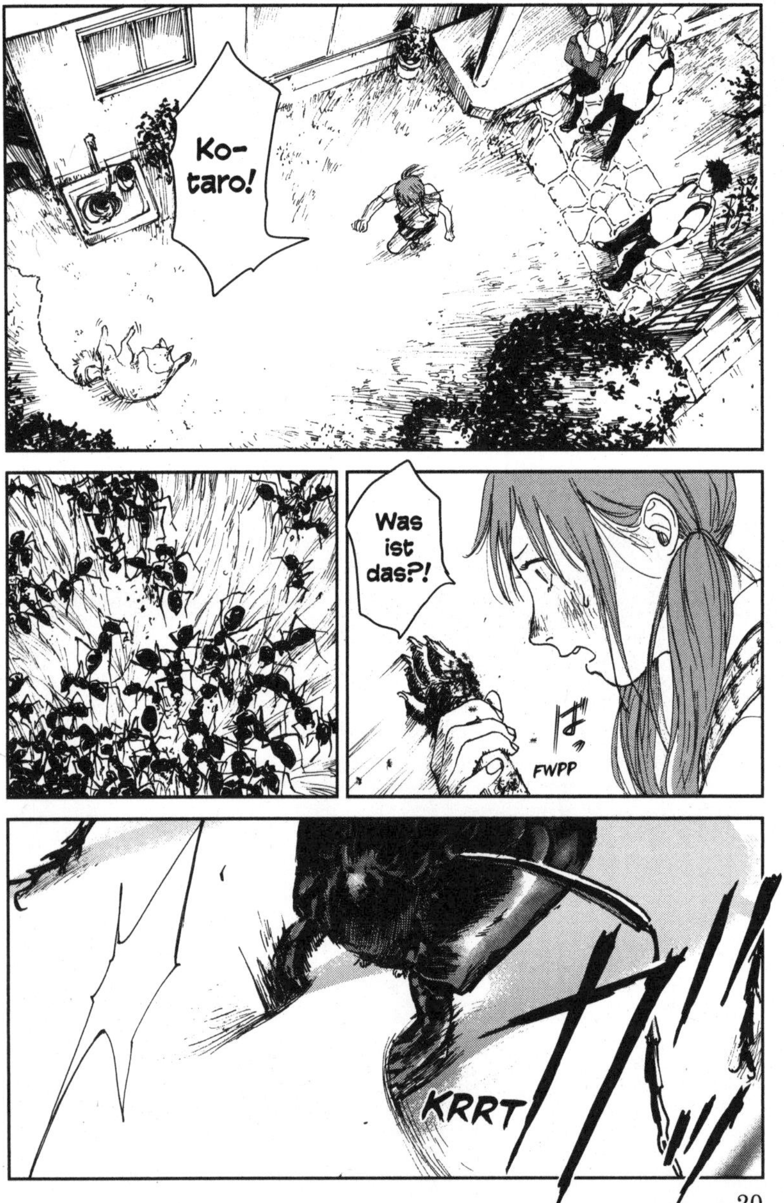
Ko-
taro!
Was
ist
das?!
ぱっ
FWPP
KRRT

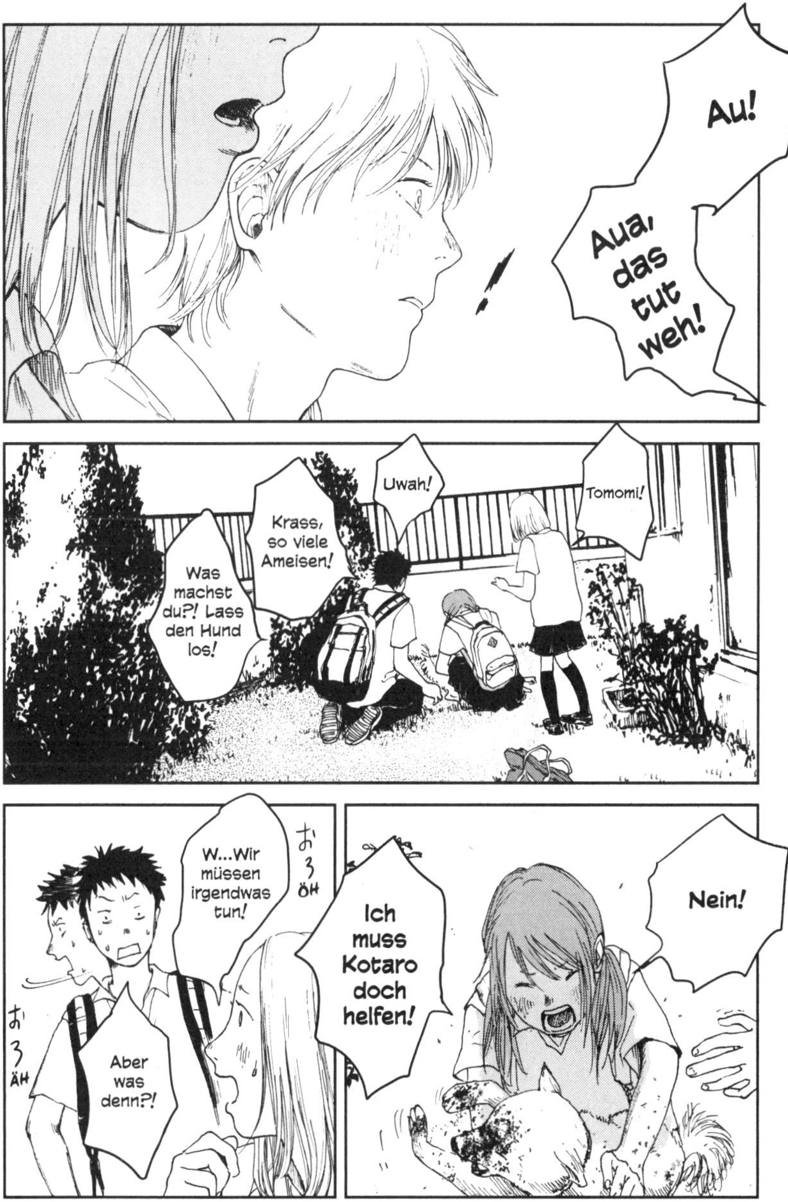
Au!
Aua, das tut weh!
Tomomi!
Uwah!
Krass, so viele Ameisen!
Was machst du?! Lass den Hund los!
Nein!
Ich muss Kotaro doch helfen!
W...Wir müssen irgendwas tun!
おろ ÖH
Aber was denn?!
おろ ÄH

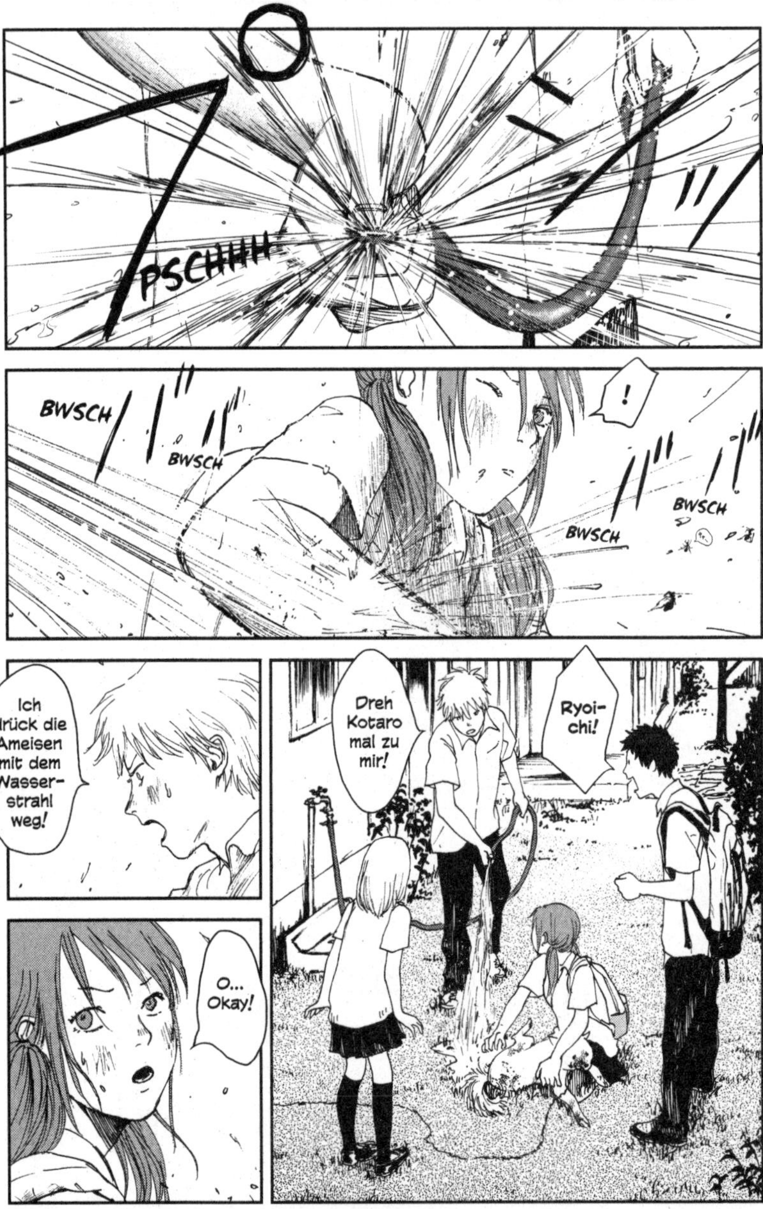
PSCHHH
BWSCH
BWSCH
!
BWSCH
BWSCH
Ryoi-chi!
Dreh Kotaro mal zu mir!
Ich drück die Ameisen mit dem Wasser-strahl weg!
O... Okay!

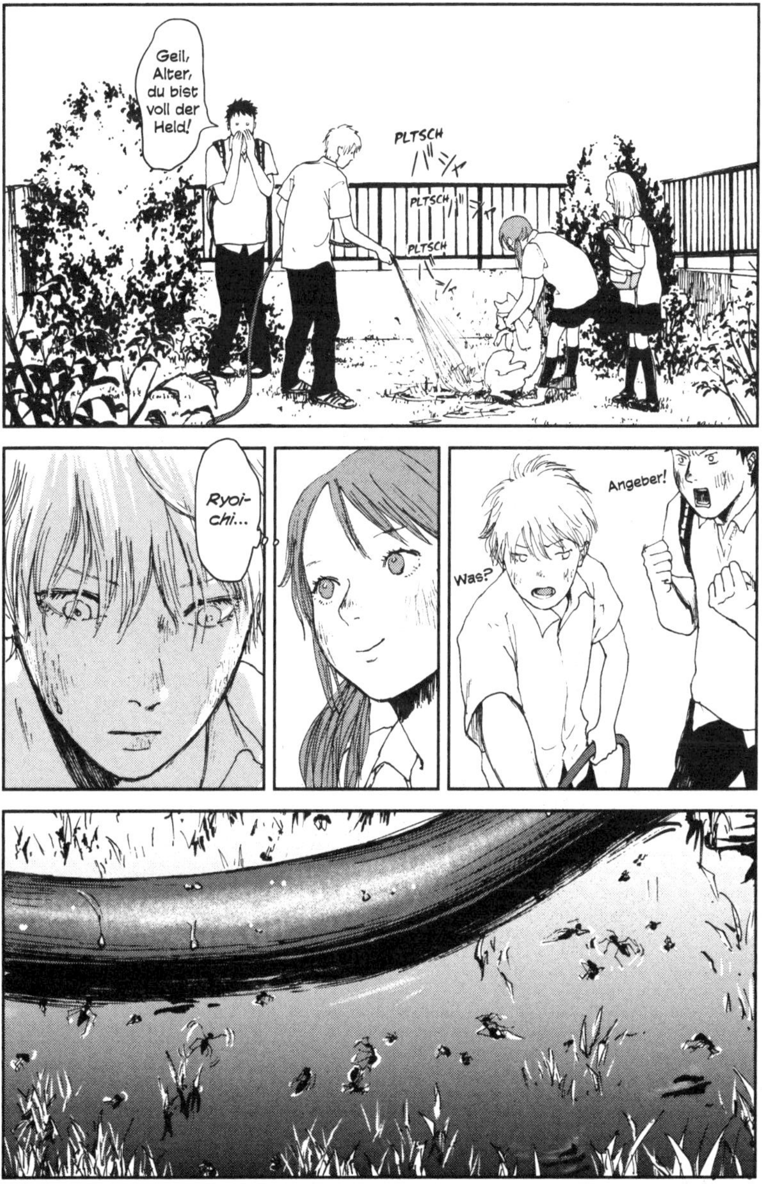
Geil, Alter, du bist voll der Held!
PLTSCH
PLTSCH
PLTSCH
Angeber!
Was?
Ryoi-chi...

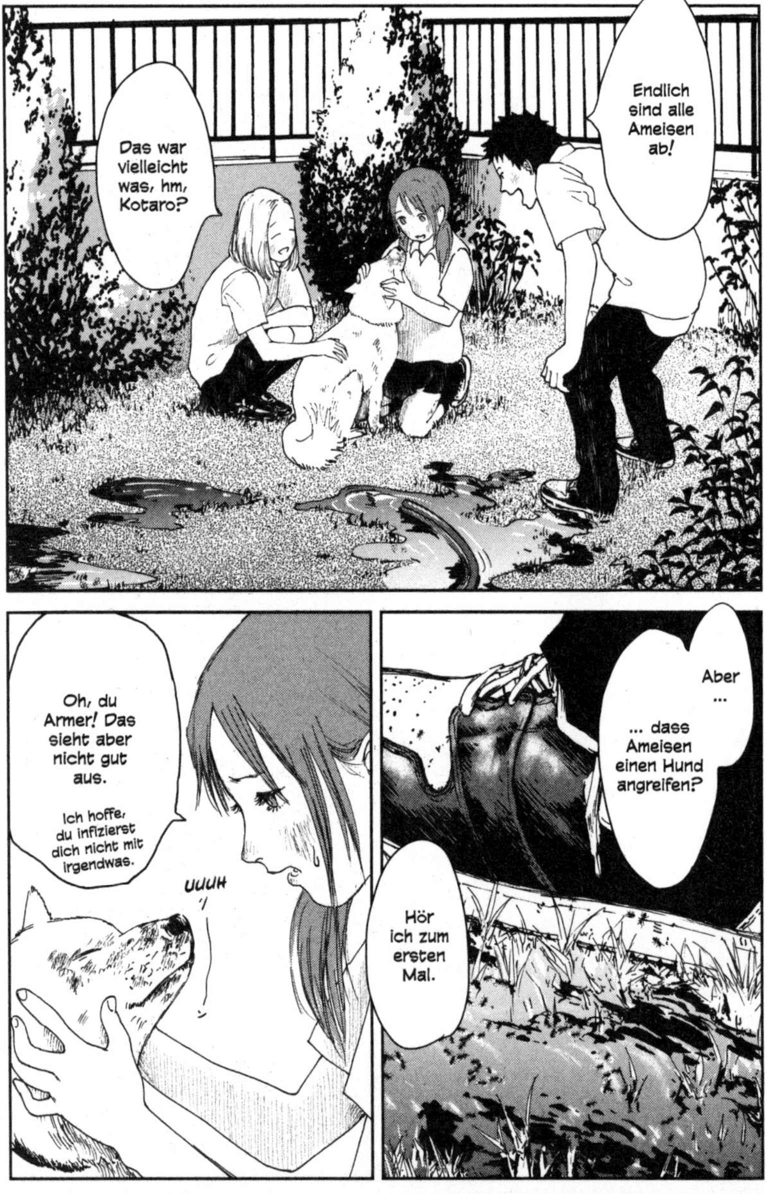
Endlich sind alle Ameisen ab!
Das war vielleicht was, hm, Kotaro?
Aber ...
... dass Ameisen einen Hund angreifen?
Hör ich zum ersten Mal.
Oh, du Armer! Das sieht aber nicht gut aus.
Ich hoffe, du infizierst dich nicht mit irgendwas.
UUUH

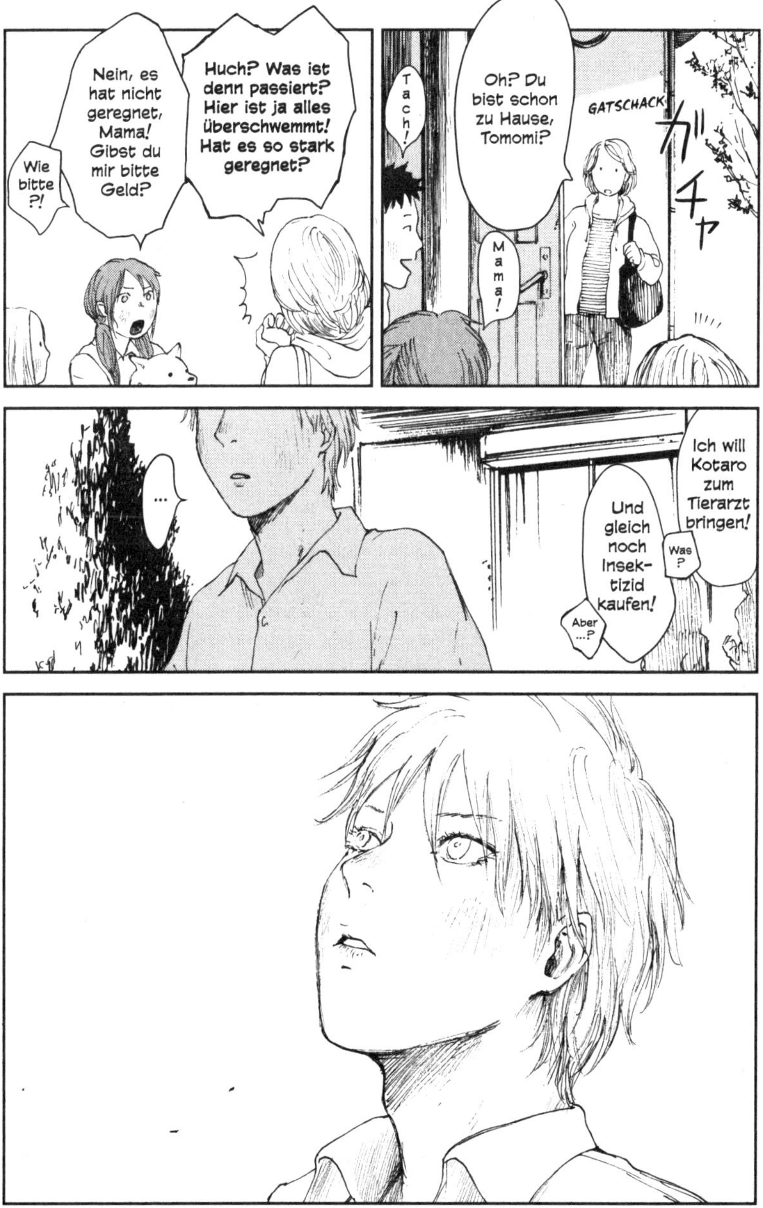
GATSCHACK
ガチャ
Oh? Du bist schon zu Hause, Tomomi?
Tach!
Mama!
Huch? Was ist denn passiert? Hier ist ja alles überschwemmt! Hat es so stark geregnet?
Nein, es hat nicht geregnet, Mama! Gibst du mir bitte Geld?
Wie bitte ?!
Ich will Kotaro zum Tierarzt bringen!
Was ?
Und gleich noch Insektizid kaufen!
Aber ...?
...

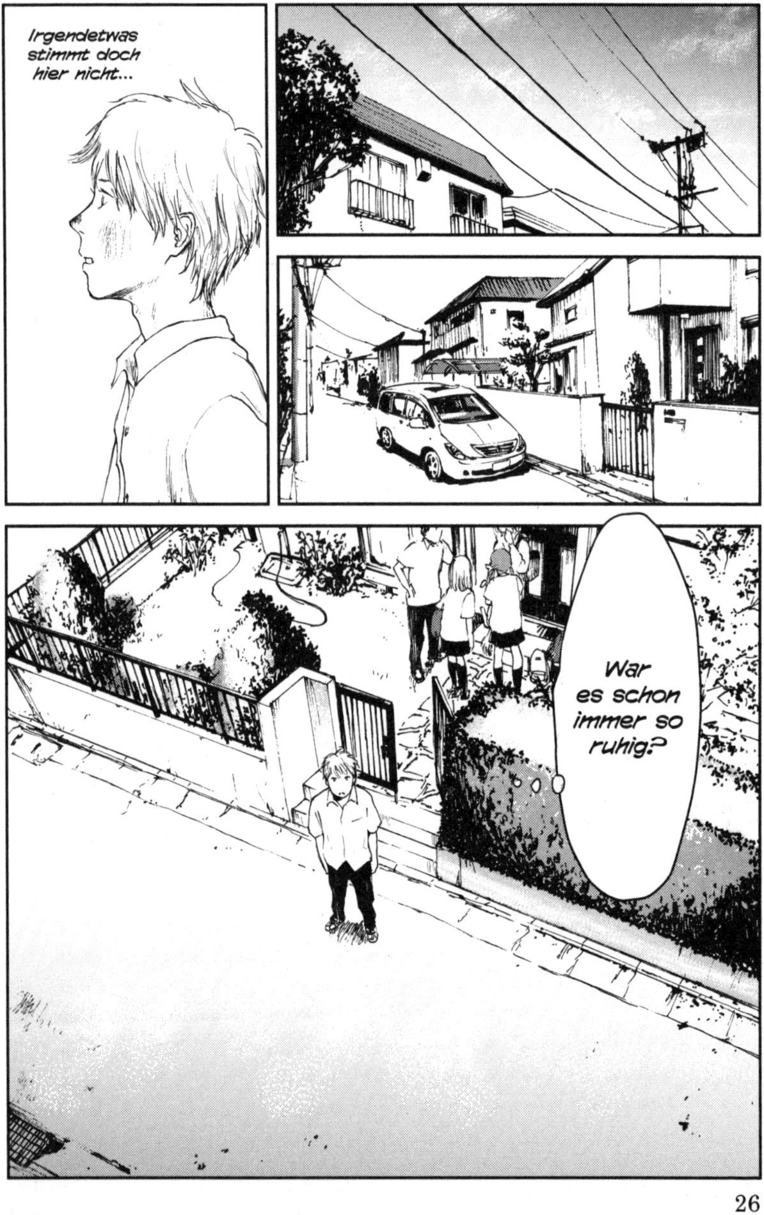
Irgendetwas stimmt doch hier nicht...
War es schon immer so ruhig?

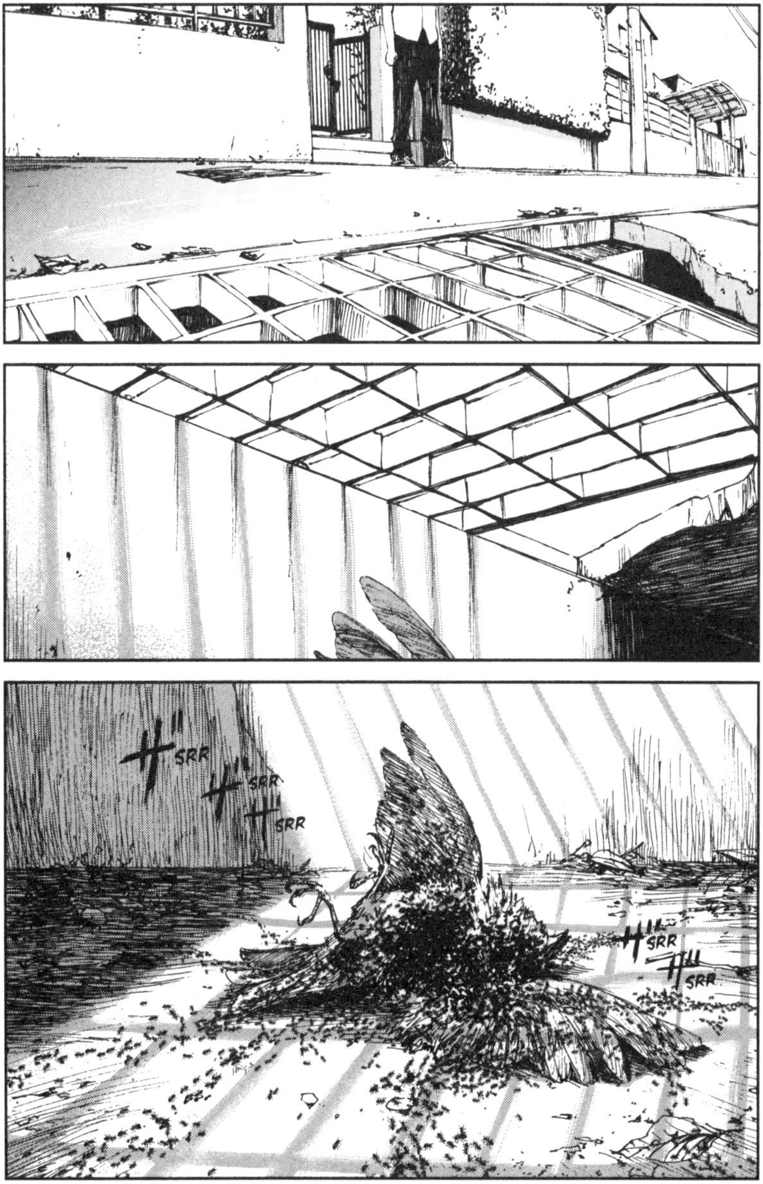
SRR
SRR
SRR
SRR
SRR

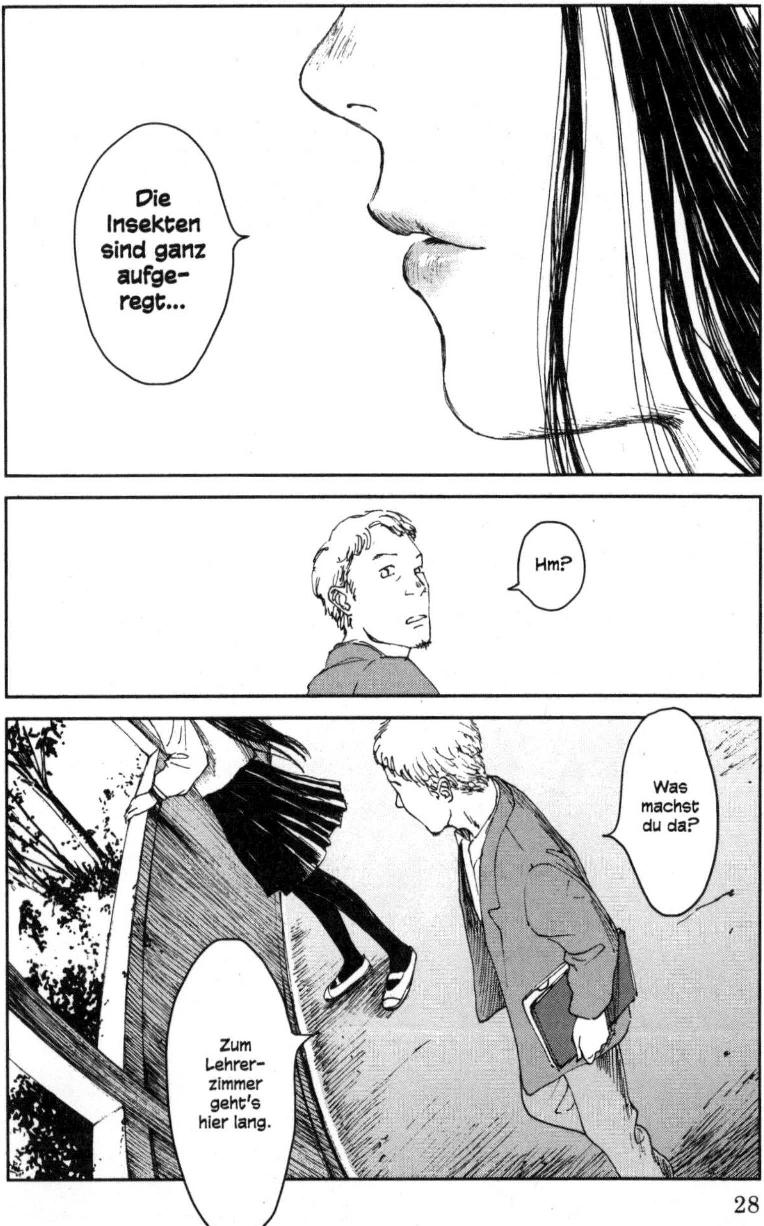

Die Insekten sind ganz aufgeregt...
Hm?
Was machst du da?
Zum Lehrerzimmer geht's hier lang.

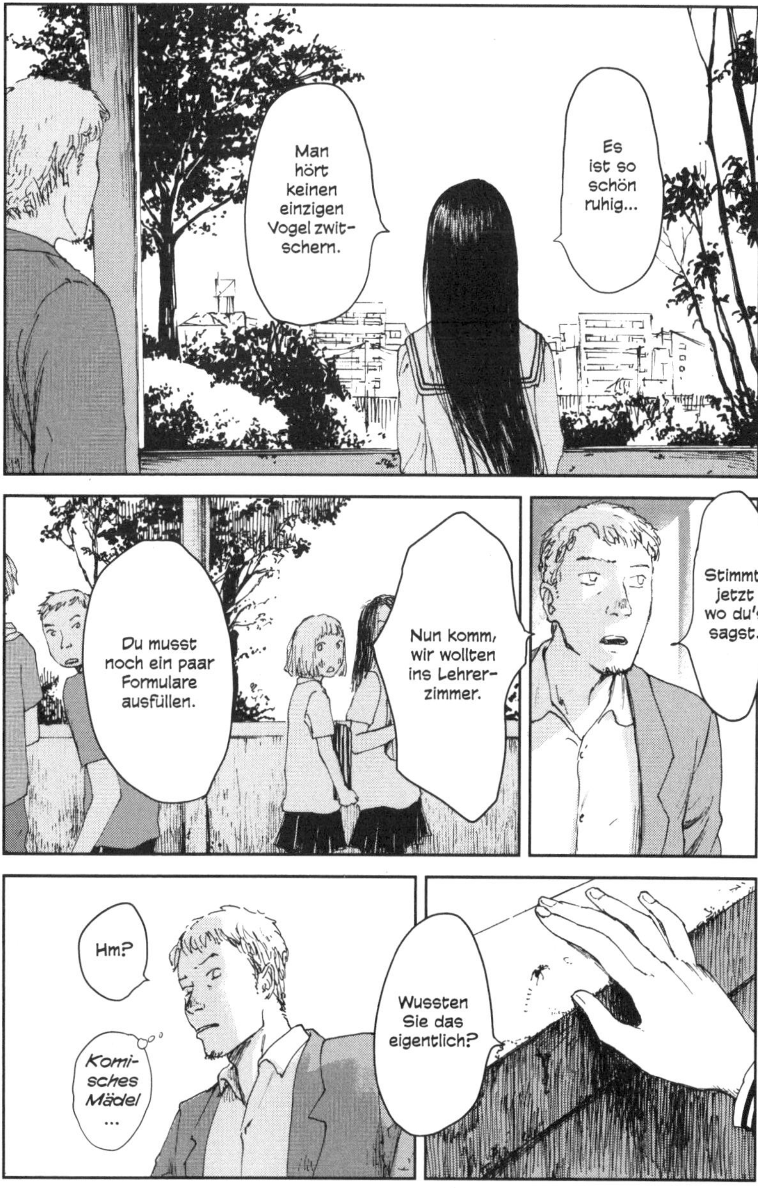
Es ist so schön ruhig...
Man hört keinen einzigen Vogel zwitschern.
Stimmt, jetzt wo du's sagst.
Nun komm, wir wollten ins Lehrerzimmer.
Du musst noch ein paar Formulare ausfüllen.
Wussten Sie das eigentlich?
Hm?
Komisches Mädel ...

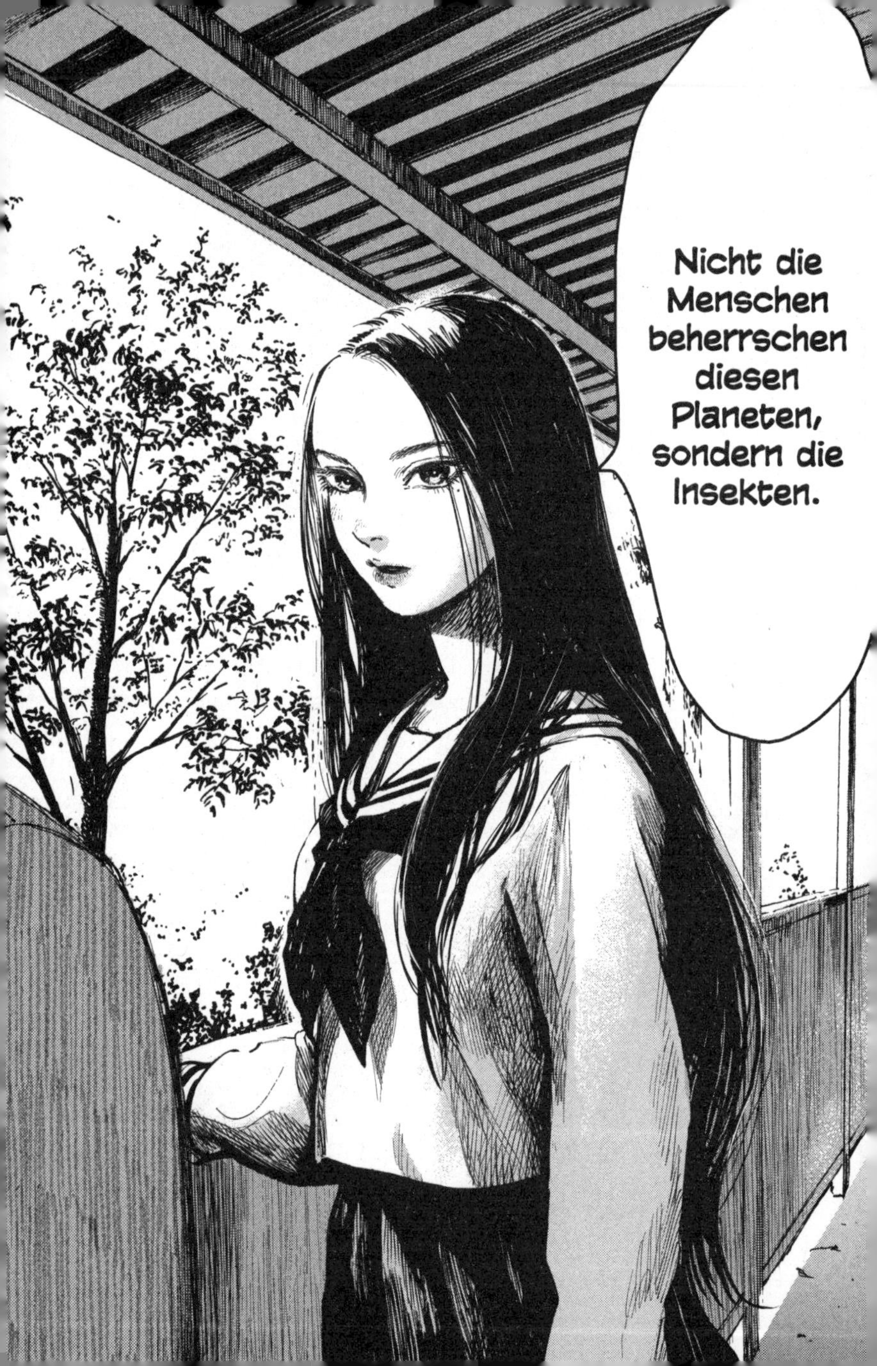
Nicht die Menschen beherrschen diesen Planeten, sondern die Insekten.

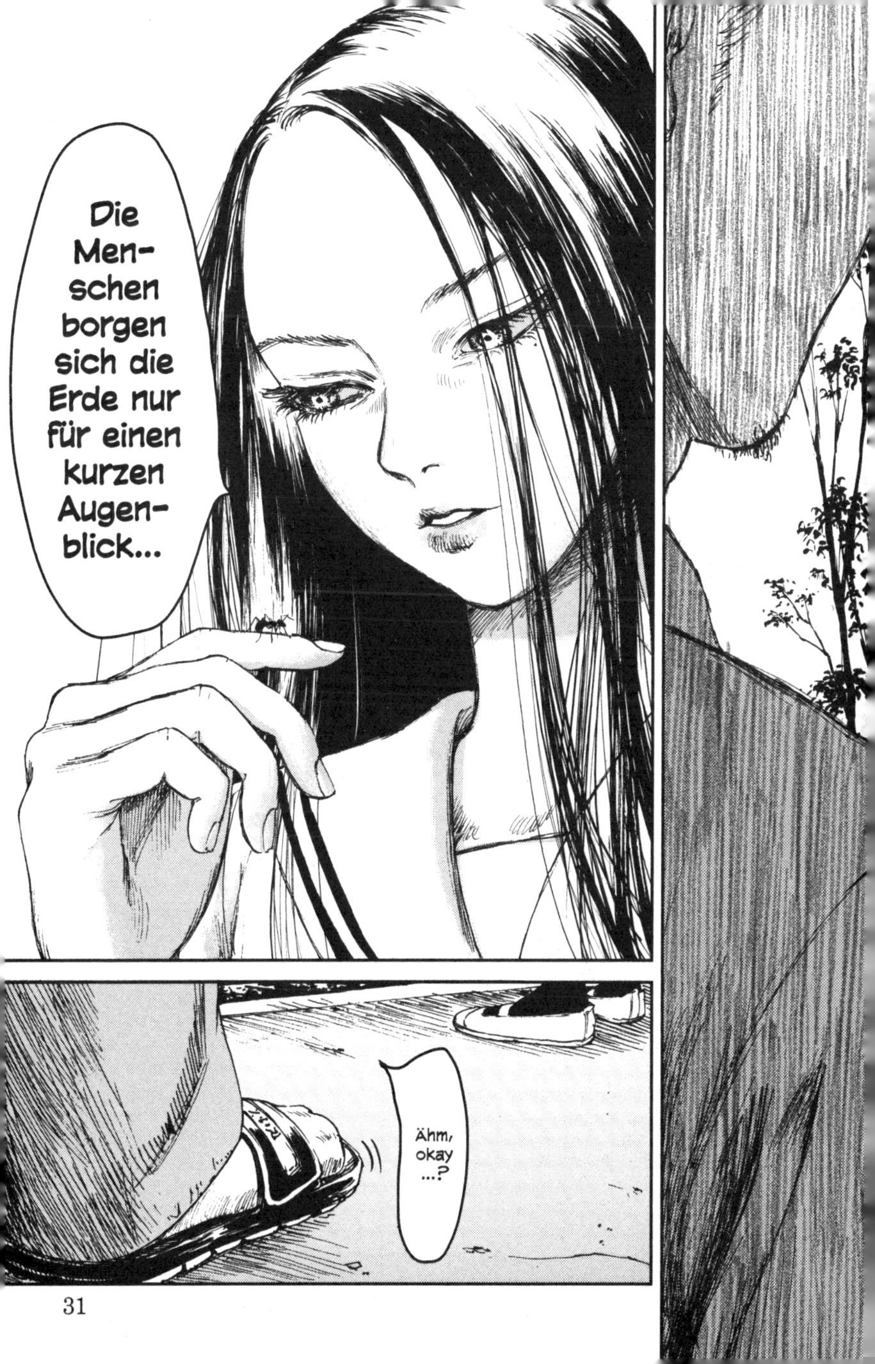
Die Menschen borgen sich die Erde nur für einen kurzen Augenblick...
Ähm, okay ...?

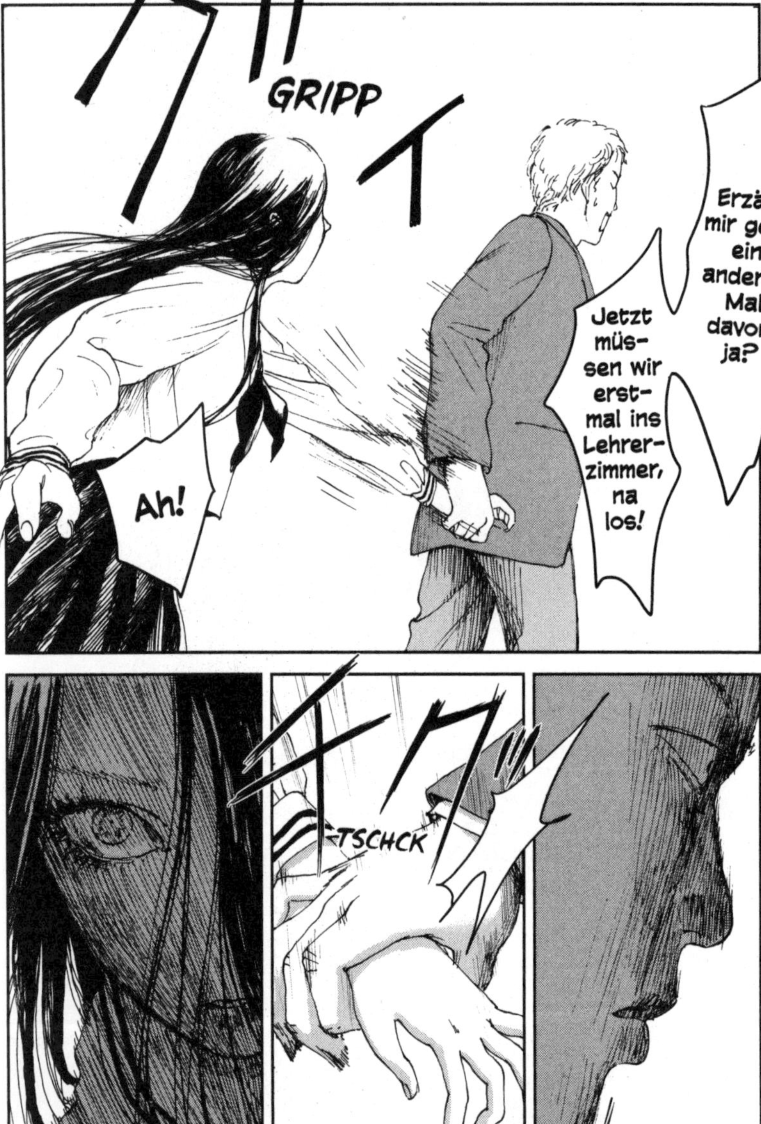
GRIPP
Erzähl mir gern ein anderes Mal davon, ja?
Jetzt müssen wir erstmal ins Lehrerzimmer, na los!
Ah!
TSCHCK

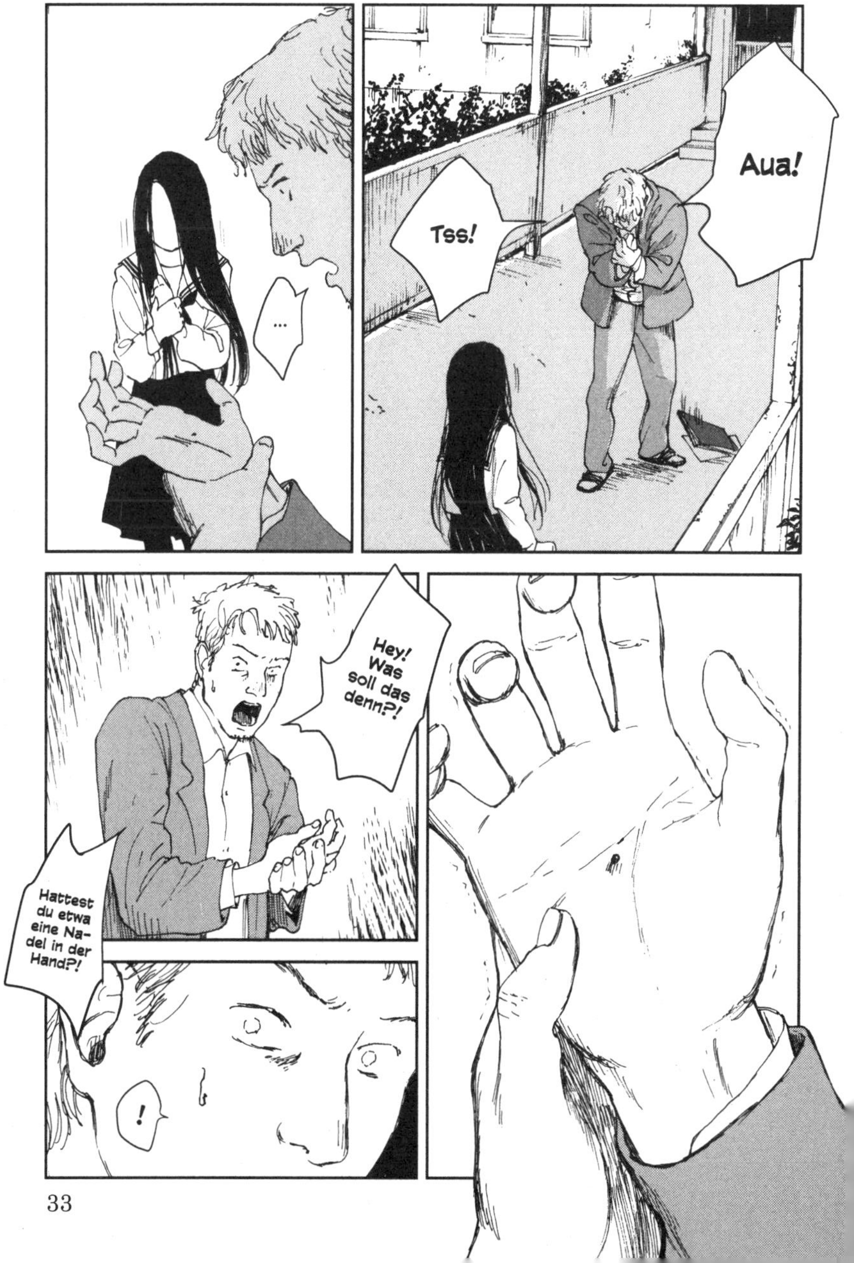
...
Aua!
Tss!
Hey! Was soll das denn?!
!
Hattest du etwa eine Na-del in der Hand?!

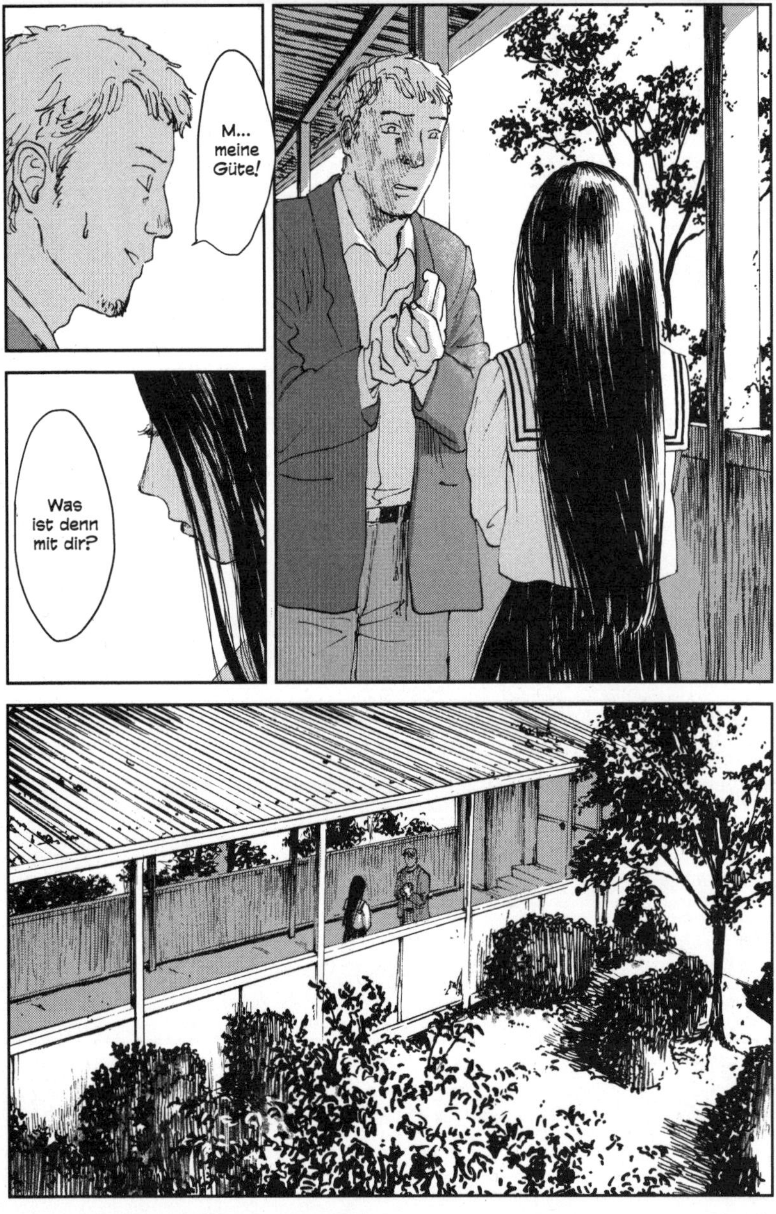
M...
meine
Güte!
Was
ist denn
mit dir?

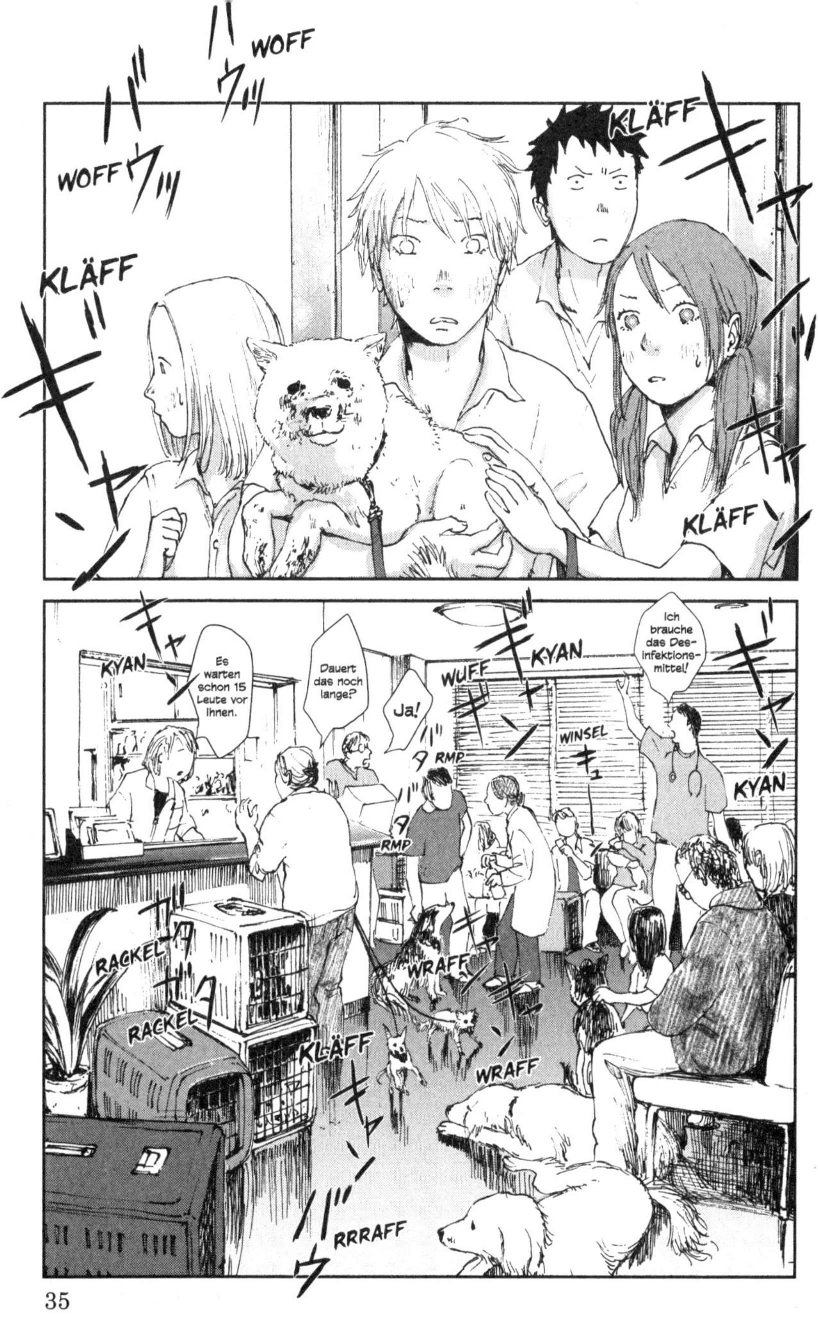
WOFF
KLÄFF
WOFF
KLÄFF
KLÄFF
Ich brauche das Desinfektionsmittel!
KYAN
KYAN
WINSEL
WUFF
Ja!
Dauert das noch lange?
Es warten schon 15 Leute vor Ihnen.
KYAN
RMP
RMP
WRAFF
WRAFF
KLÄFF
RACKEL
RACKEL
RRRAFF

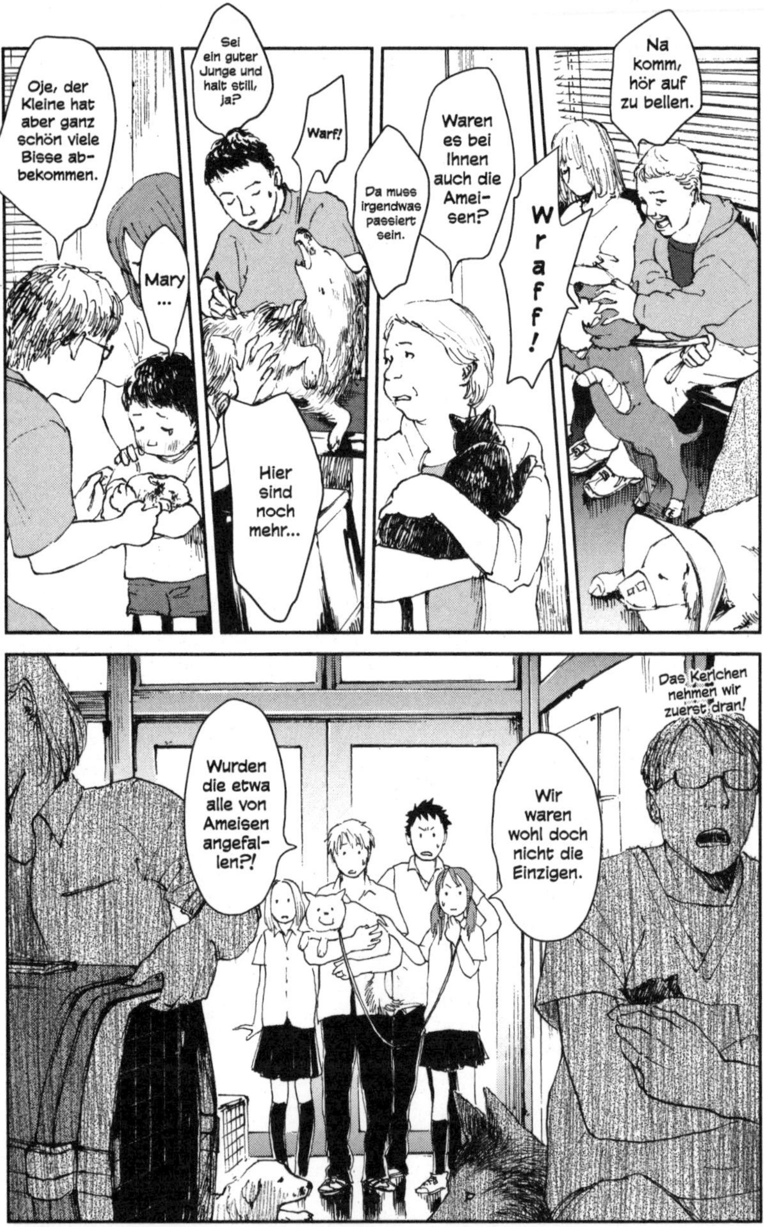
Na komm, hör auf zu bellen.
Wraff!
Waren es bei Ihnen auch die Ameisen?
Da muss irgendwas passiert sein.
Sei ein guter Junge und halt still, ja?
Warf!
Hier sind noch mehr...
Oje, der Kleine hat aber ganz schön viele Bisse abbekommen.
Mary ...
Das Kerlchen nehmen wir zuerst dran!
Wir waren wohl doch nicht die Einzigen.
Wurden die etwa alle von Ameisen angefallen?!

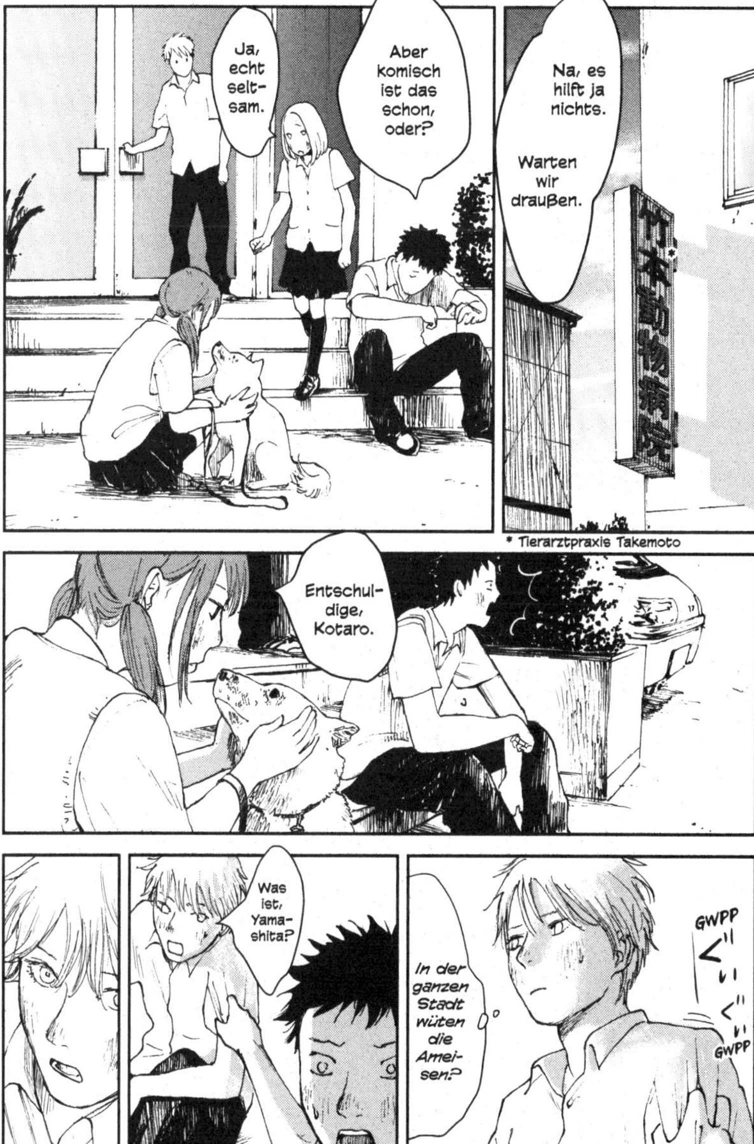

Na, es hilft ja nichts.
Warten wir draußen.
竹本動物病院*
Aber komisch ist das schon, oder?
Ja, echt seltsam.
* Tierarztpraxis Takemoto
Entschuldige, Kotaro.
GWPP
GWPP
In der ganzen Stadt wüten die Ameisen?
Was ist, Yamashita?

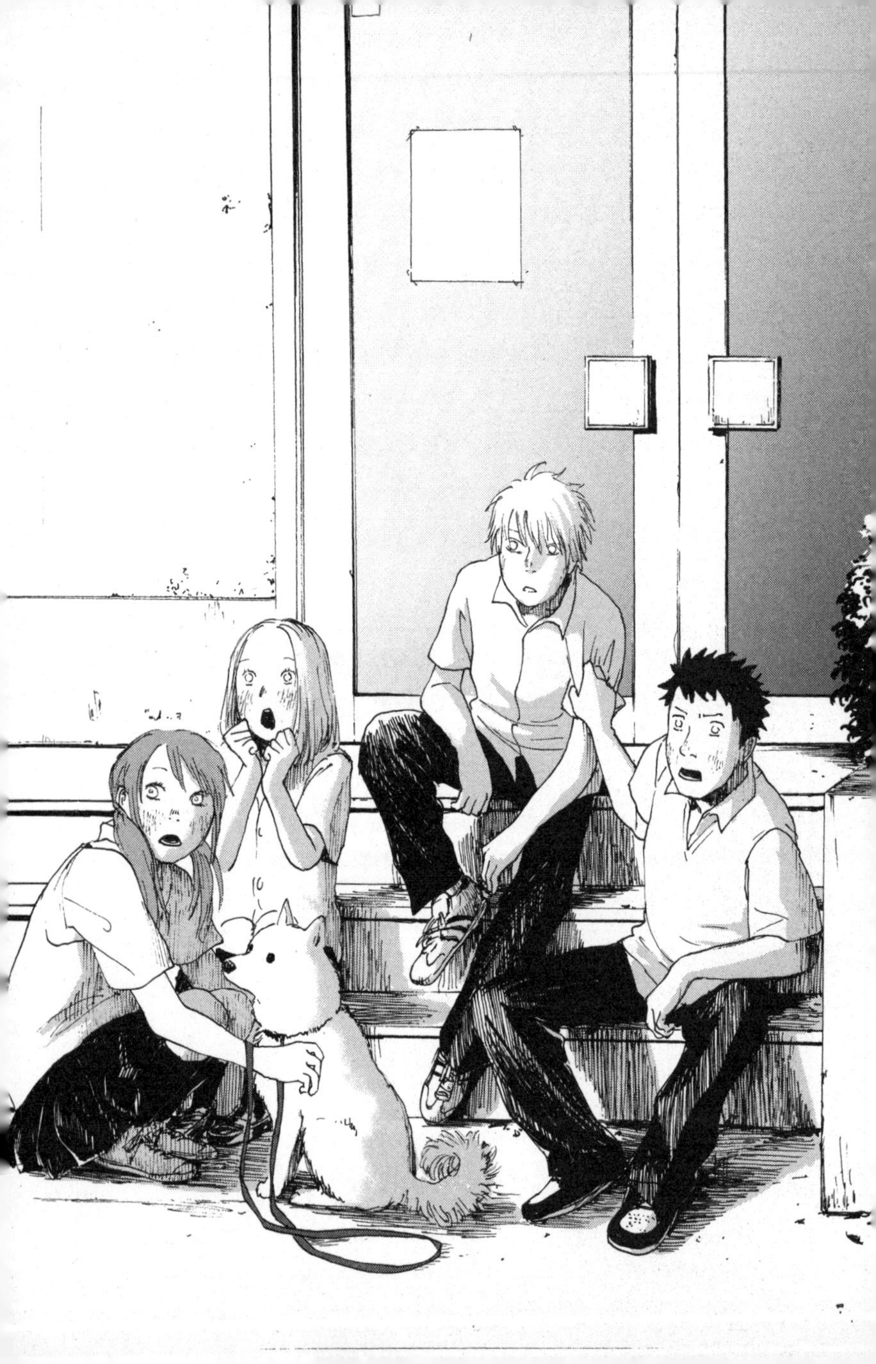

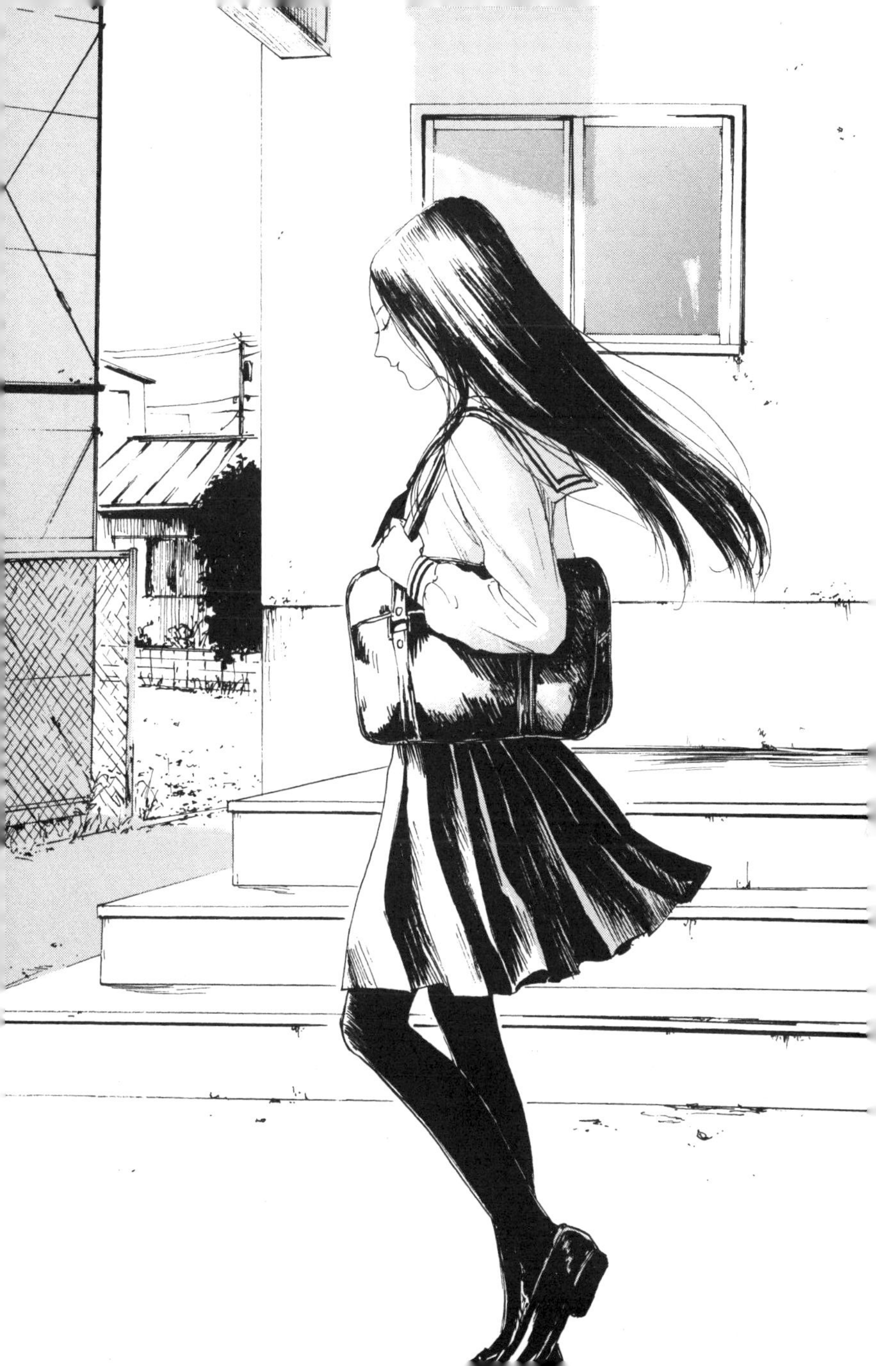

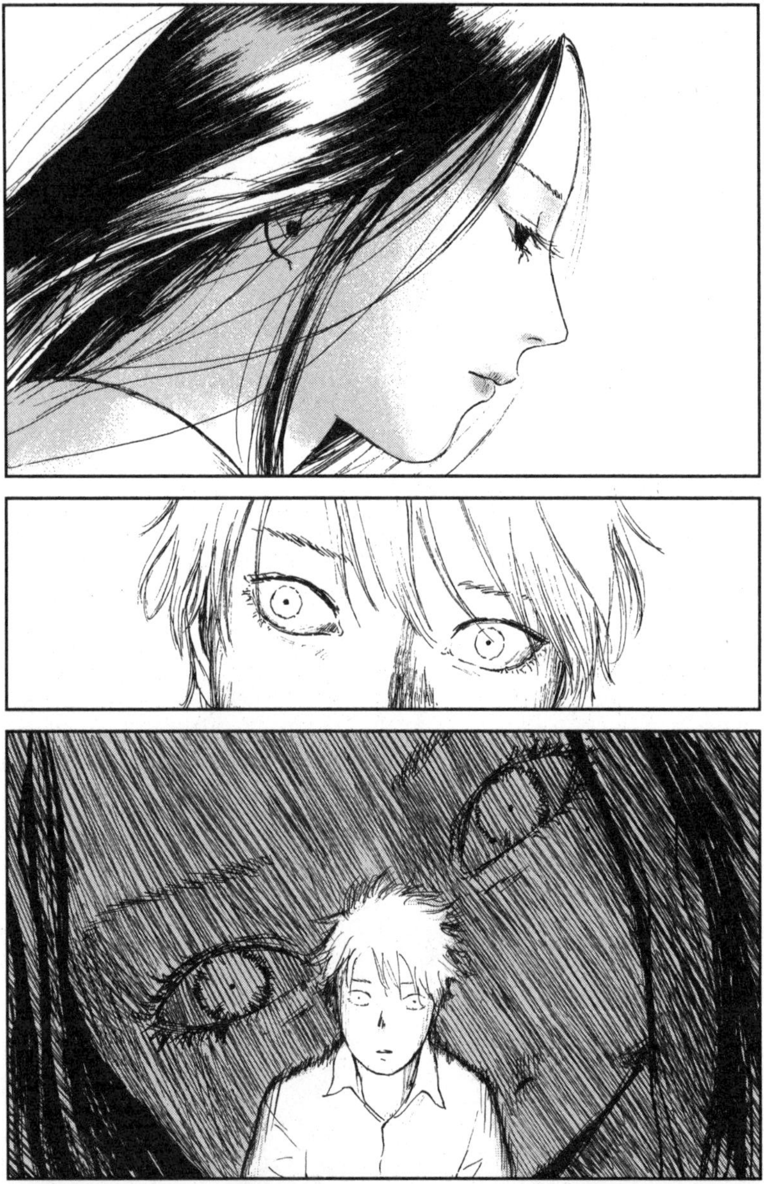

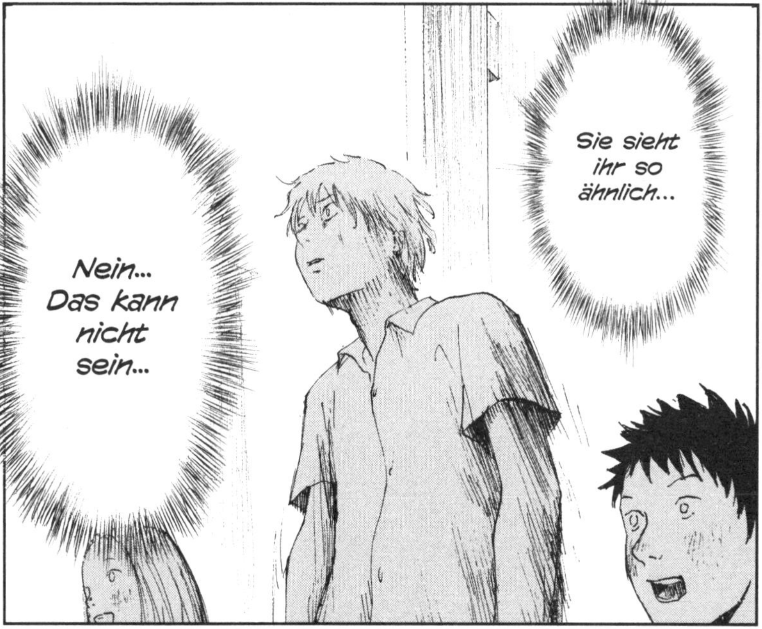
Sie sieht ihr so ähnlich...
Nein... Das kann nicht sein...

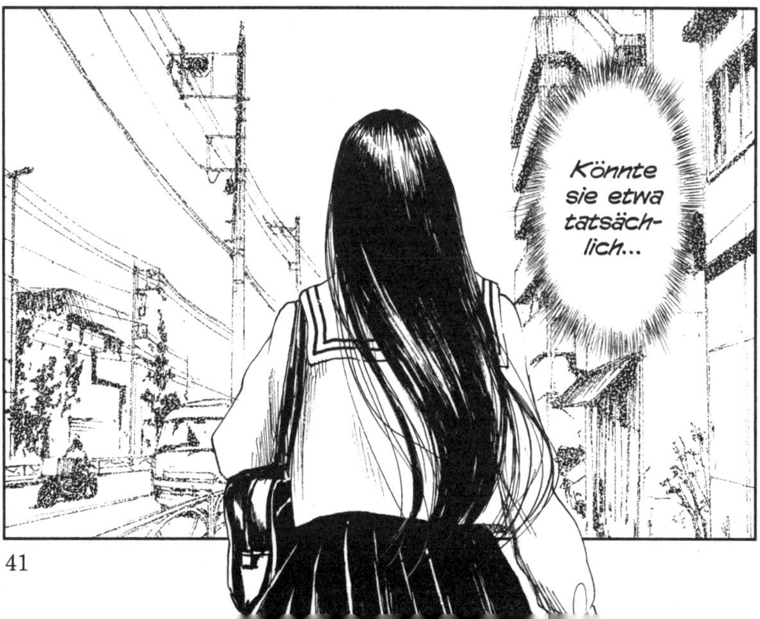
Könnte sie etwa tatsäch-lich...

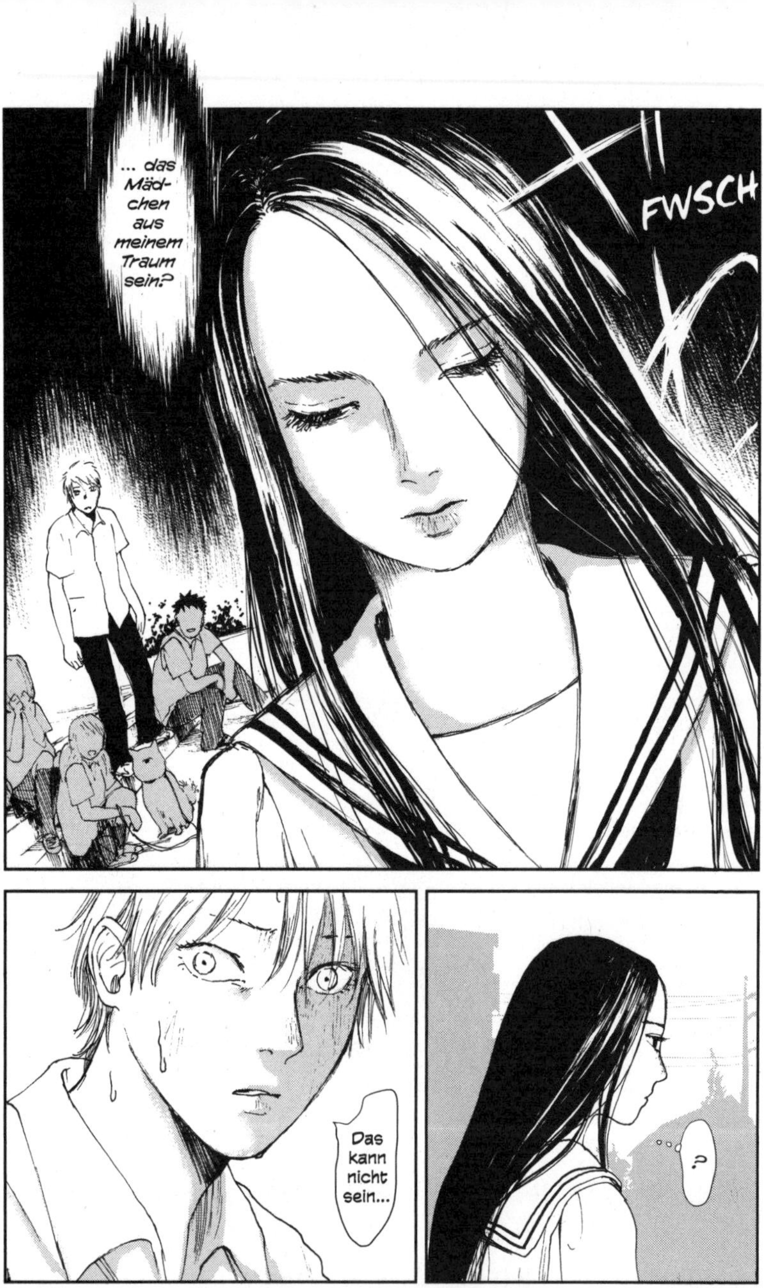
... das Mäd-chen aus meinem Traum sein?
FWSCH
Das kann nicht sein...
?

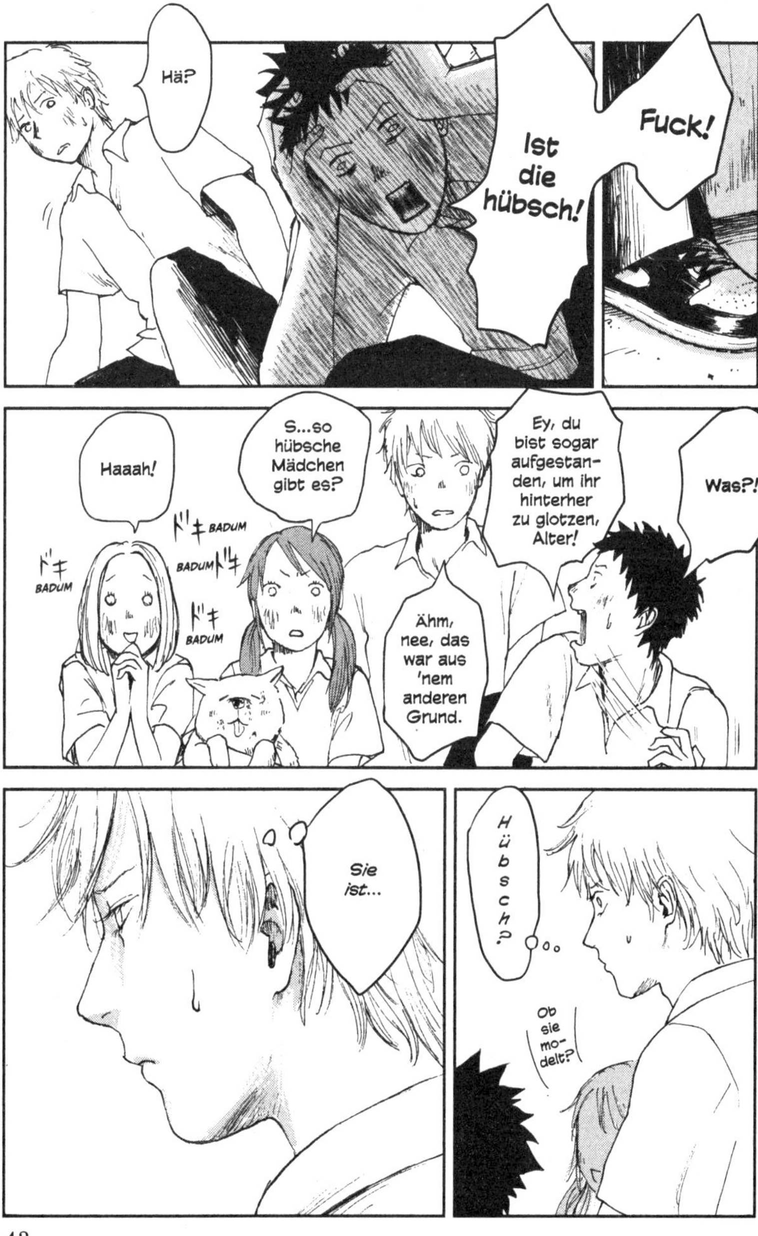
Fuck!
Ist die hübsch!
Hä?
Was?!
Ey, du bist sogar aufgestanden, um ihr hinterher zu glotzen, Alter!
Ähm, nee, das war aus 'nem anderen Grund.
S...so hübsche Mädchen gibt es?
ドキ BADUM
ドキ BADUM
ドキ BADUM
Haaah!
ドキ BADUM
Hübsch?
Ob sie modelt?
Sie ist...

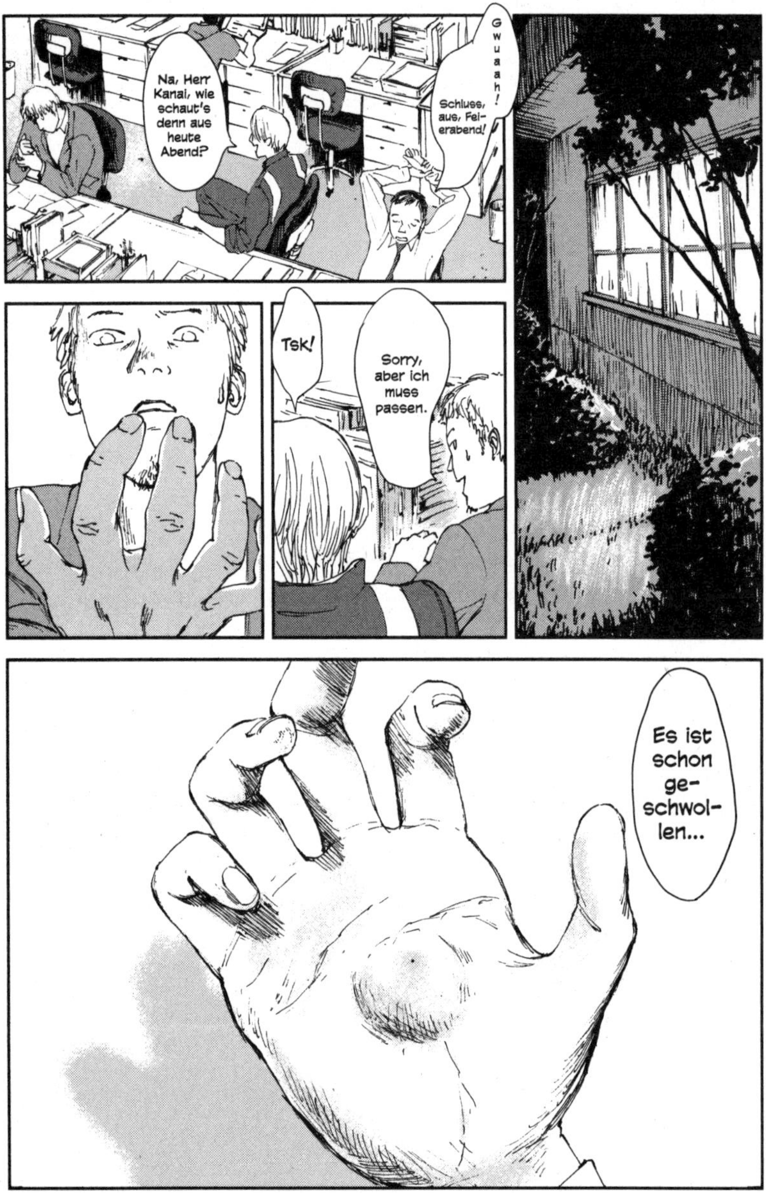
Gwuaah!
Schluss, aus, Feierabend!
Na, Herr Kanai, wie schaut's denn aus heute Abend?
Sorry, aber ich muss passen.
Tsk!
Es ist schon geschwollen...

KAPITEL 2

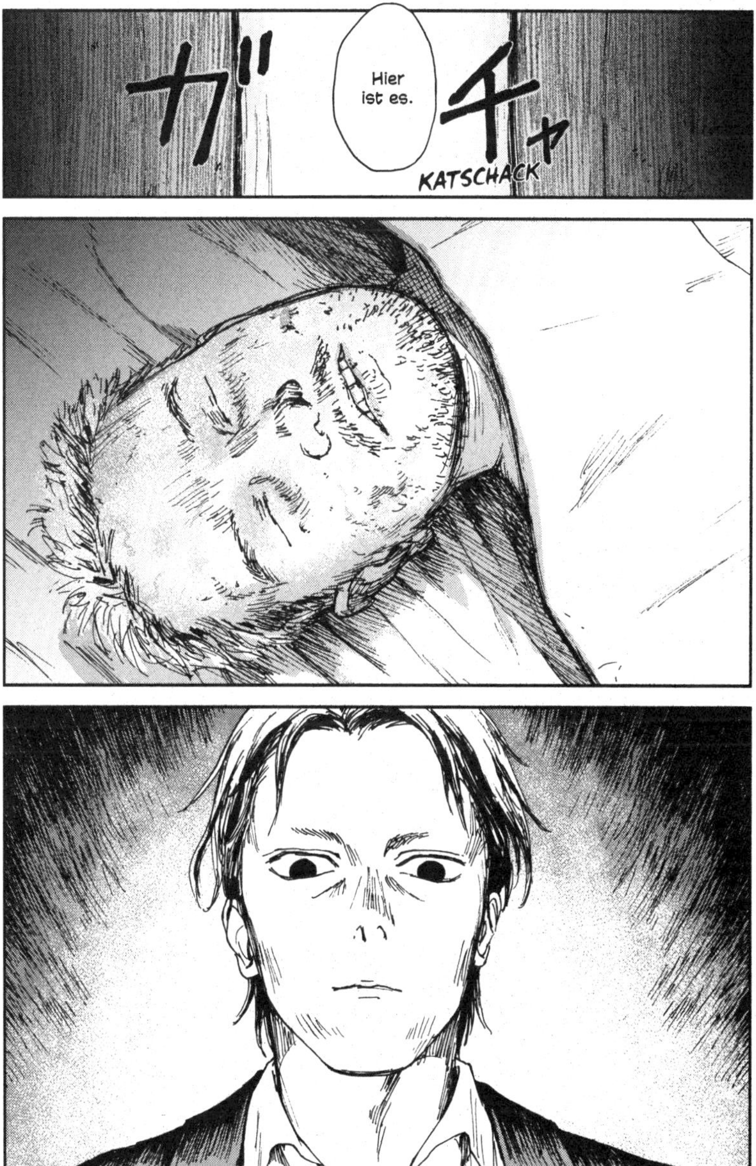

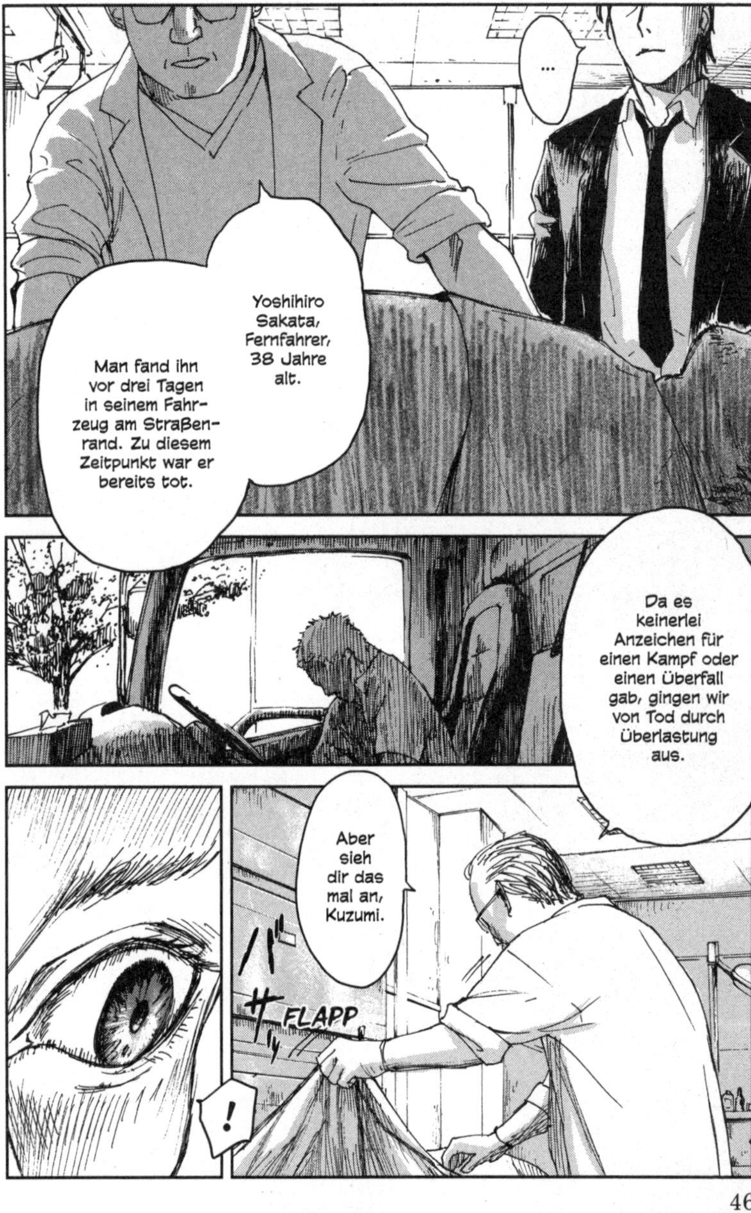
...
Yoshihiro Sakata, Fernfahrer, 38 Jahre alt.
Man fand ihn vor drei Tagen in seinem Fahrzeug am Straßenrand. Zu diesem Zeitpunkt war er bereits tot.
Da es keinerlei Anzeichen für einen Kampf oder einen Überfall gab, gingen wir von Tod durch Überlastung aus.
Aber sieh dir das mal an, Kuzumi.
FLAPP
!

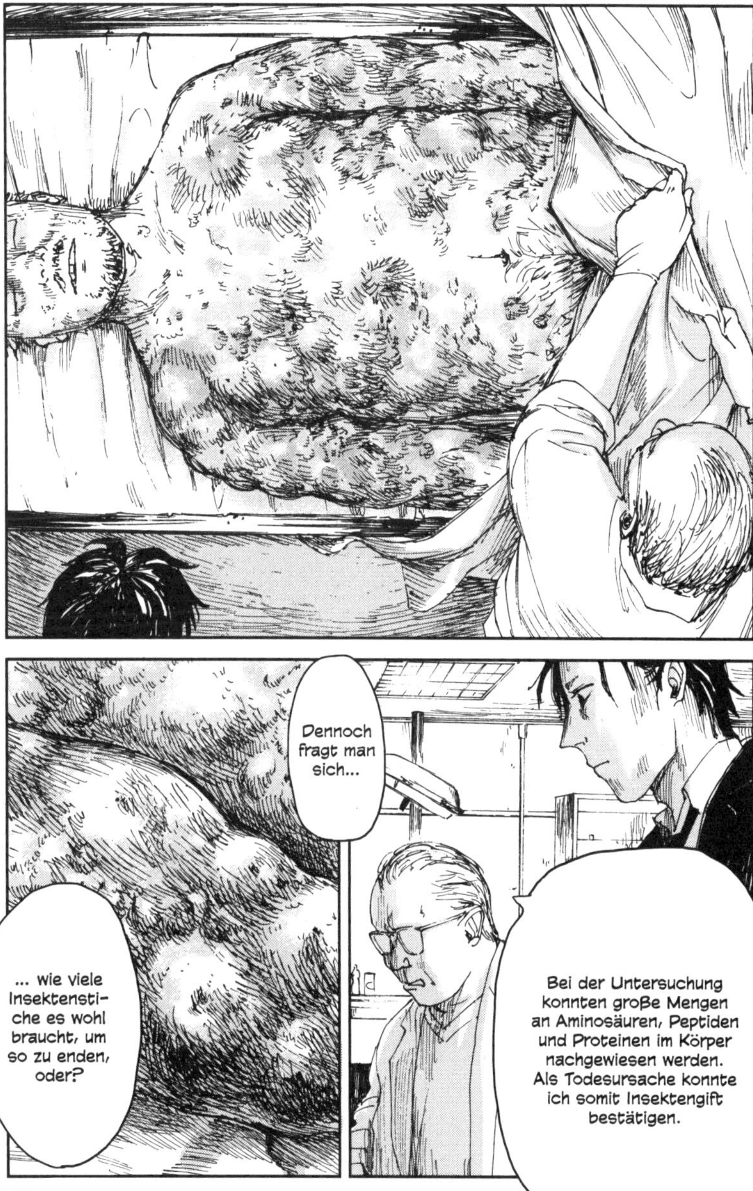
Bei der Untersuchung konnten große Mengen an Aminosäuren, Peptiden und Proteinen im Körper nachgewiesen werden. Als Todesursache konnte ich somit Insektengift bestätigen.
Dennoch fragt man sich...
... wie viele Insektensti-che es wohl braucht, um so zu enden, oder?

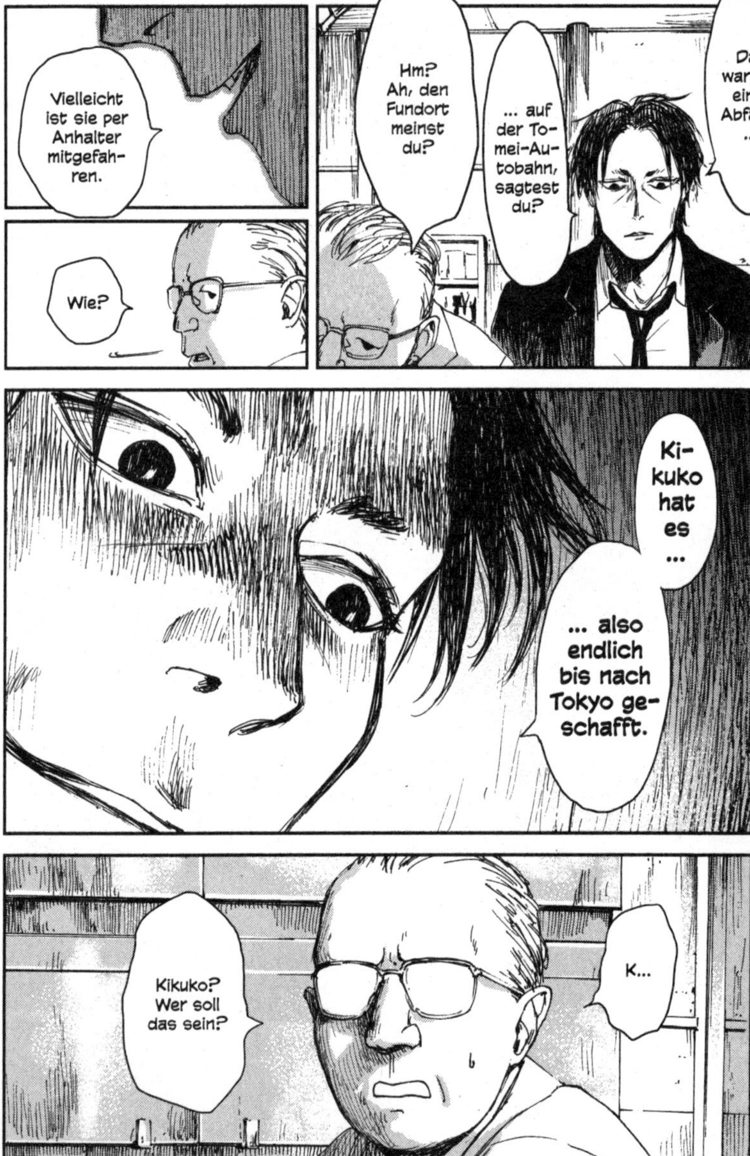
Das war vor einer Abfahrt ...
... auf der Tomei-Autobahn, sagtest du?
Hm? Ah, den Fundort meinst du?
Vielleicht ist sie per Anhalter mitgefahren.
Wie?
Kikuko hat es ...
... also endlich bis nach Tokyo geschafft.
K...
Kikuko? Wer soll das sein?

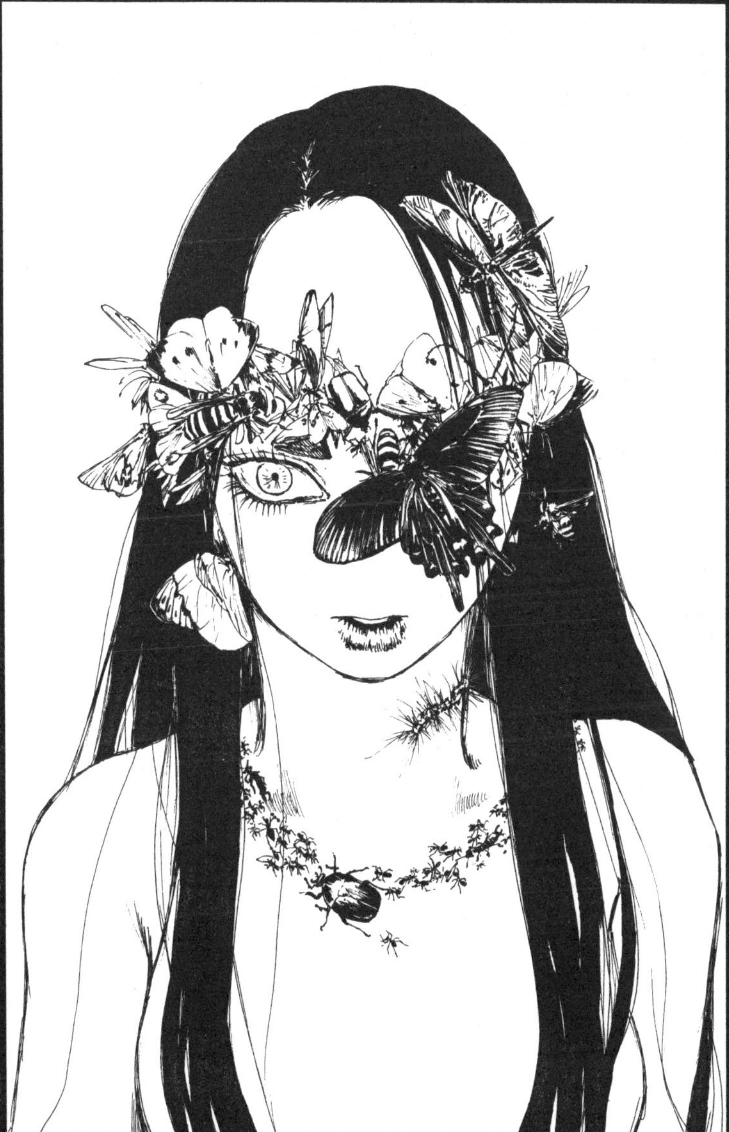

KAPITEL 2

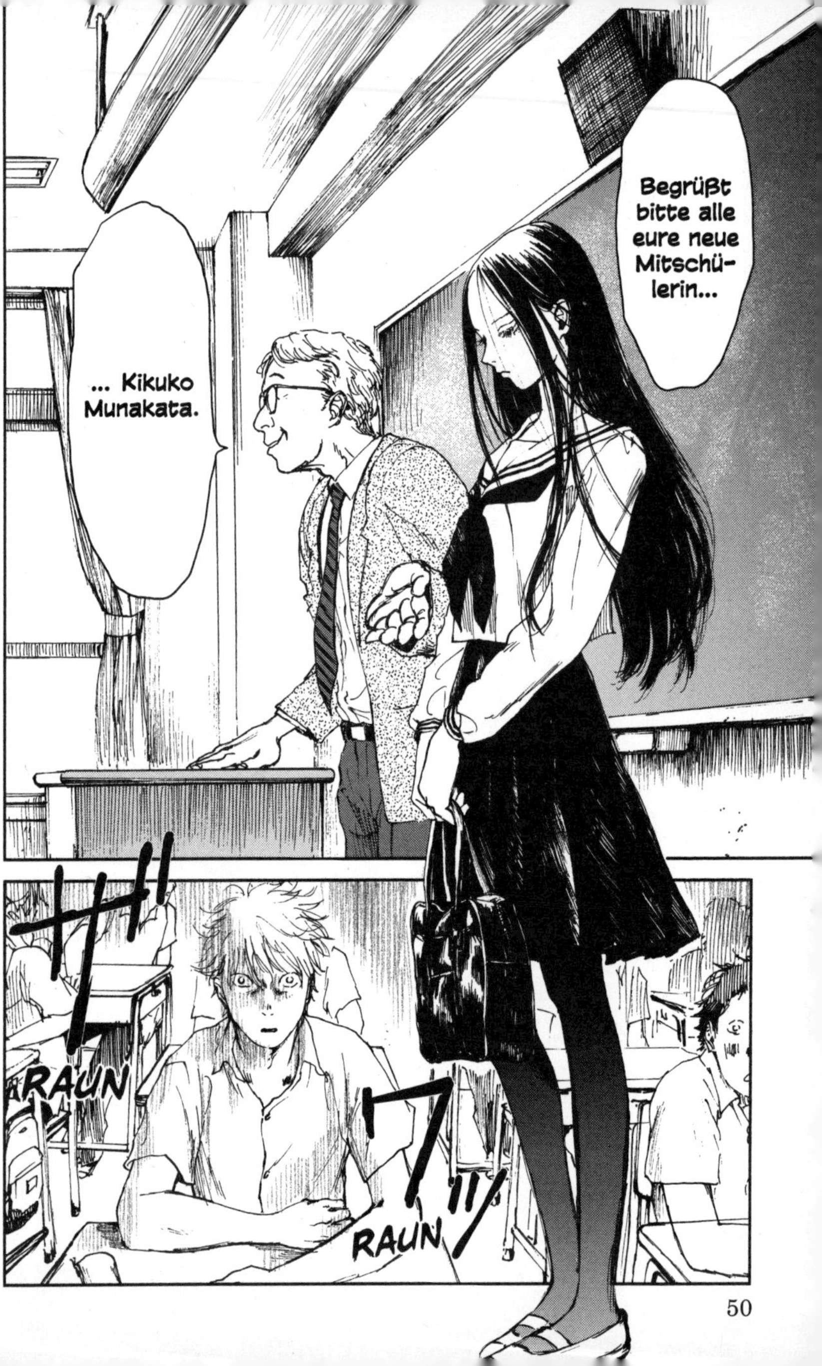
Begrüßt bitte alle eure neue Mitschülerin...
... Kikuko Munakata.
RAUN
RAUN

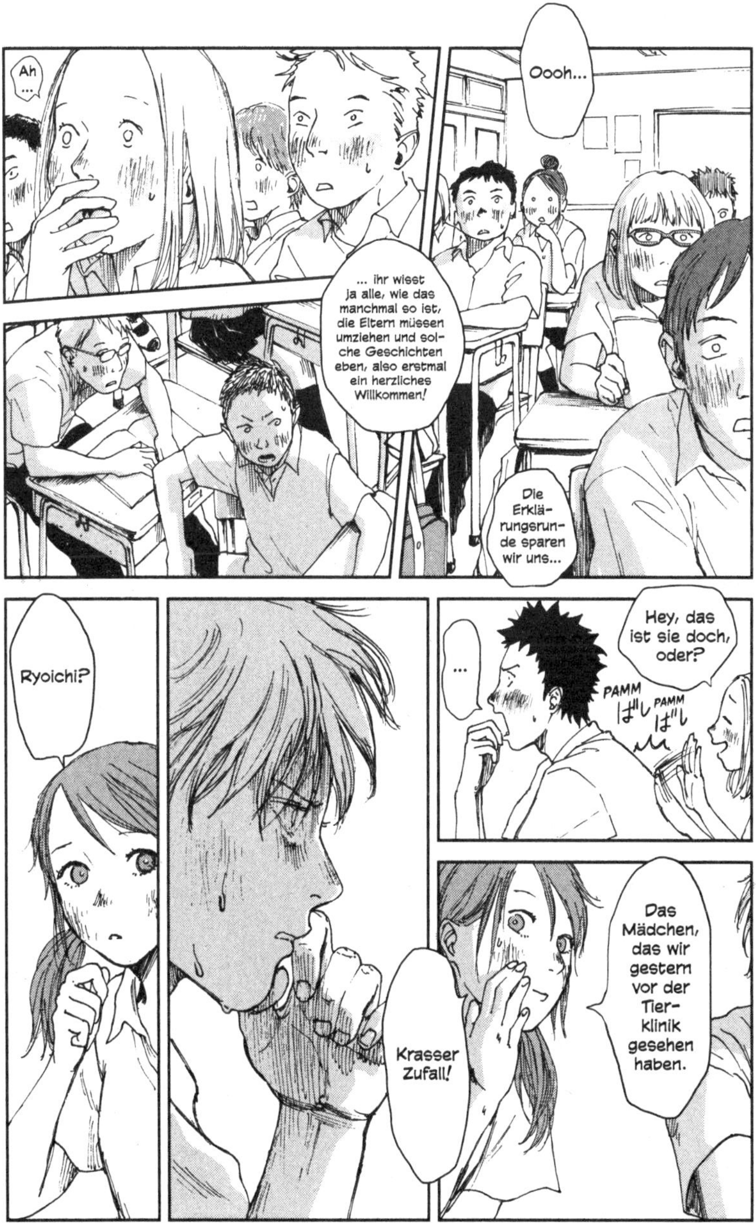
Oooh...
Ah ...
Die Erklärungsrunde sparen wir uns...
... ihr wisst ja alle, wie das manchmal so ist, die Eltern müssen umziehen und solche Geschichten eben, also erstmal ein herzliches Willkommen!
Hey, das ist sie doch, oder?
PAMM ばし PAMM ばし
...
Das Mädchen, das wir gestern vor der Tierklinik gesehen haben.
Krasser Zufall!
Ryoichi?

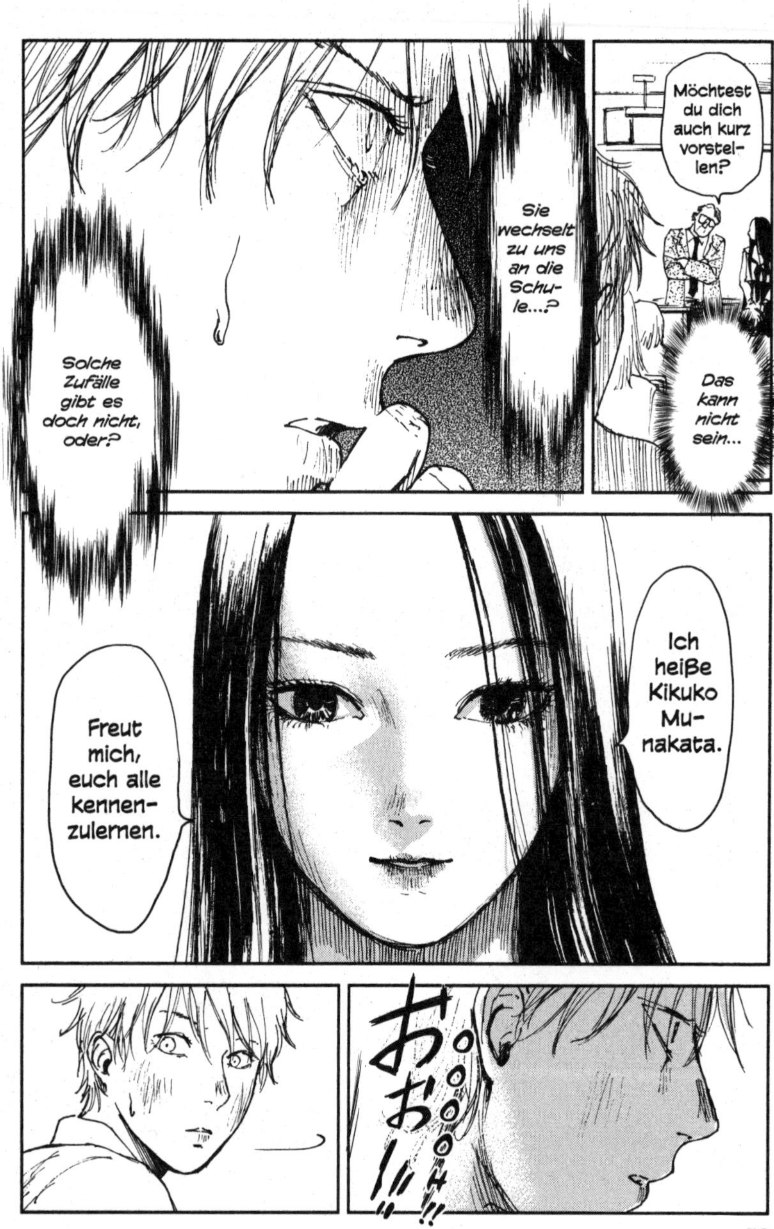

Möchtest du dich auch kurz vorstellen?
Das kann nicht sein...
Sie wechselt zu uns an die Schule...?
Solche Zufälle gibt es doch nicht, oder?
Ich heiße Kikuko Munakata.
Freut mich, euch alle kennenzulernen.
おお!!

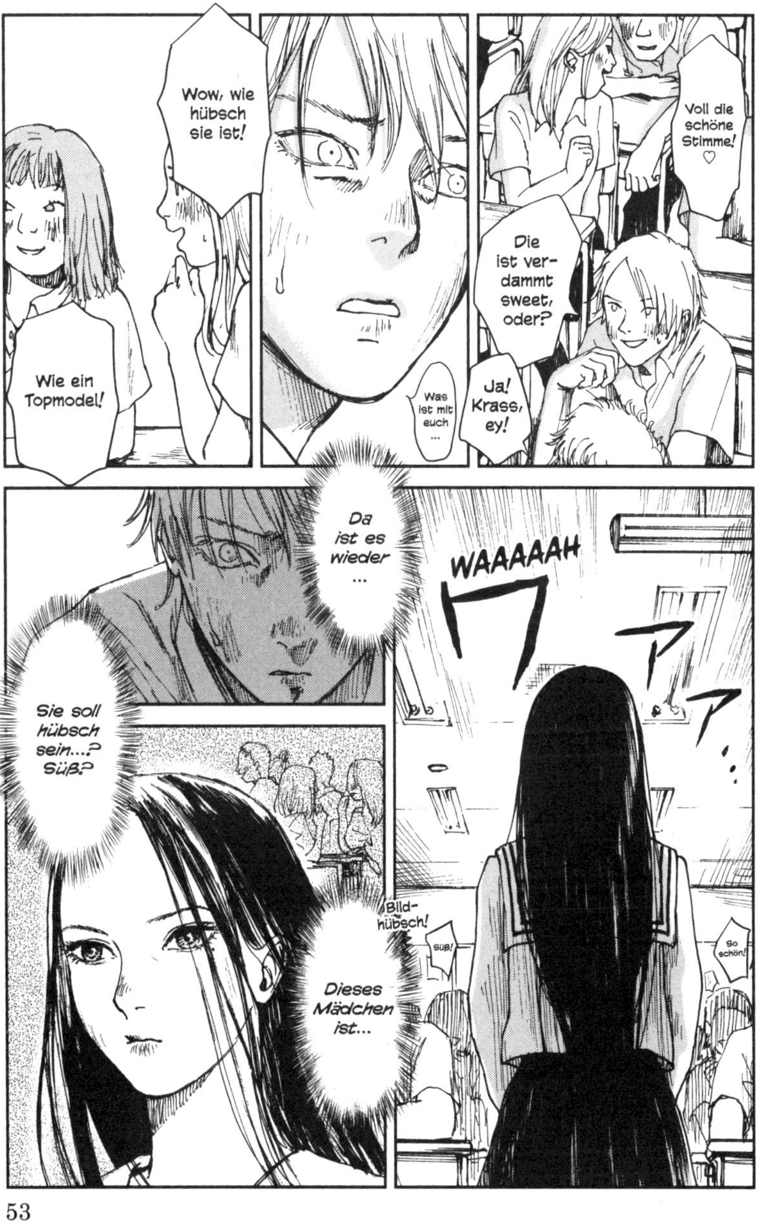

Voll die schöne Stimme! ♡
Die ist verdammt sweet, oder?
Ja! Krass, ey!
Was ist mit euch ...
Wow, wie hübsch sie ist!
Wie ein Topmodel!
WAAAAAH
So schön!
Süß!
Bild-hübsch!
Da ist es wieder ...
Sie soll hübsch sein...? Süß?
Dieses Mädchen ist...

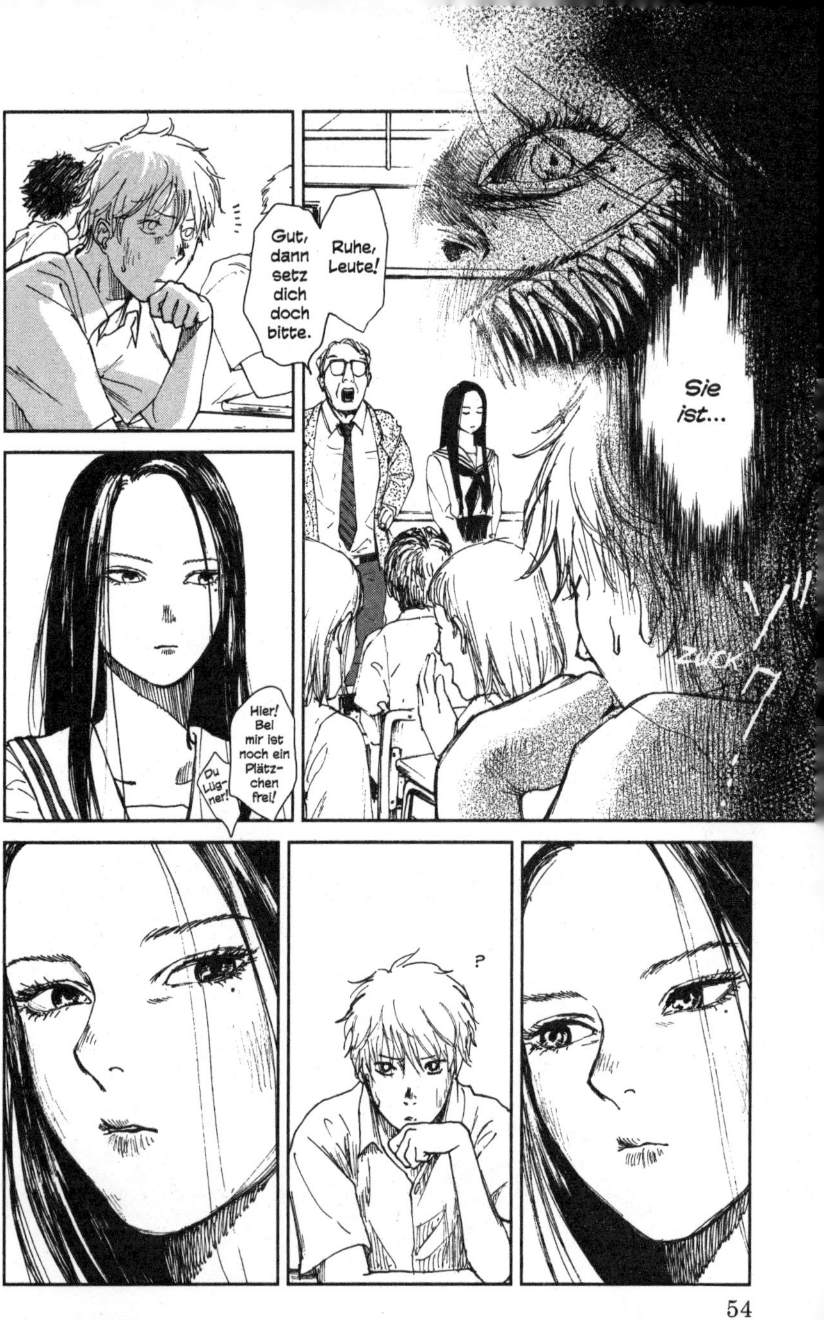
Ruhe, Leute!
Gut, dann setz dich doch bitte.
Sie ist...
ZUCK
Hier! Bei mir ist noch ein Plätzchen frei!
Du Lügner!
?

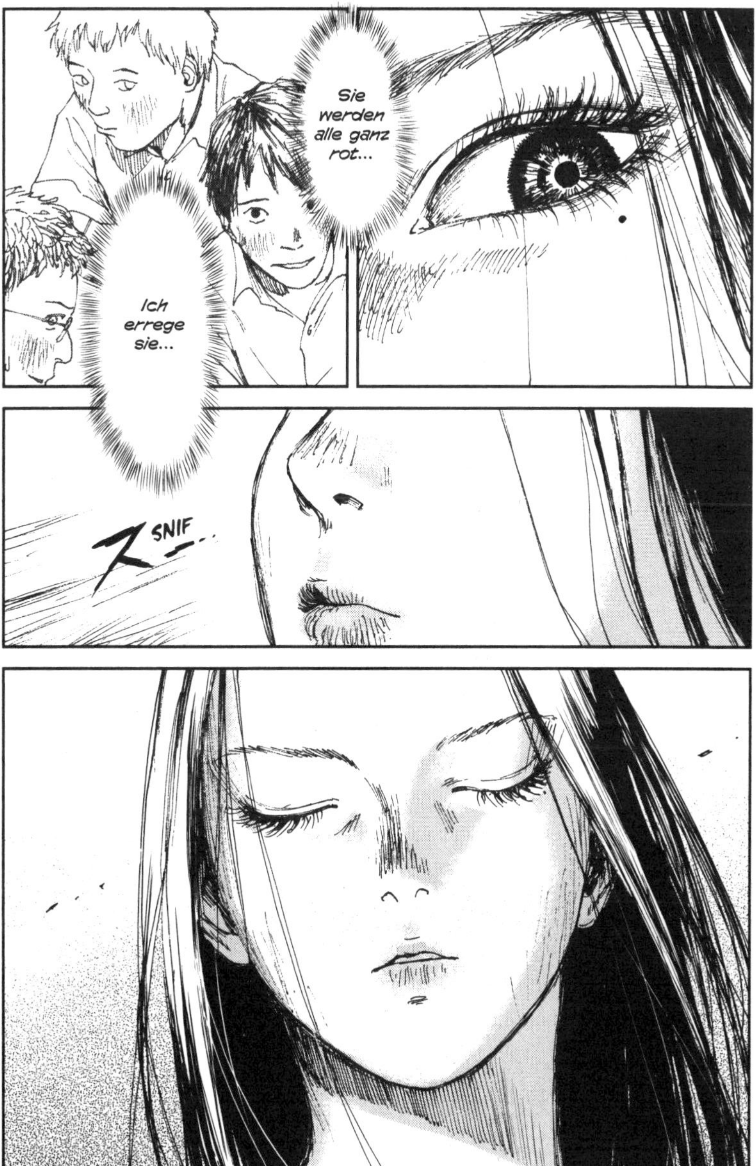
Sie werden alle ganz rot...
Ich errege sie...
SNIF

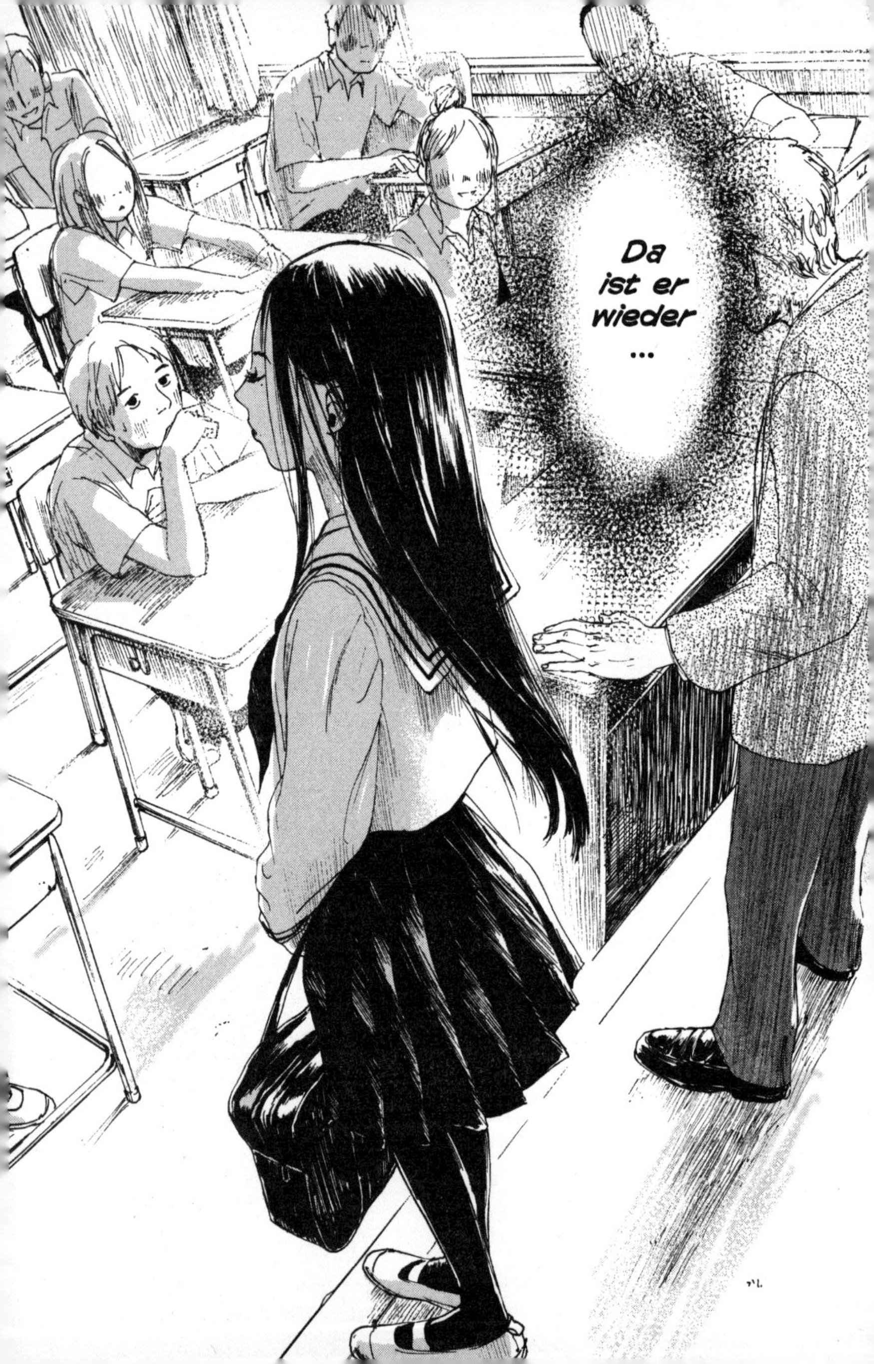
Da ist er wieder ...

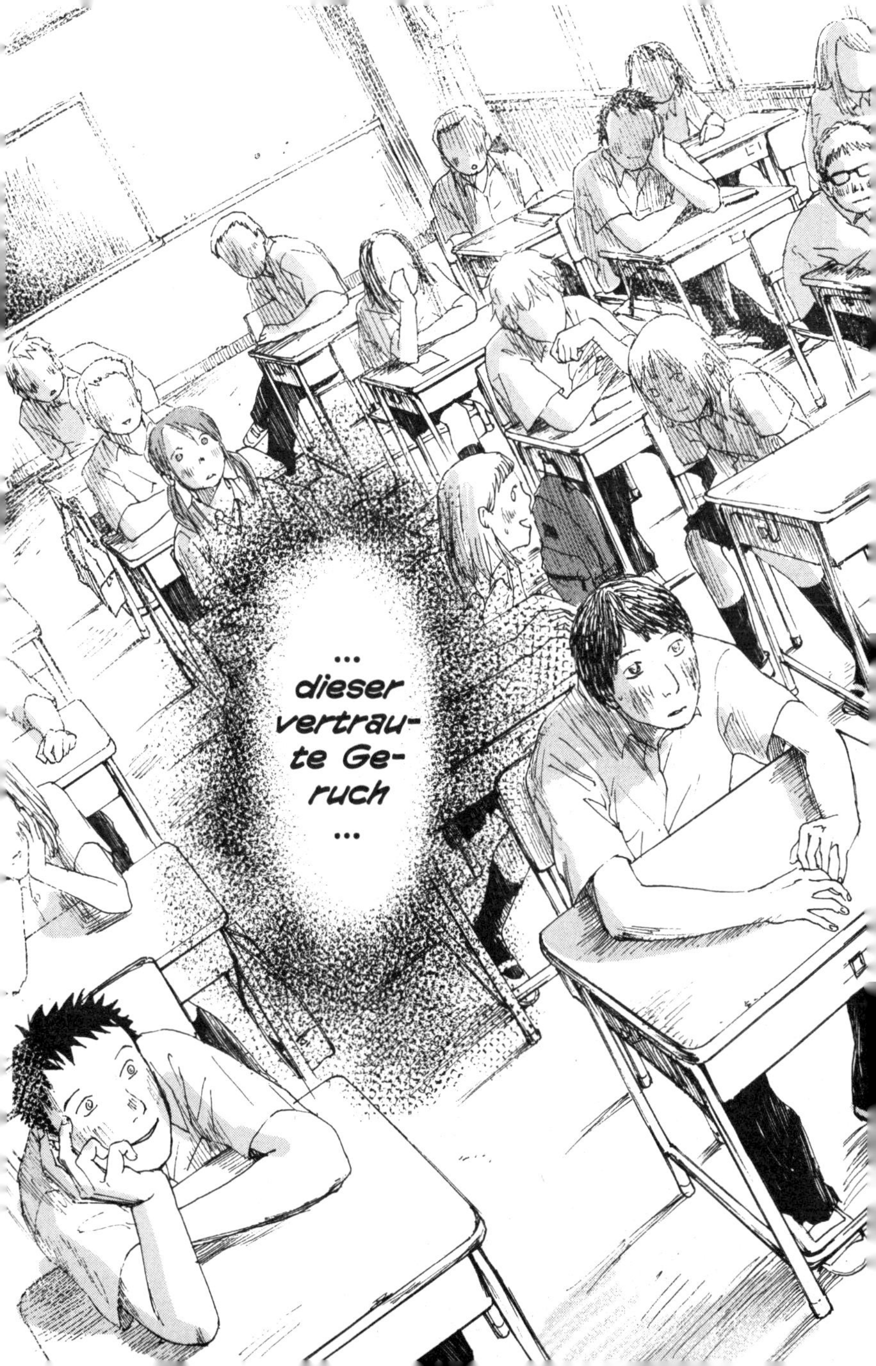
... dieser vertrau-te Ge-ruch ...

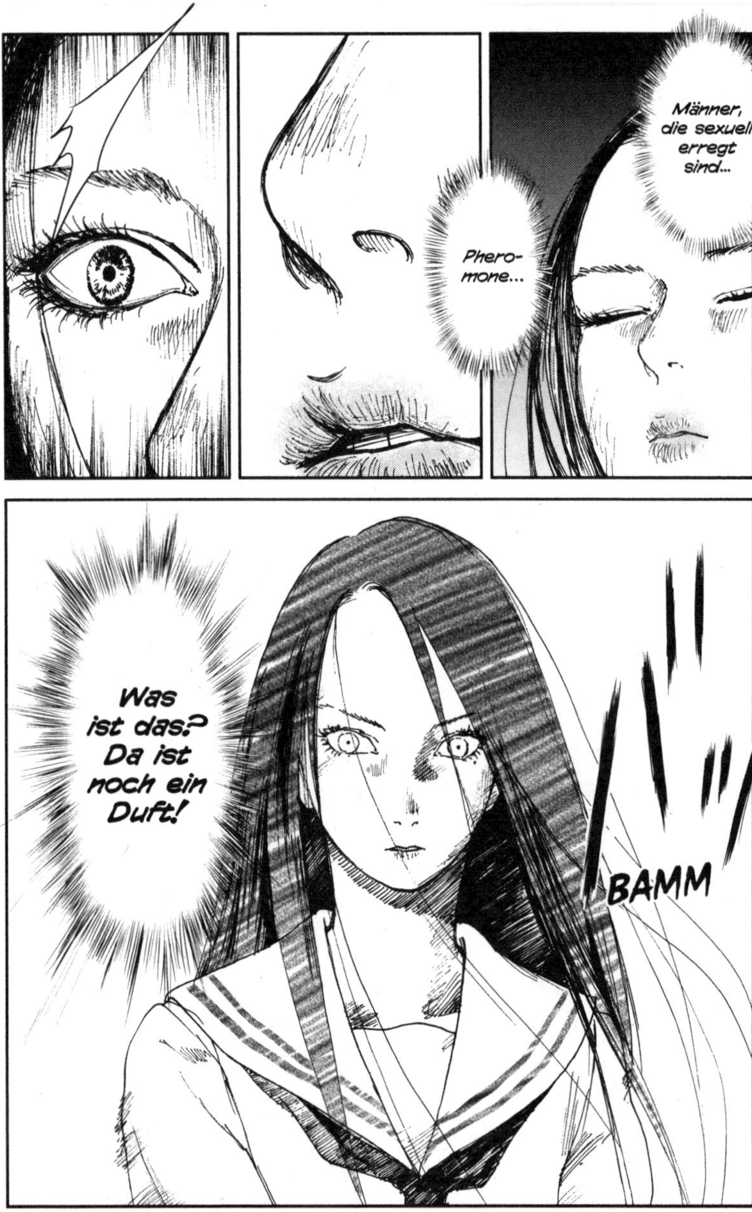
Männer, die sexuell erregt sind...
Phero-mone...
Was ist das? Da ist noch ein Duft!
BAMM

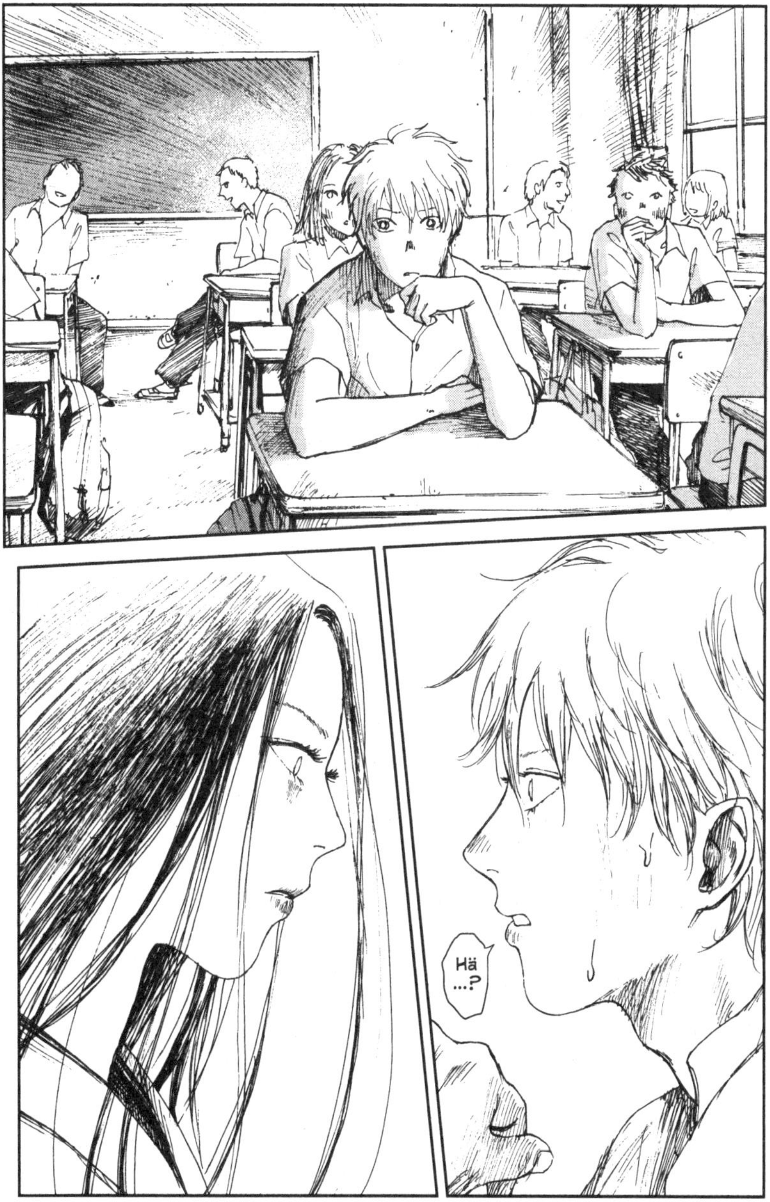
Hä
...?

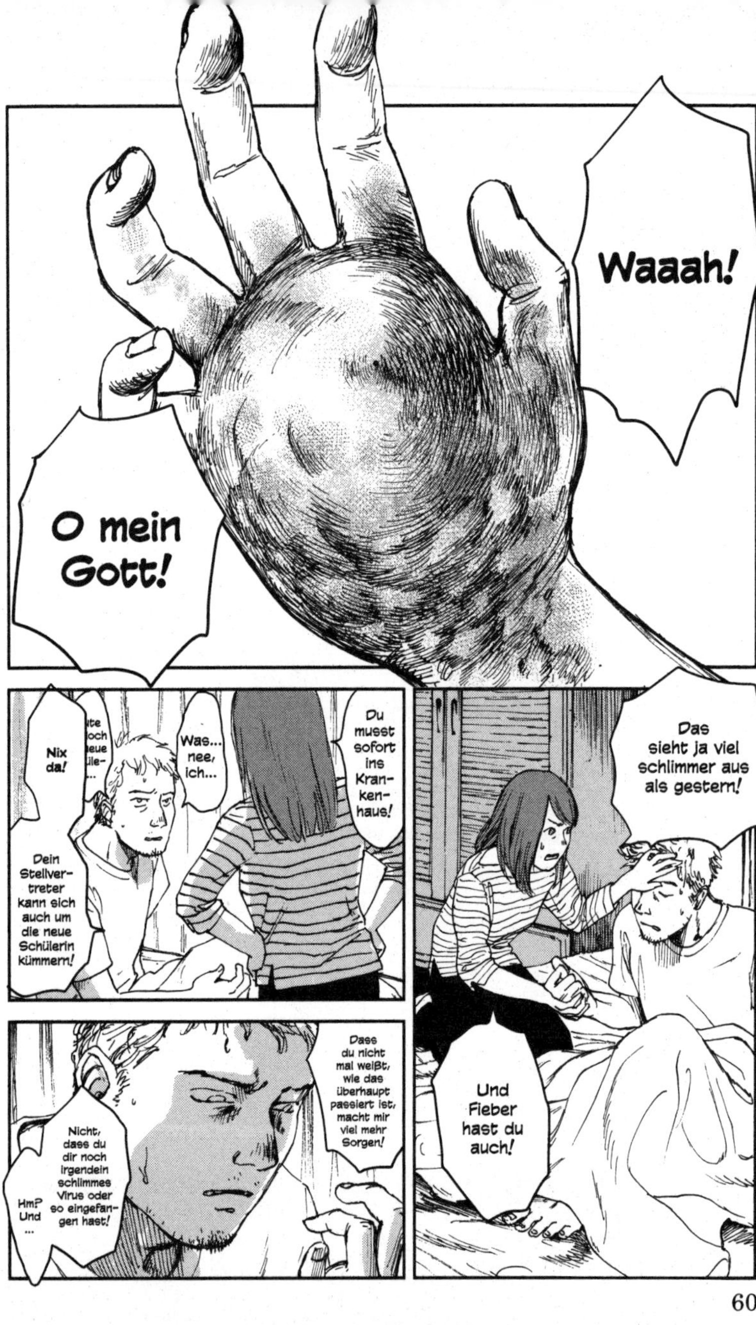
Waaah!
O mein Gott!
Das sieht ja viel schlimmer aus als gestern!
Und Fieber hast du auch!
Du musst sofort ins Kranken-haus!
Was... nee, ich...
Nix da!
Dein Stellver-treter kann sich auch um die neue Schülerin kümmern!
Dass du nicht mal weißt, wie das überhaupt passiert ist, macht mir viel mehr Sorgen!
Nicht, dass du dir noch irgendein schlimmes Virus oder so eingefan-gen hast!
Hm? Und ...

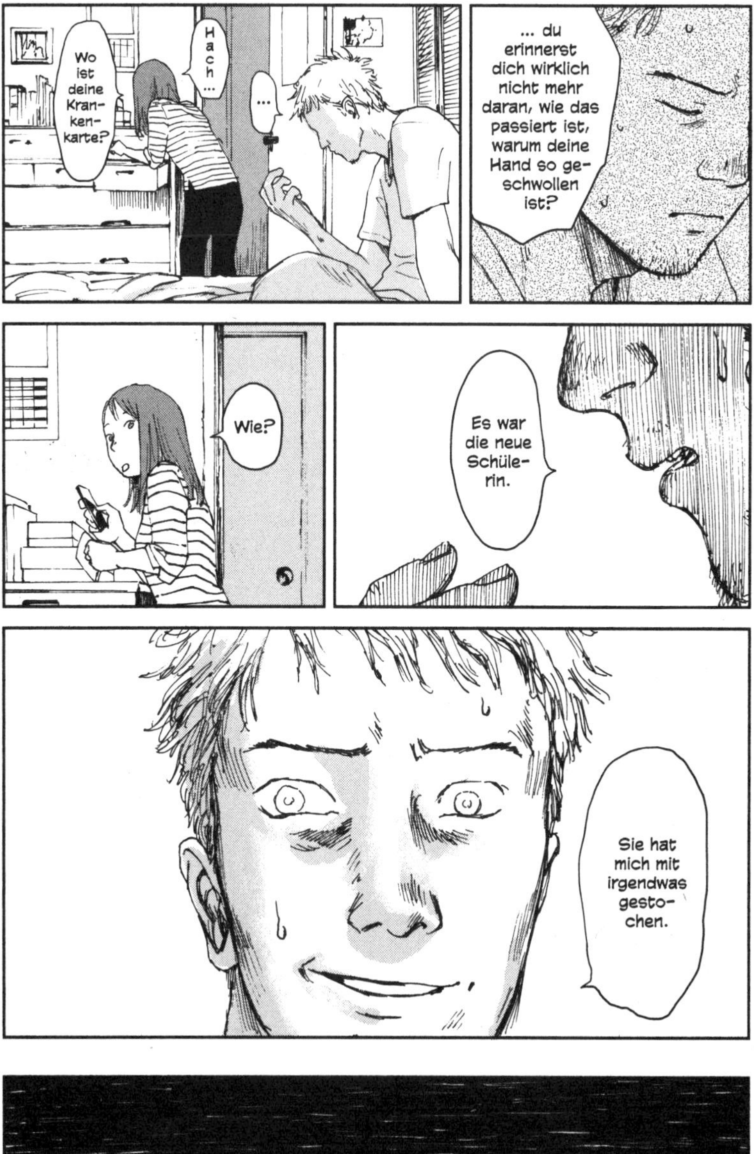
Wo ist deine Kranken-karte?
Hach ...
...
... du erinnerst dich wirklich nicht mehr daran, wie das passiert ist, warum deine Hand so ge-schwollen ist?
Wie?
Es war die neue Schüle-rin.
Sie hat mich mit irgendwas gesto-chen.

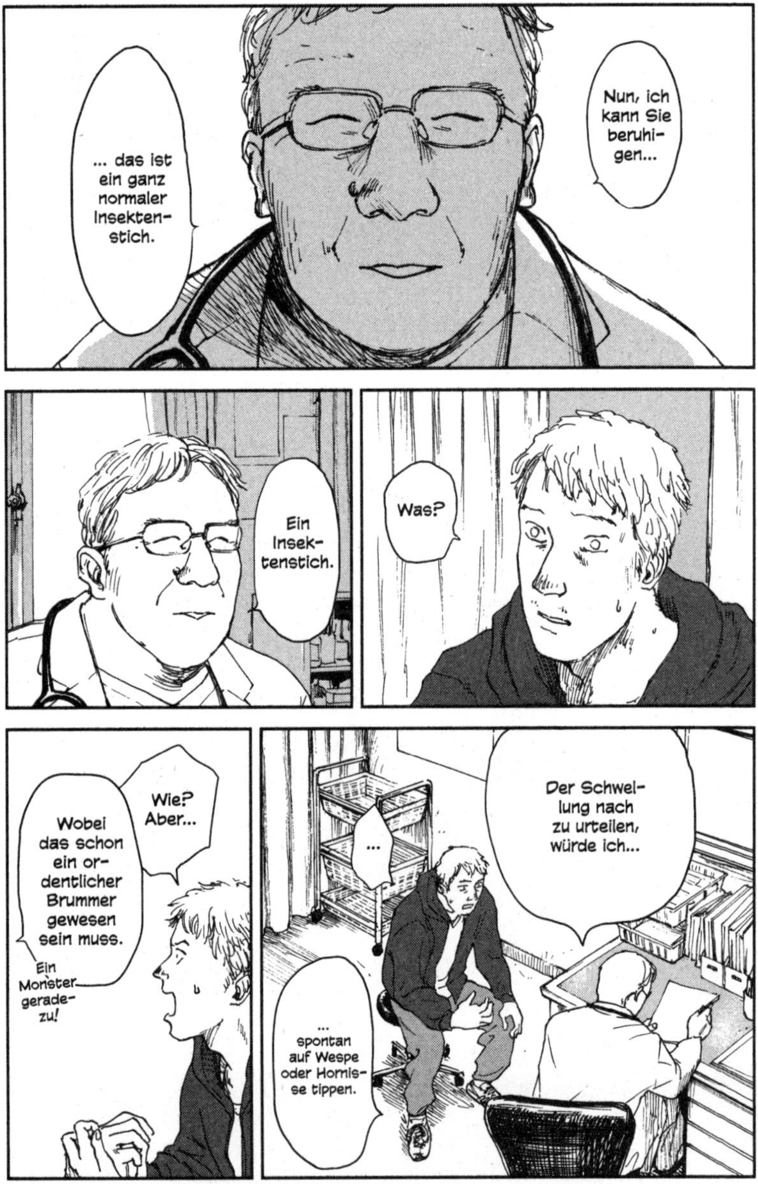
Nun, ich kann Sie beruhigen...
... das ist ein ganz normaler Insektenstich.
Was?
Ein Insektenstich.
Der Schwellung nach zu urteilen, würde ich...
...
... spontan auf Wespe oder Hornisse tippen.
Wobei das schon ein ordentlicher Brummer gewesen sein muss.
Wie? Aber...
Ein Monster geradezu!

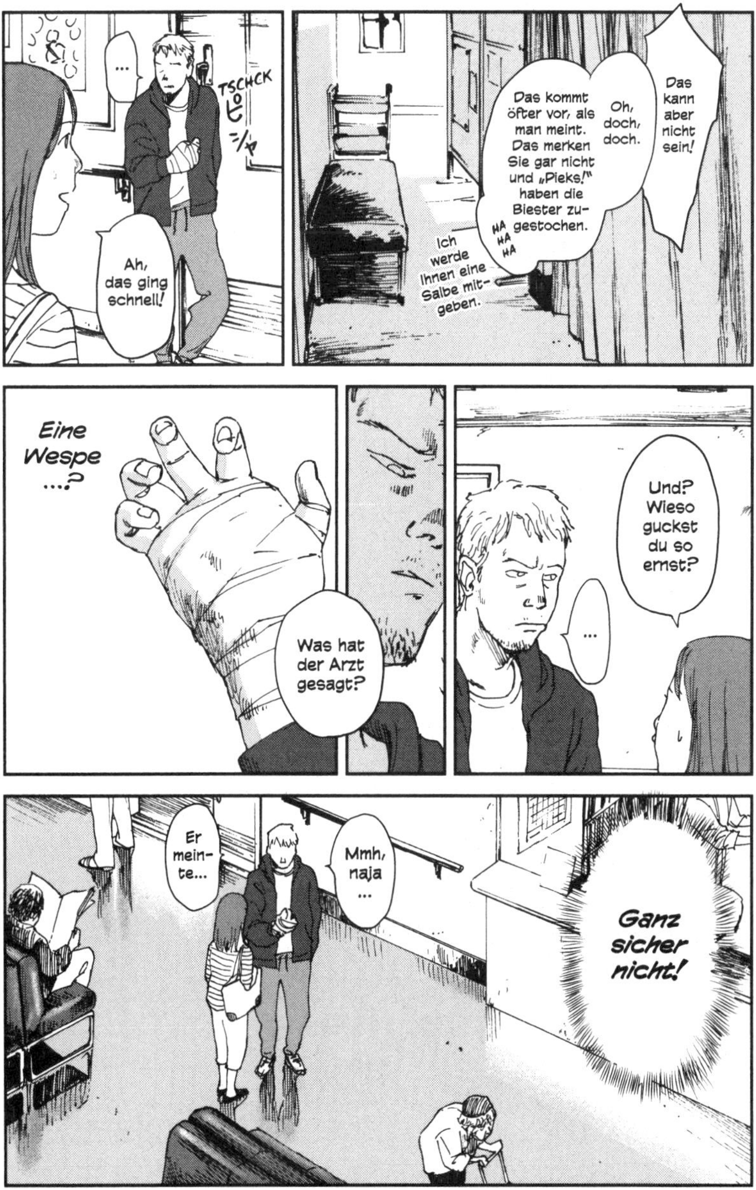
…
TSCHCK
Ah, das ging schnell!
Das kann aber nicht sein!
Oh, doch, doch.
Das kommt öfter vor, als man meint. Das merken Sie gar nicht und „Pieks!“ haben die Biester zugestochen.
HA HA HA
Ich werde Ihnen eine Salbe mitgeben.
Eine Wespe …?
Was hat der Arzt gesagt?
Und? Wieso guckst du so ernst?
…
Er meinte…
Mmh, naja …
Ganz sicher nicht!

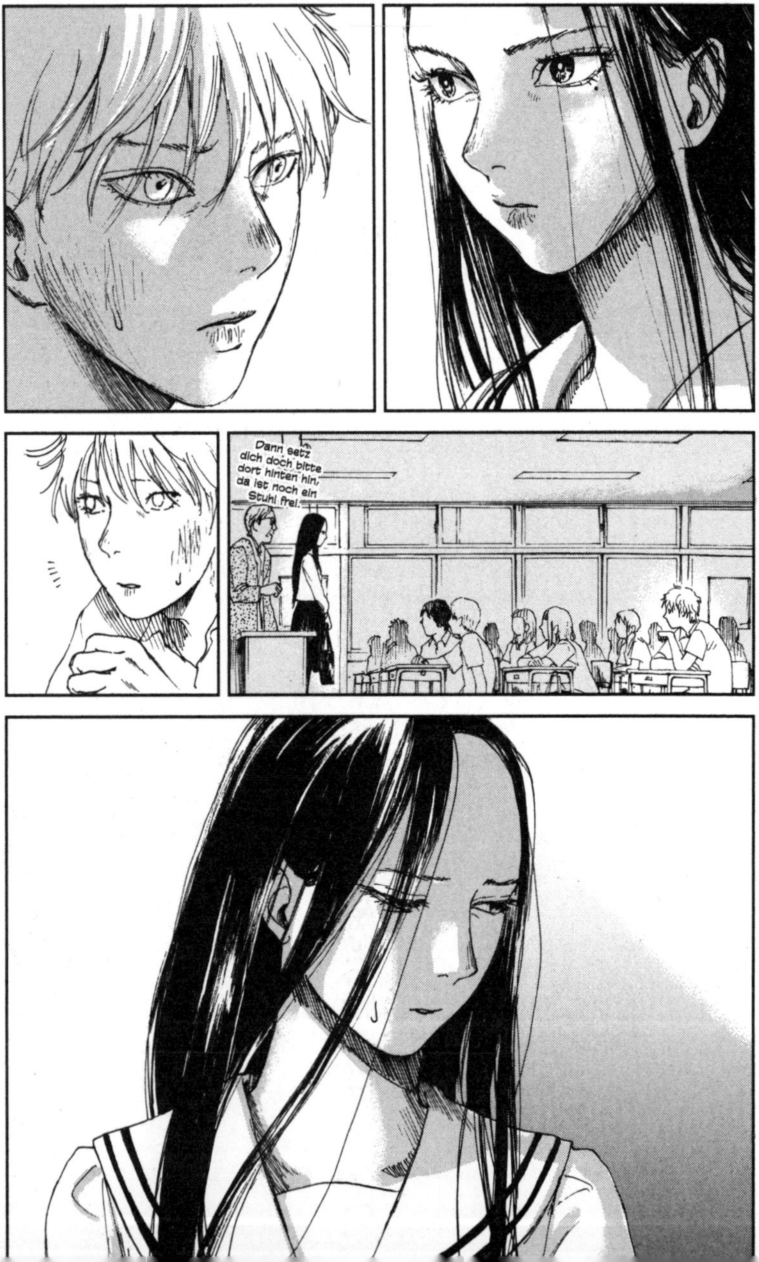
Dann setz dich doch bitte dort hinten hin, da ist noch ein Stuhl frei.

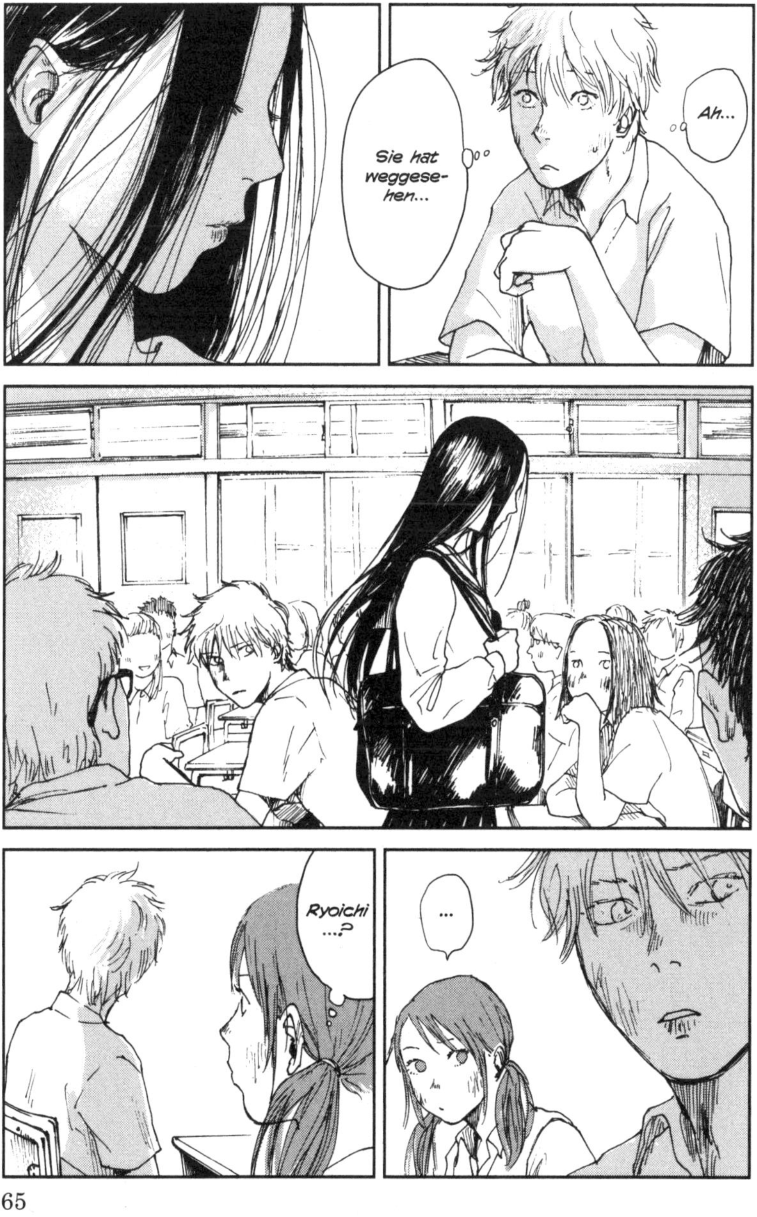
Ah...
Sie hat weggese-hen...
...
Ryoichi ...?

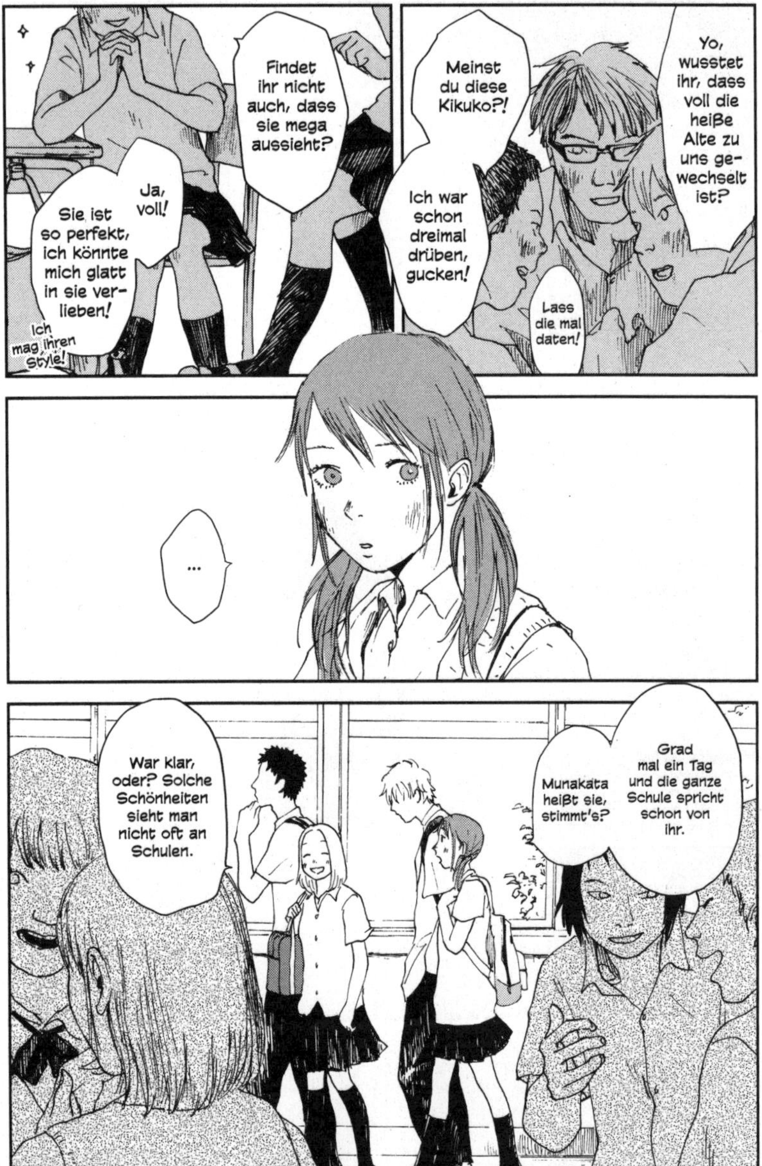
Yo, wusstet ihr, dass voll die heiße Alte zu uns gewechselt ist?
Meinst du diese Kikuko?!
Ich war schon dreimal drüben, gucken!
Lass die mal daten!
Findet ihr nicht auch, dass sie mega aussieht?
Ja, voll!
Sie ist so perfekt, ich könnte mich glatt in sie verlieben!
Ich mag ihren Style!
...
Grad mal ein Tag und die ganze Schule spricht schon von ihr.
Munakata heißt sie, stimmt's?
War klar, oder? Solche Schönheiten sieht man nicht oft an Schulen.

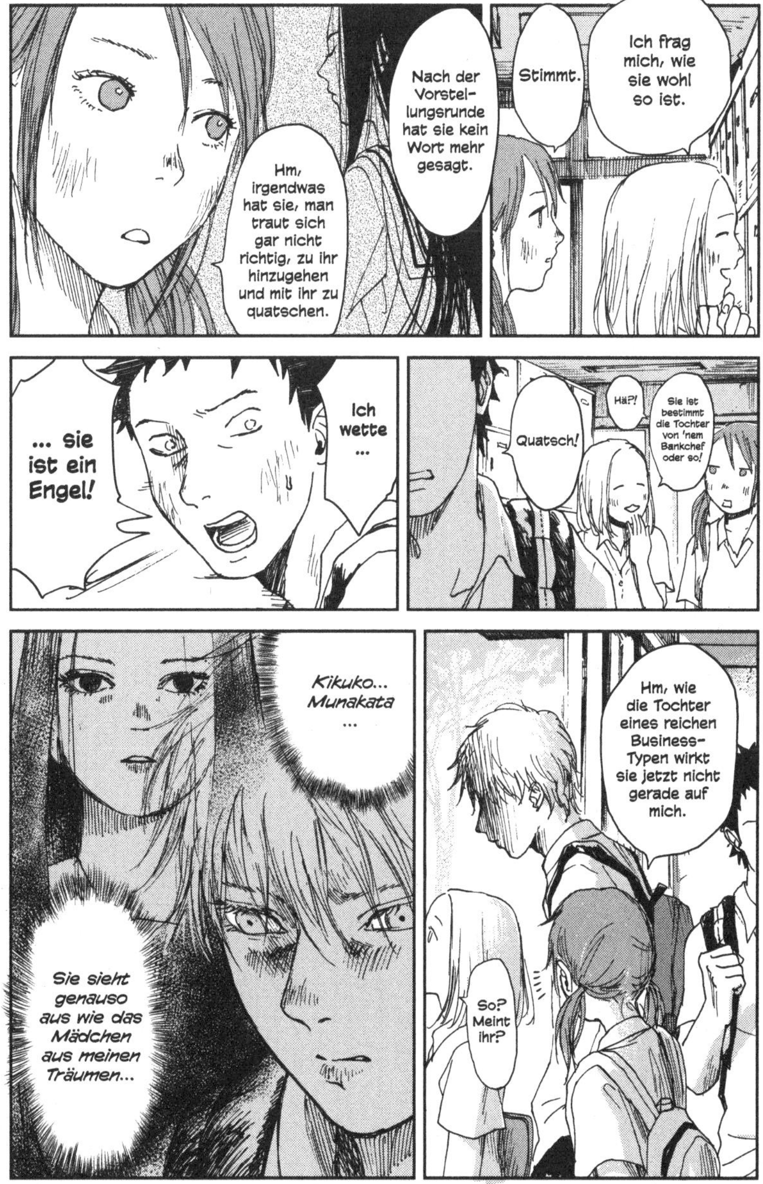
Ich frag mich, wie sie wohl so ist.
Stimmt.
Nach der Vorstel-lungsrunde hat sie kein Wort mehr gesagt.
Hm, irgendwas hat sie, man traut sich gar nicht richtig, zu ihr hinzugehen und mit ihr zu quatschen.
Sie ist bestimmt die Tochter von 'nem Bankchef oder so!
Hä?!
Quatsch!
Ich wette ...
... sie ist ein Engel!
Hm, wie die Tochter eines reichen Business-Typen wirkt sie jetzt nicht gerade auf mich.
So? Meint ihr?
Kikuko... Munakata ...
Sie sieht genauso aus wie das Mädchen aus meinen Träumen...

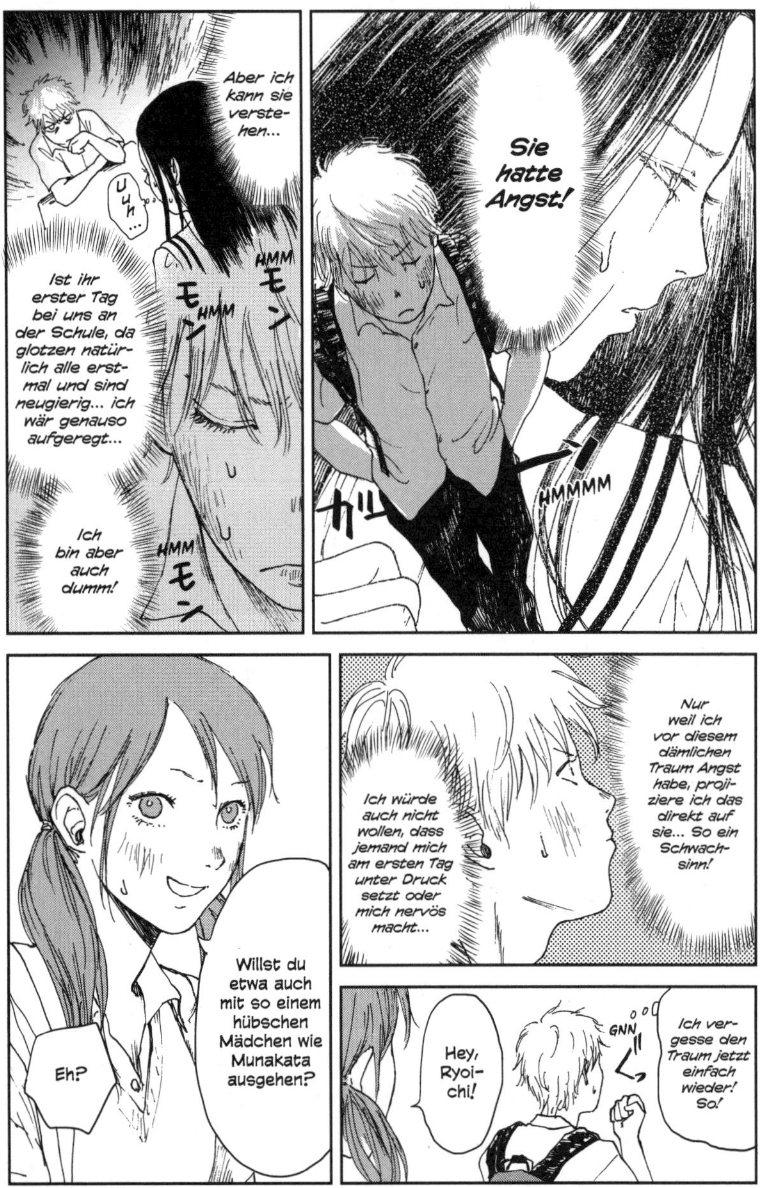
Sie hatte Angst!
カリ
HMMMM
Aber ich kann sie verstehen...
Uuh...
HMM
モン
HMM
モン
Ist ihr erster Tag bei uns an der Schule, da glotzen natürlich alle erstmal und sind neugierig... ich wär genauso aufgeregt...
Ich bin aber auch dumm!
HMM
モン
Nur weil ich vor diesem dämlichen Traum Angst habe, projiziere ich das direkt auf sie... So ein Schwachsinn!
Ich würde auch nicht wollen, dass jemand mich am ersten Tag unter Druck setzt oder mich nervös macht...
Ich vergesse den Traum jetzt einfach wieder! So!
GNN
Hey, Ryoichi!
Willst du etwa auch mit so einem hübschen Mädchen wie Munakata ausgehen?
Eh?

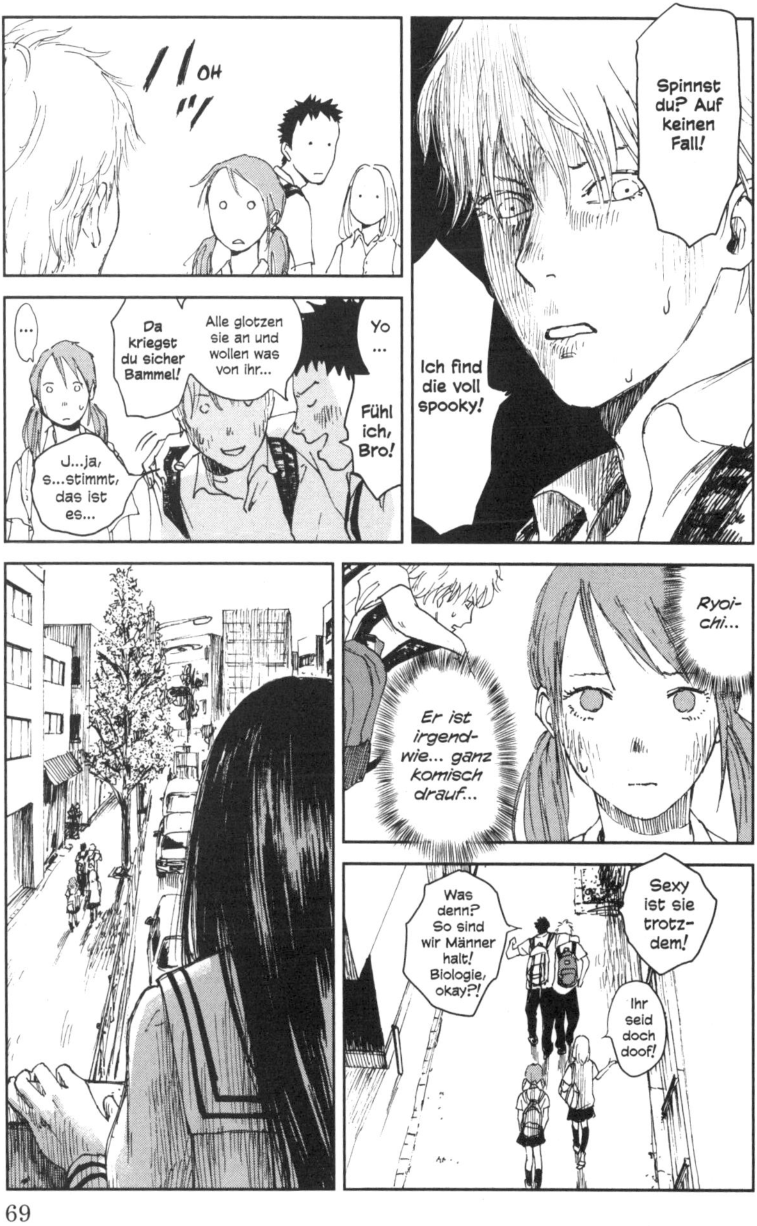
Spinnst du? Auf keinen Fall!
Ich find die voll spooky!
OH
Yo ...
Fühl ich, Bro!
Alle glotzen sie an und wollen was von ihr...
Da kriegst du sicher Bammel!
...
J...ja, s...stimmt, das ist es...
Ryoi-chi...
Er ist irgend-wie... ganz komisch drauf...
Sexy ist sie trotz-dem!
Was denn? So sind wir Männer halt! Biologie, okay?!
Ihr seid doch doof!

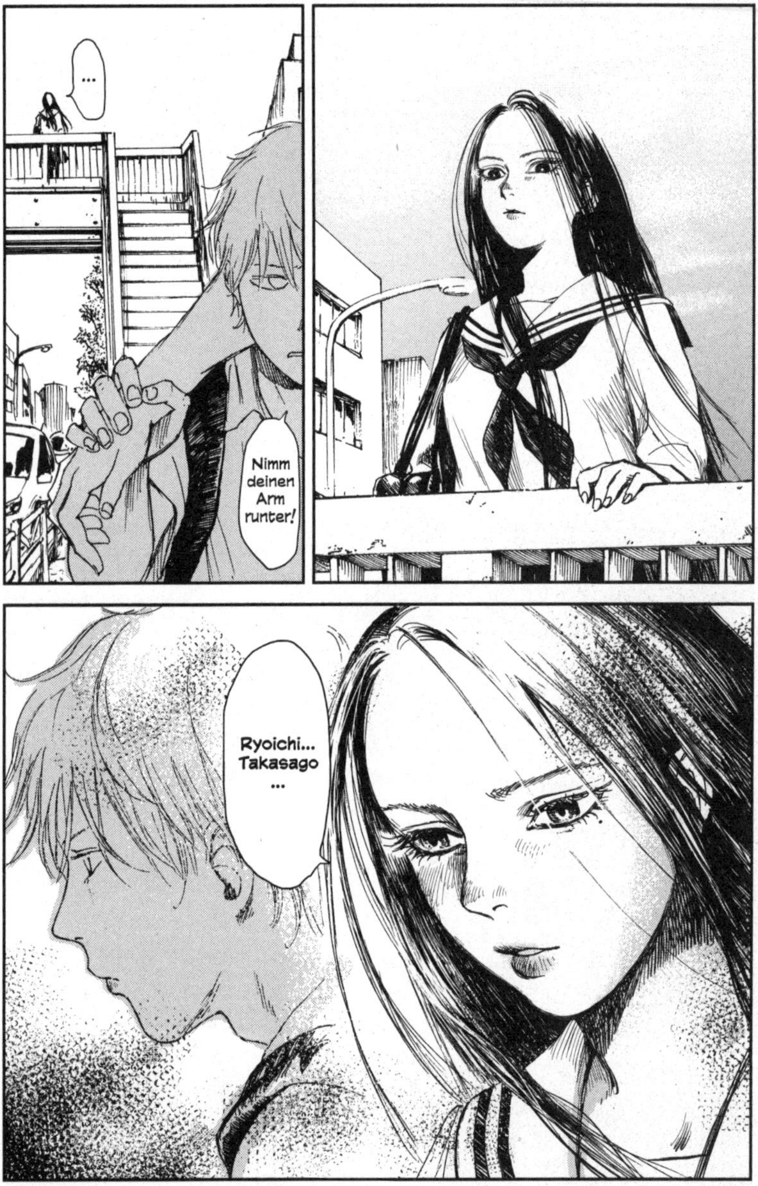
...
Nimm deinen Arm runter!
Ryoichi... Takasago ...

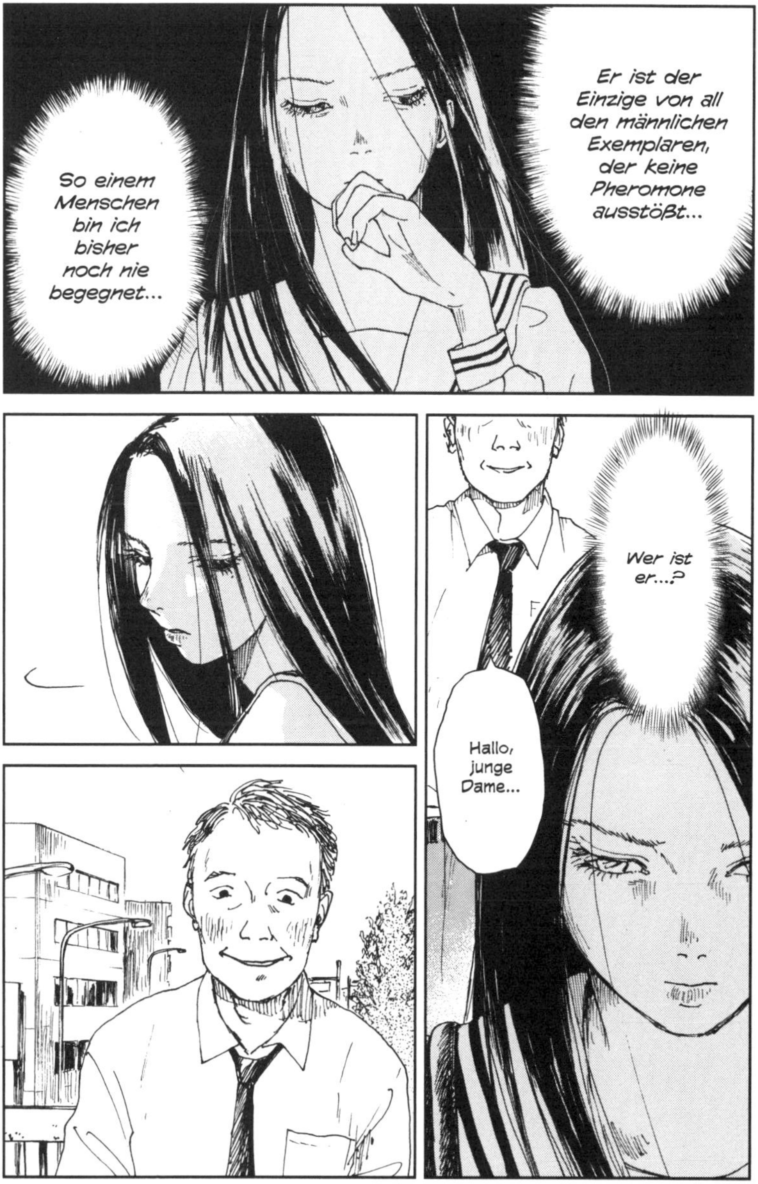
Er ist der Einzige von all den männlichen Exemplaren, der keine Pheromone ausstößt...
So einem Menschen bin ich bisher noch nie begegnet...
Wer ist er...?
Hallo, junge Dame...

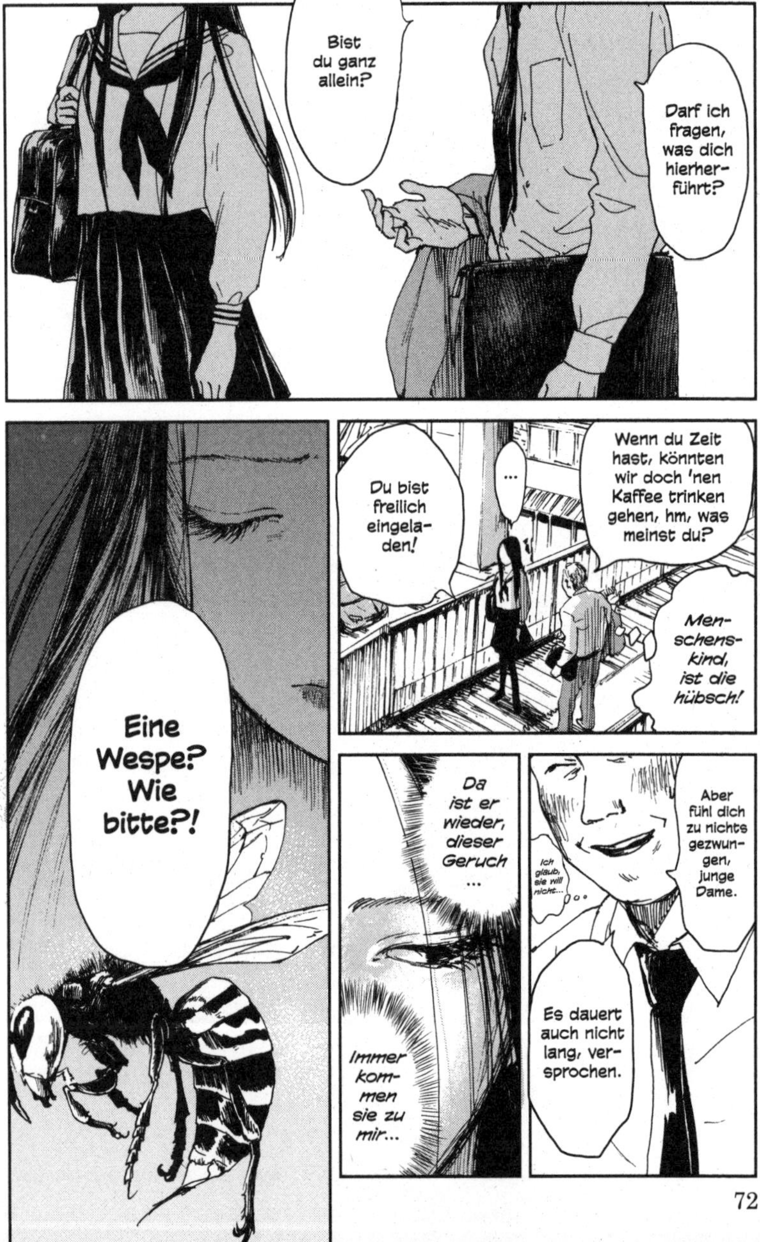
Darf ich fragen, was dich hierherführt?
Bist du ganz allein?
Wenn du Zeit hast, könnten wir doch 'nen Kaffee trinken gehen, hm, was meinst du?
...
Du bist freilich eingeladen!
Menschenskind, ist die hübsch!
Aber fühl dich zu nichts gezwungen, junge Dame.
Ich glaub, sie will nicht...
Es dauert auch nicht lang, versprochen.
Da ist er wieder, dieser Geruch ...
Immer kommen sie zu mir...
Eine Wespe? Wie bitte?!

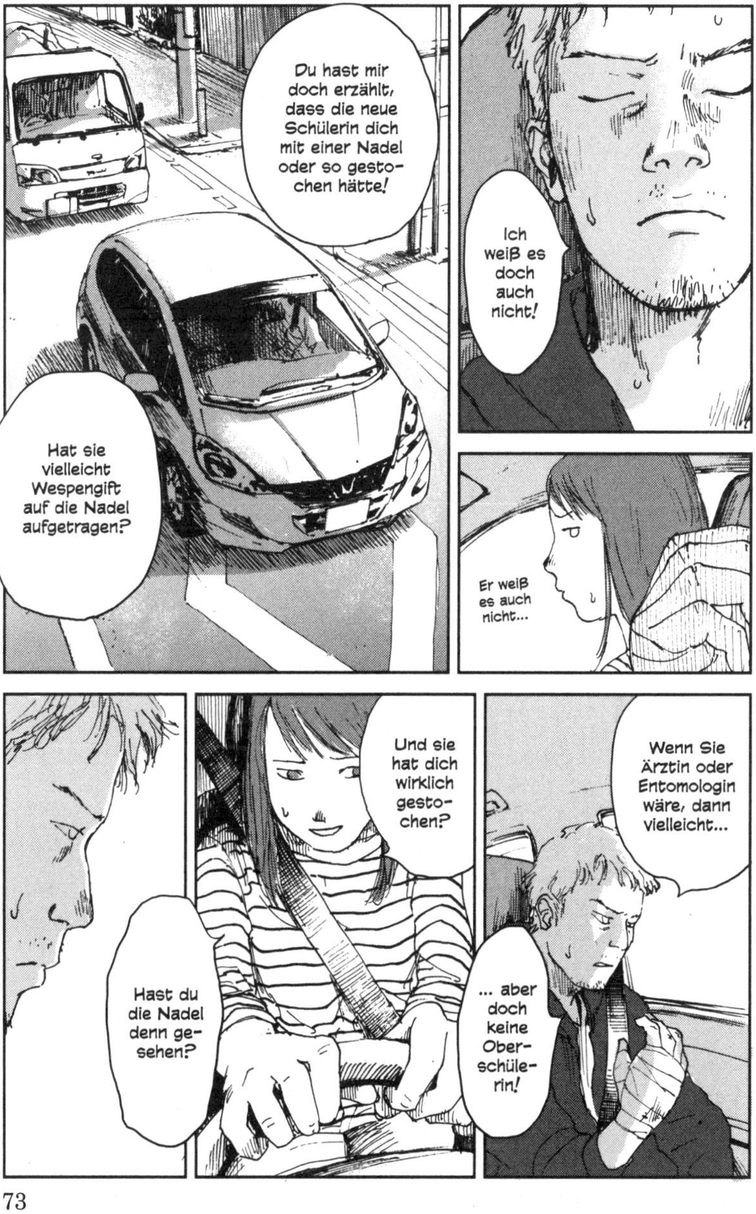
Du hast mir doch erzählt, dass die neue Schülerin dich mit einer Nadel oder so gestochen hätte!
Hat sie vielleicht Wespengift auf die Nadel aufgetragen?
Ich weiß es doch auch nicht!
Er weiß es auch nicht...
Wenn Sie Ärztin oder Entomologin wäre, dann vielleicht...
... aber doch keine Oberschülerin!
Und sie hat dich wirklich gestochen?
Hast du die Nadel denn gesehen?

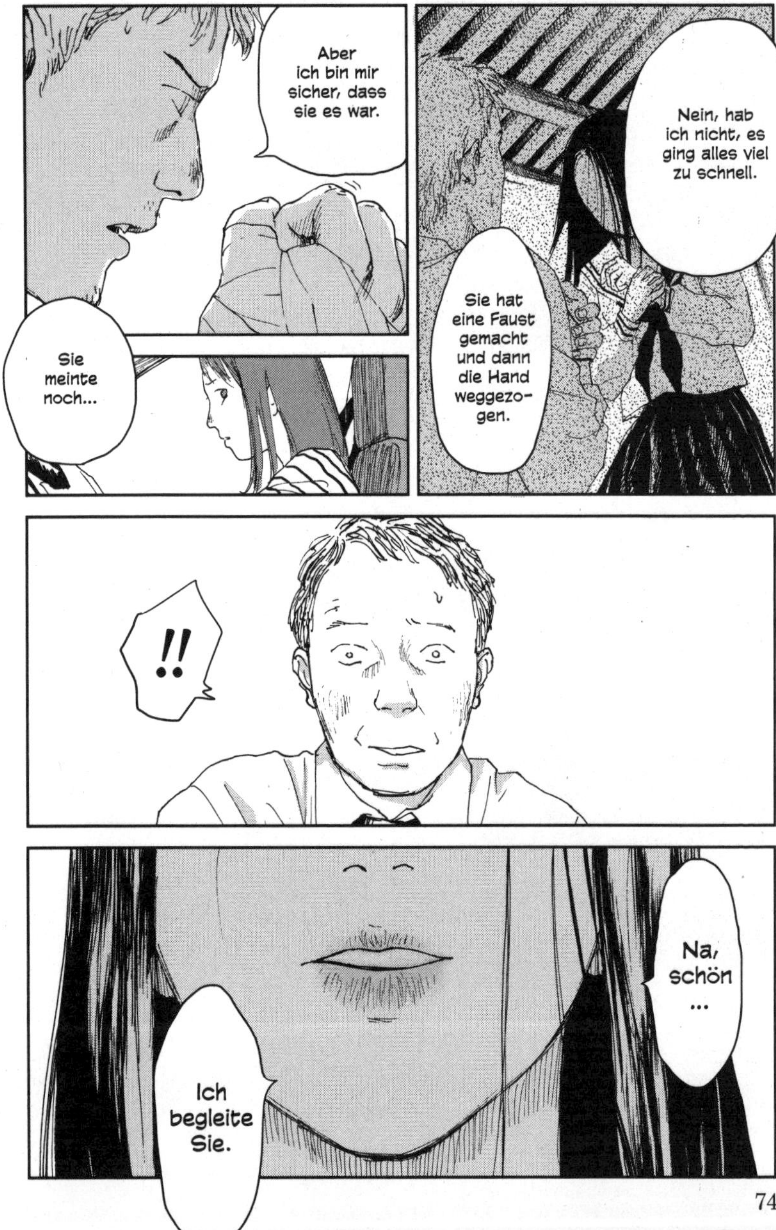
Nein, hab ich nicht, es ging alles viel zu schnell.
Aber ich bin mir sicher, dass sie es war.
Sie meinte noch...
Sie hat eine Faust gemacht und dann die Hand weggezogen.
!!
Na, schön ...
Ich begleite Sie.

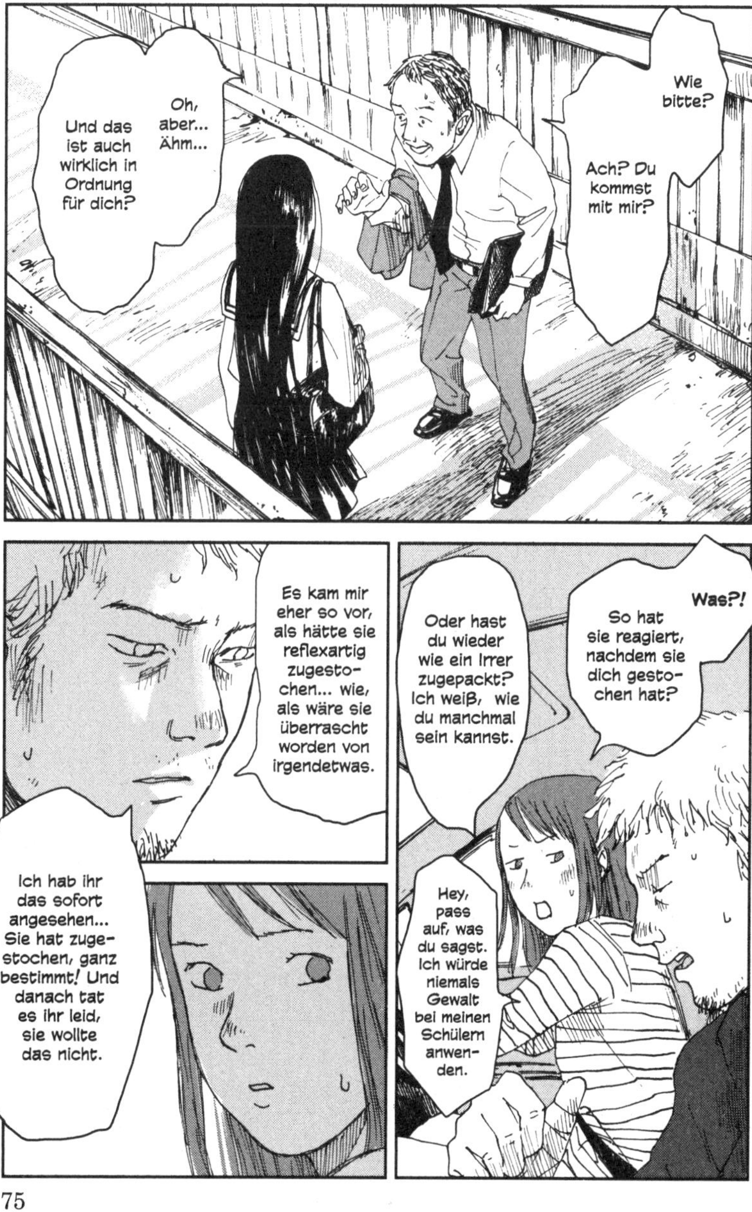
Wie bitte?
Ach? Du kommst mit mir?
Oh, aber... Ähm...
Und das ist auch wirklich in Ordnung für dich?
Was?!
So hat sie reagiert, nachdem sie dich gestochen hat?
Oder hast du wieder wie ein Irrer zugepackt? Ich weiß, wie du manchmal sein kannst.
Es kam mir eher so vor, als hätte sie reflexartig zugestochen... wie, als wäre sie überrascht worden von irgendetwas.
Hey, pass auf, was du sagst. Ich würde niemals Gewalt bei meinen Schülern anwenden.
Ich hab ihr das sofort angesehen... Sie hat zugestochen, ganz bestimmt! Und danach tat es ihr leid, sie wollte das nicht.

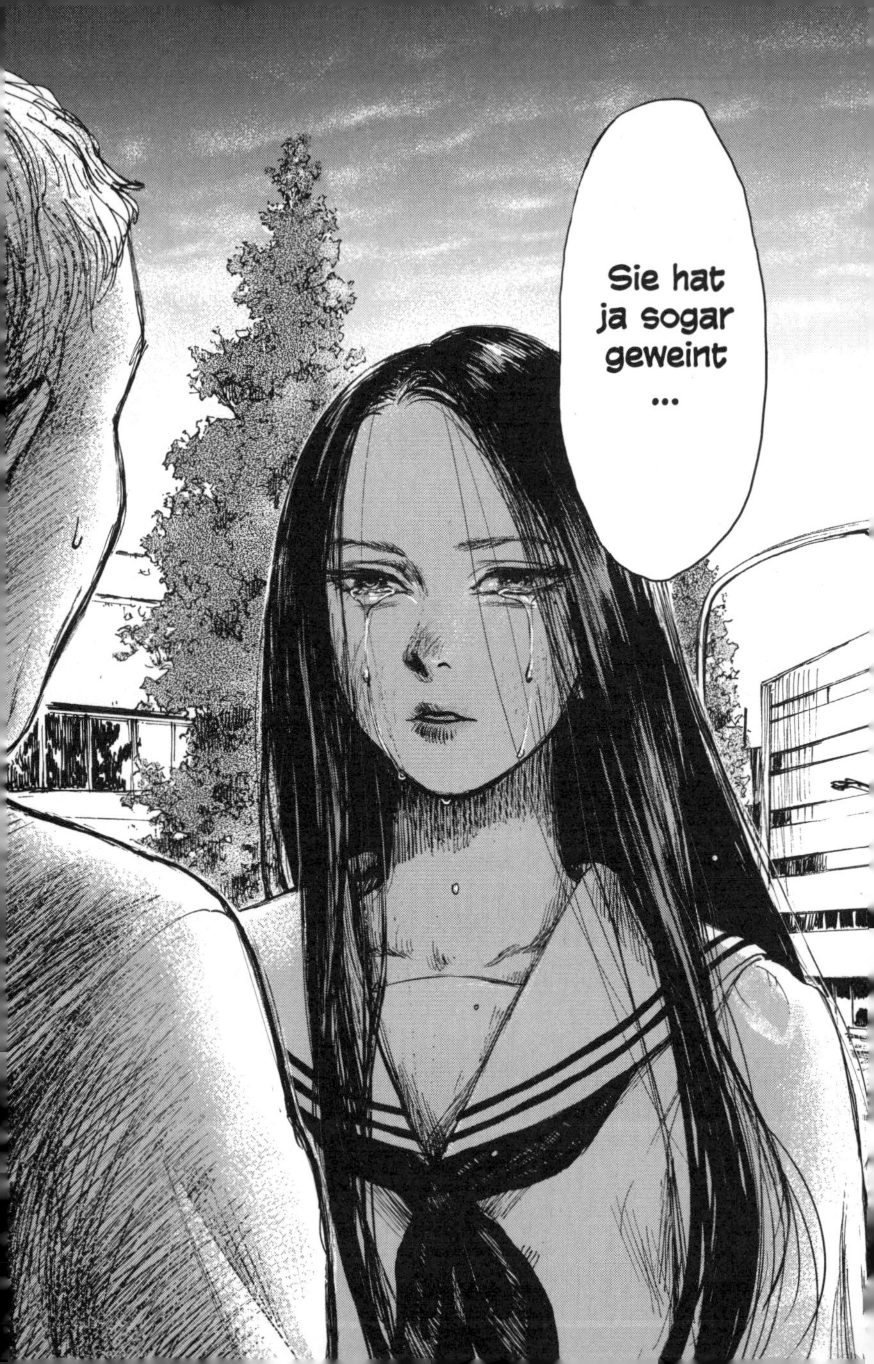
Sie hat ja sogar geweint ...

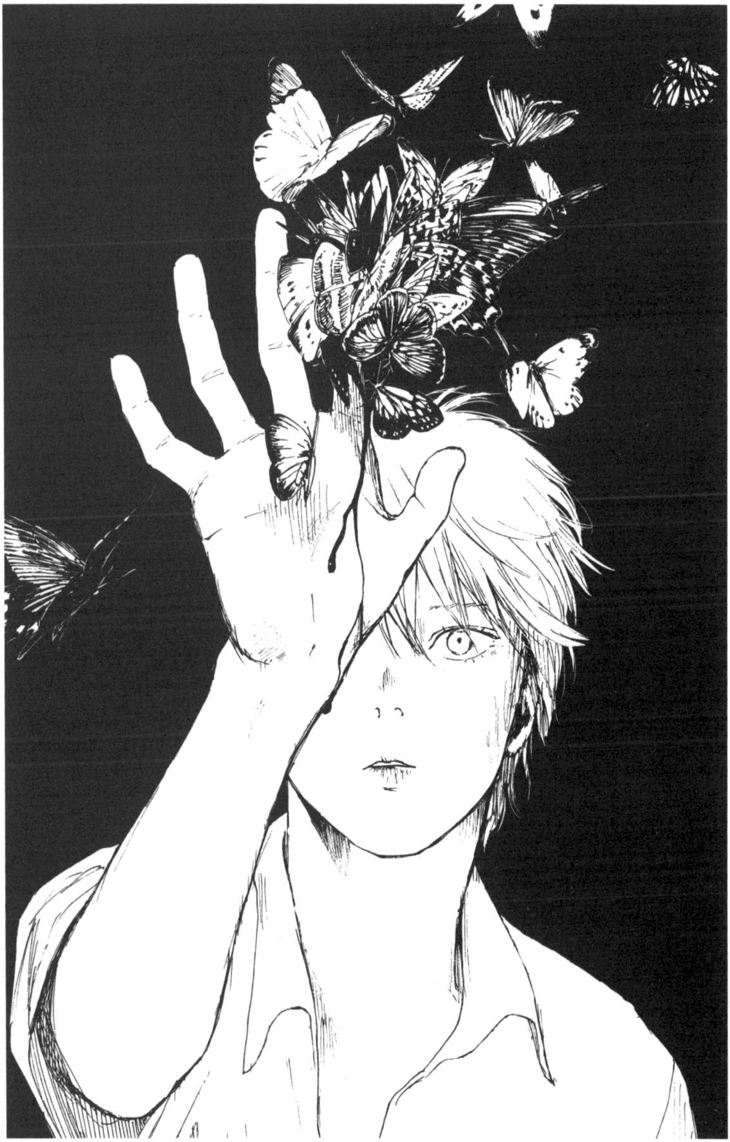

KAPITEL 3

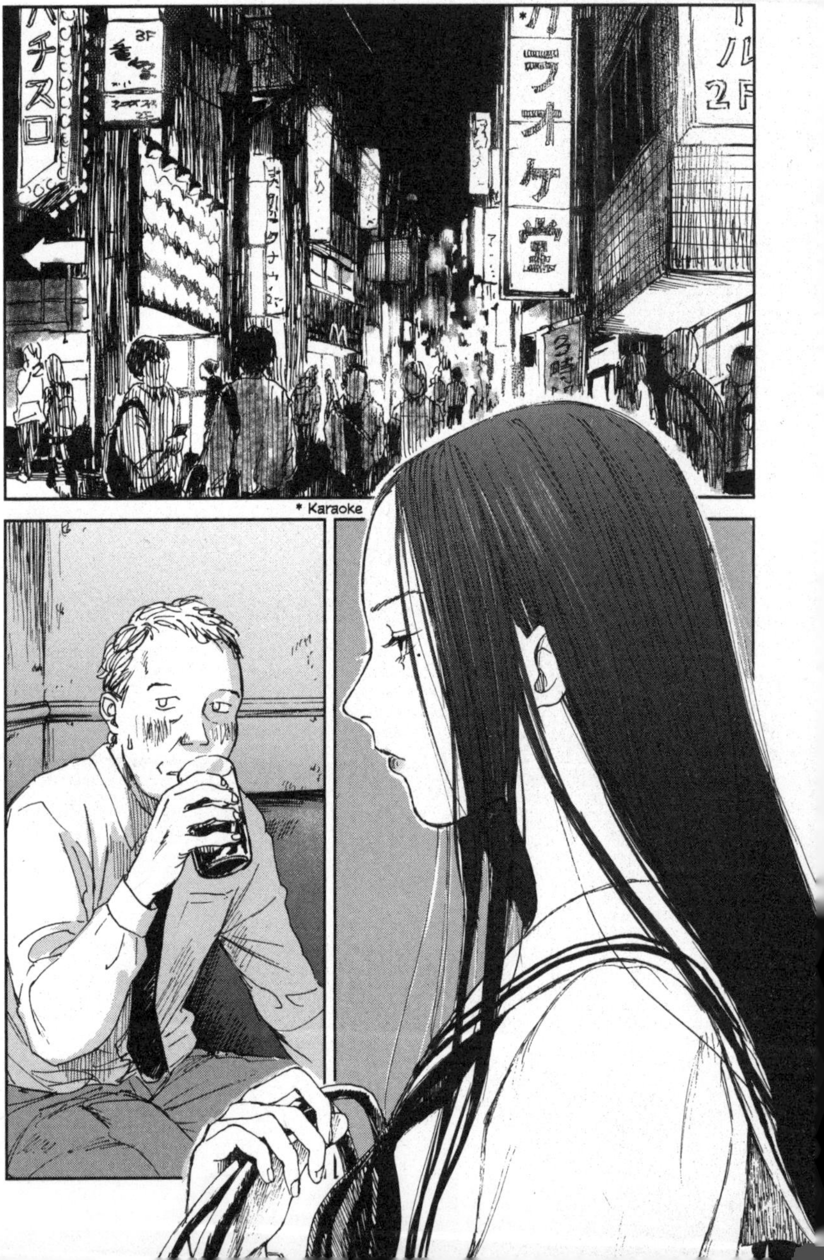
パチスロ
*カラオケ
2F
* Karaoke

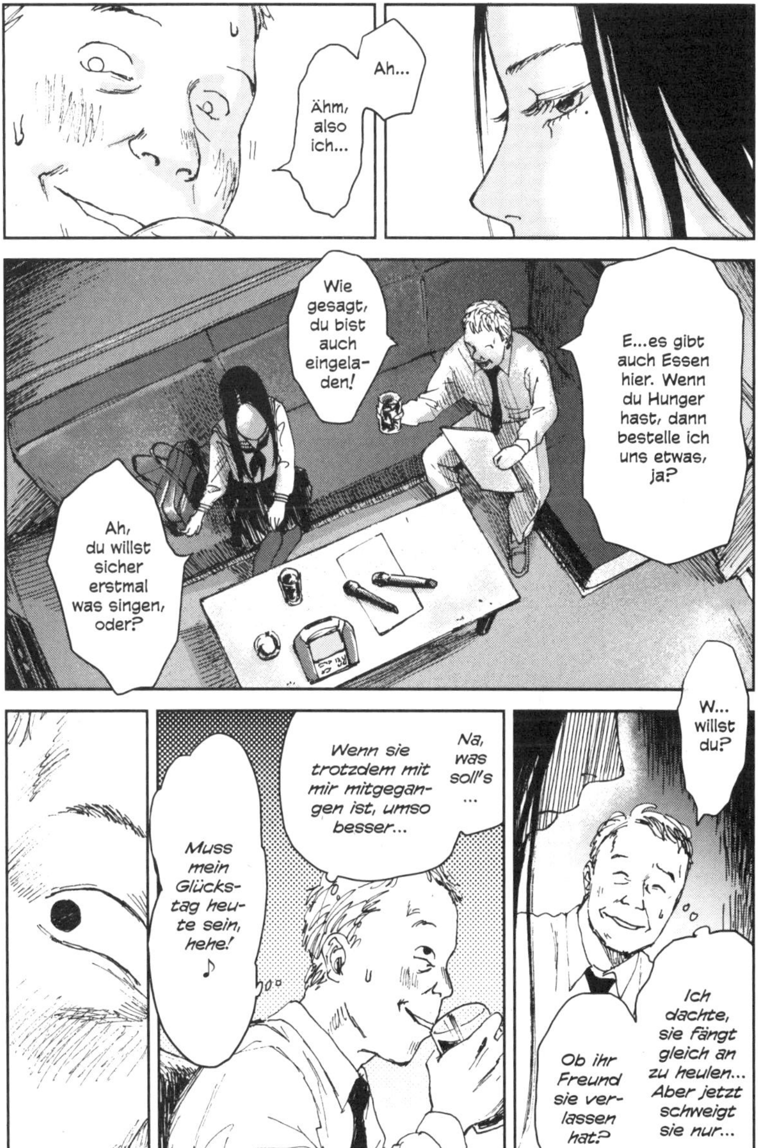
Ah...
Ähm, also ich...
E...es gibt auch Essen hier. Wenn du Hunger hast, dann bestelle ich uns etwas, ja?
Wie gesagt, du bist auch eingeladen!
Ah, du willst sicher erstmal was singen, oder?
W... willst du?
Ich dachte, sie fängt gleich an zu heulen... Aber jetzt schweigt sie nur...
Ob ihr Freund sie verlassen hat?
Na, was soll's ...
Wenn sie trotzdem mit mir mitgegangen ist, umso besser...
Muss mein Glückstag heute sein, hehe! ♪

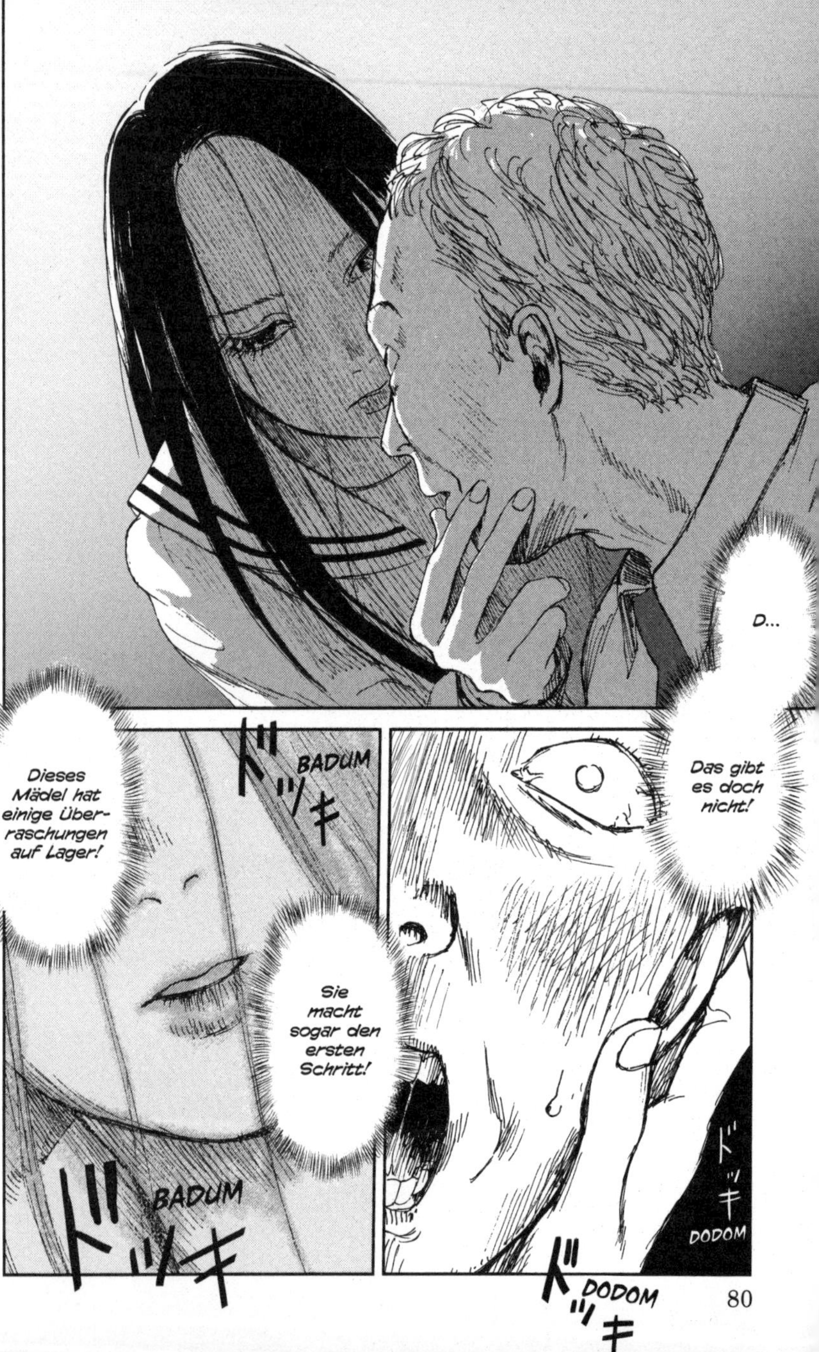
D...
Das gibt es doch nicht!
ドッキ
DODOM
ドッキ
DODOM
ドッキ
BADUM
Dieses Mädel hat einige Überraschungen auf Lager!
Sie macht sogar den ersten Schritt!
ドッキ
BADUM

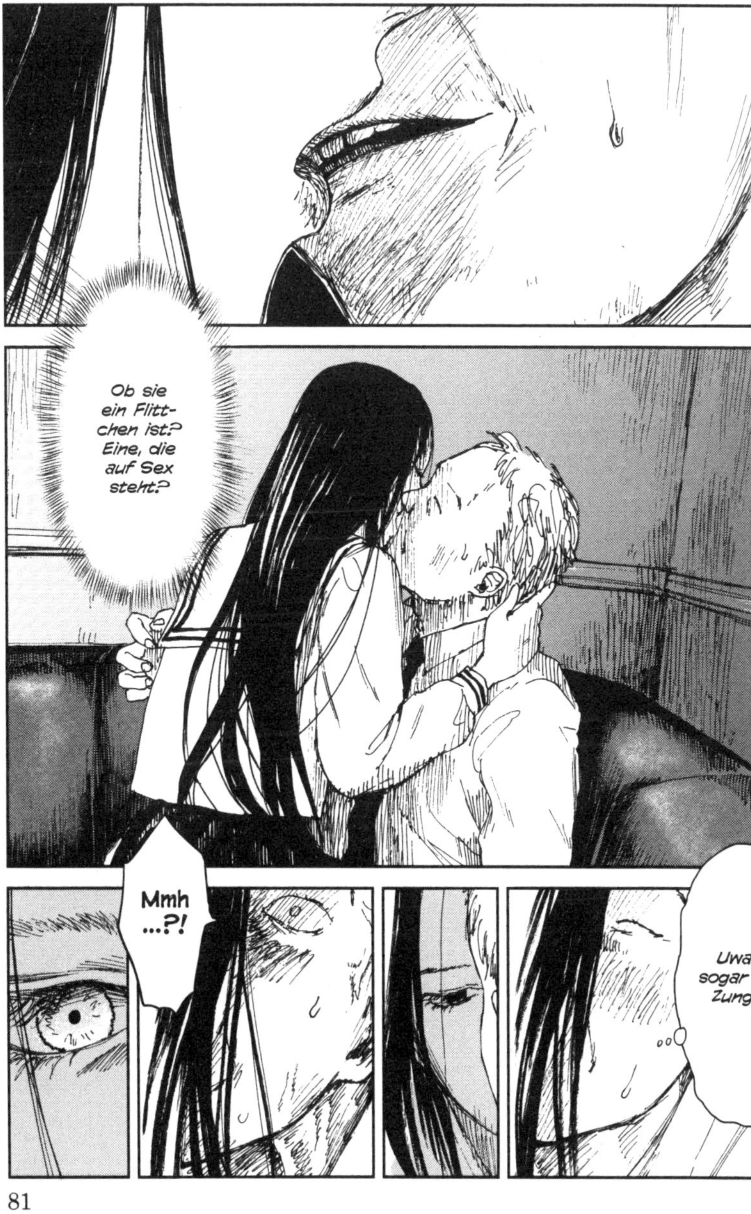
Ob sie ein Flitt-chen ist? Eine, die auf Sex steht?
Uwah, sogar mit Zunge!
Mmh ...?!

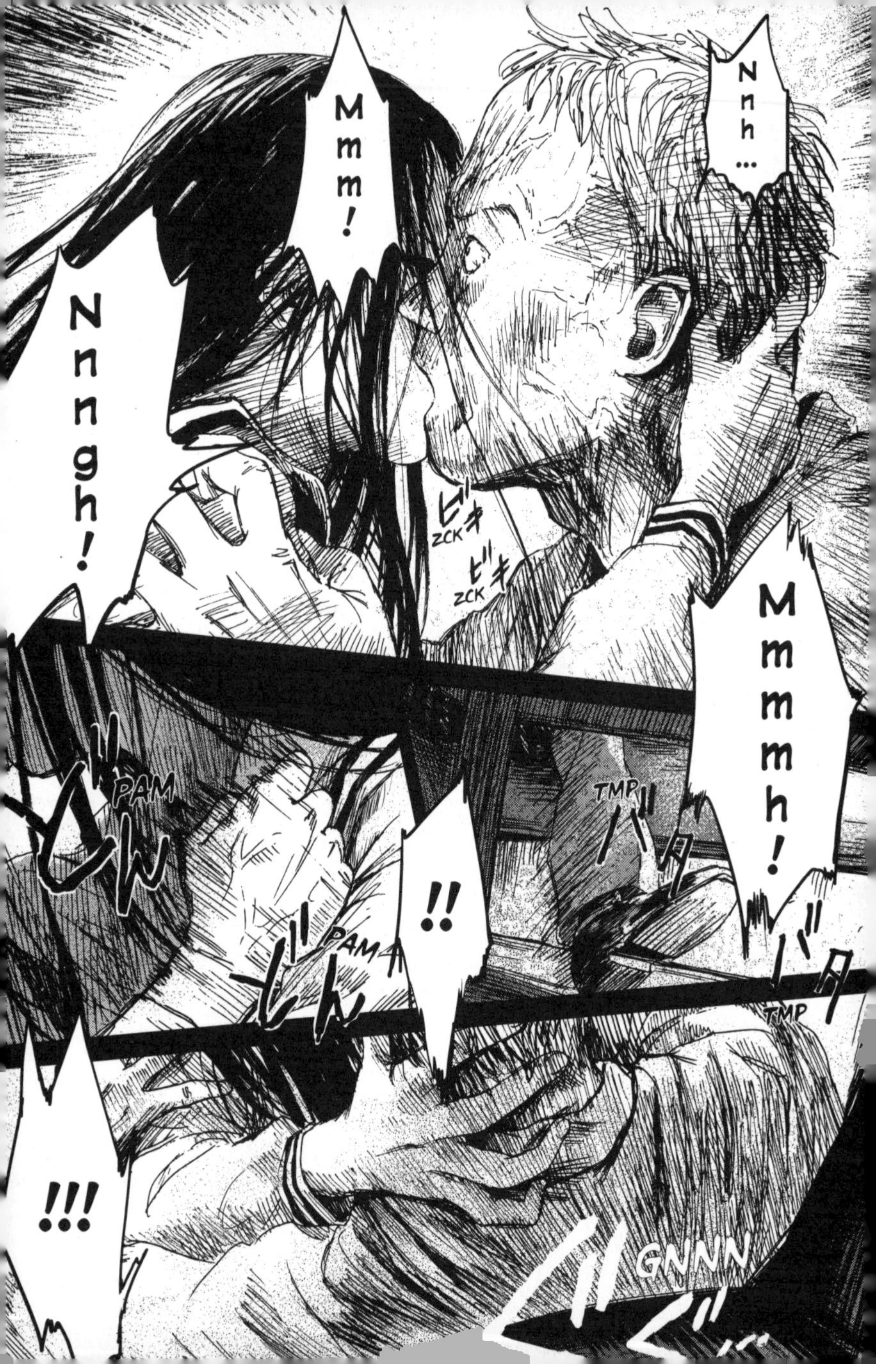
Nnh...
Mmm!
Nnnngh!
ビキ
ZCK
ビキ
ZCK
Mmmmh!
TMP
バタ
TMP
バタ
PAM
どん
PAM
どん
!!
!!!
GNNN

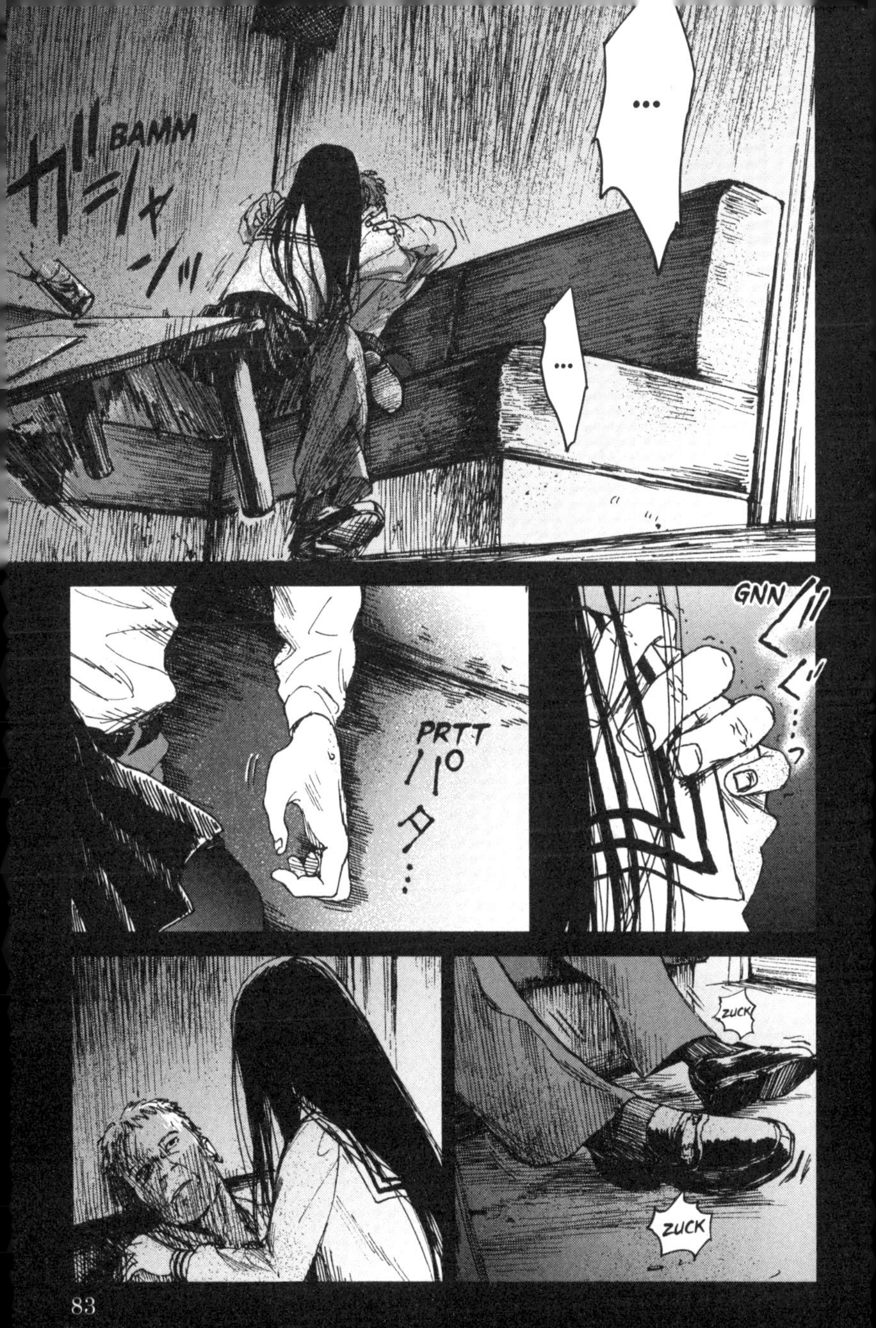

BAMM
...
...
PRTT
GNN
ZUCK
ZUCK

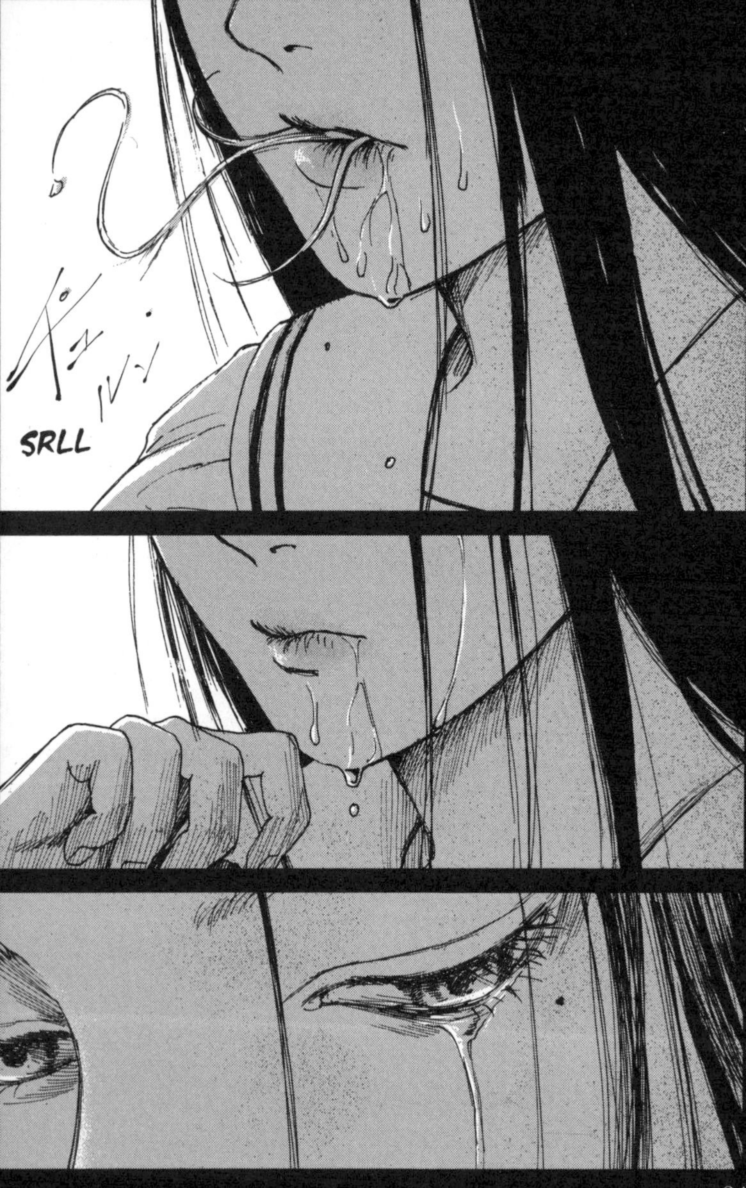
SRLL

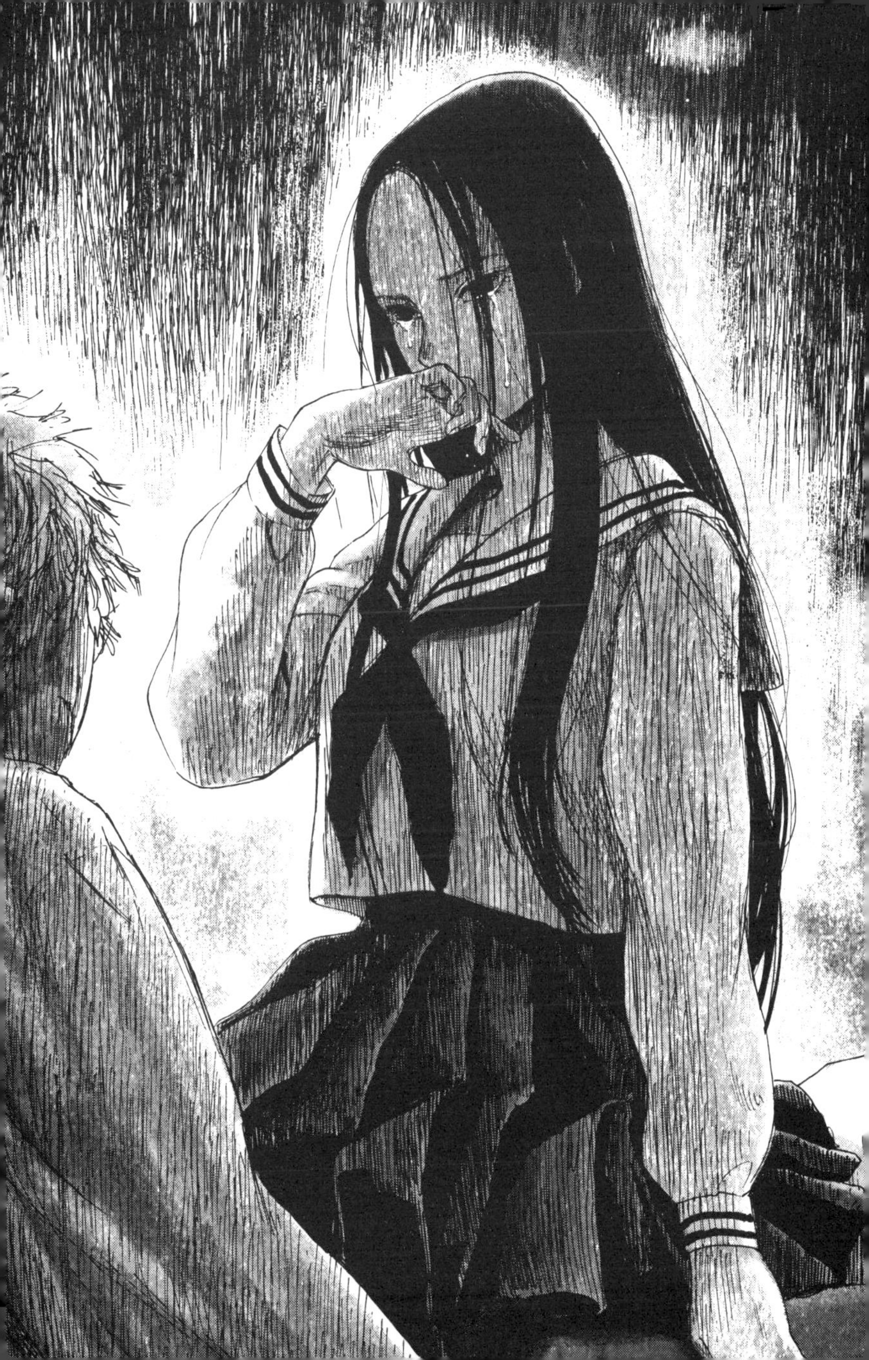

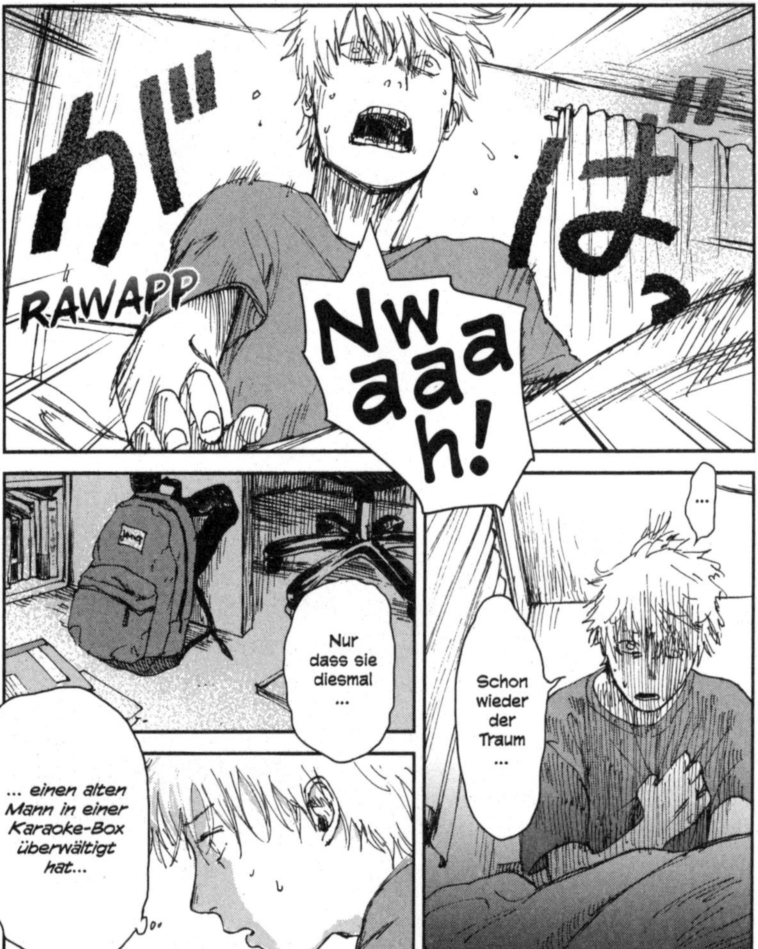
がばっ
RAWAPP
Nwaaah!
...
Schon wieder der Traum ...
Nur dass sie diesmal ...
... einen alten Mann in einer Karaoke-Box überwältigt hat...
Das ist neu...

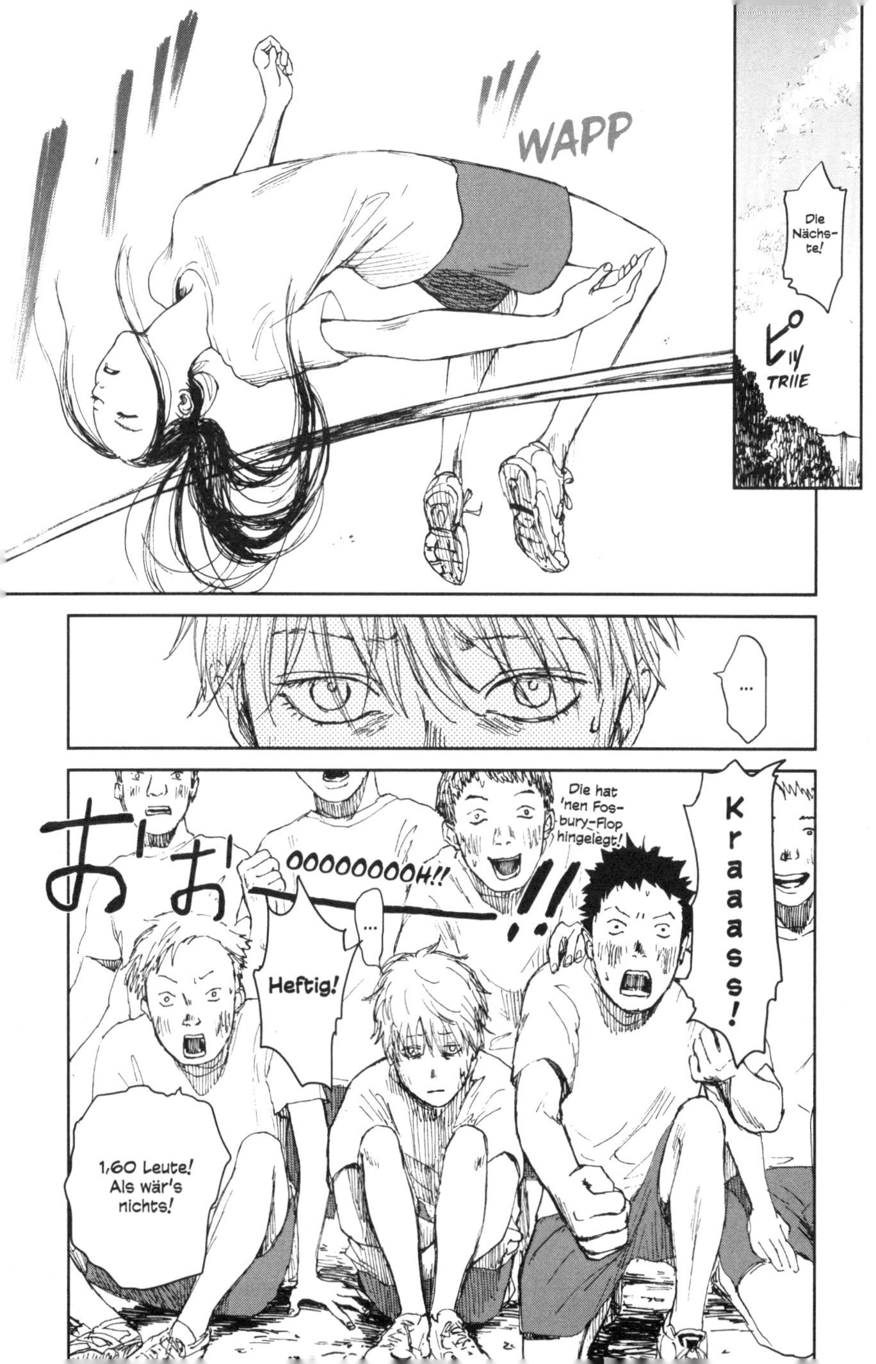
Die Nächs-te!
TRIIE
WAPP
...
Kraaass!
Die hat 'nen Fos-bury-Flop hingelegt!
OOOOOOOOH!!
...
Heftig!
1,60 Leute! Als wär's nichts!

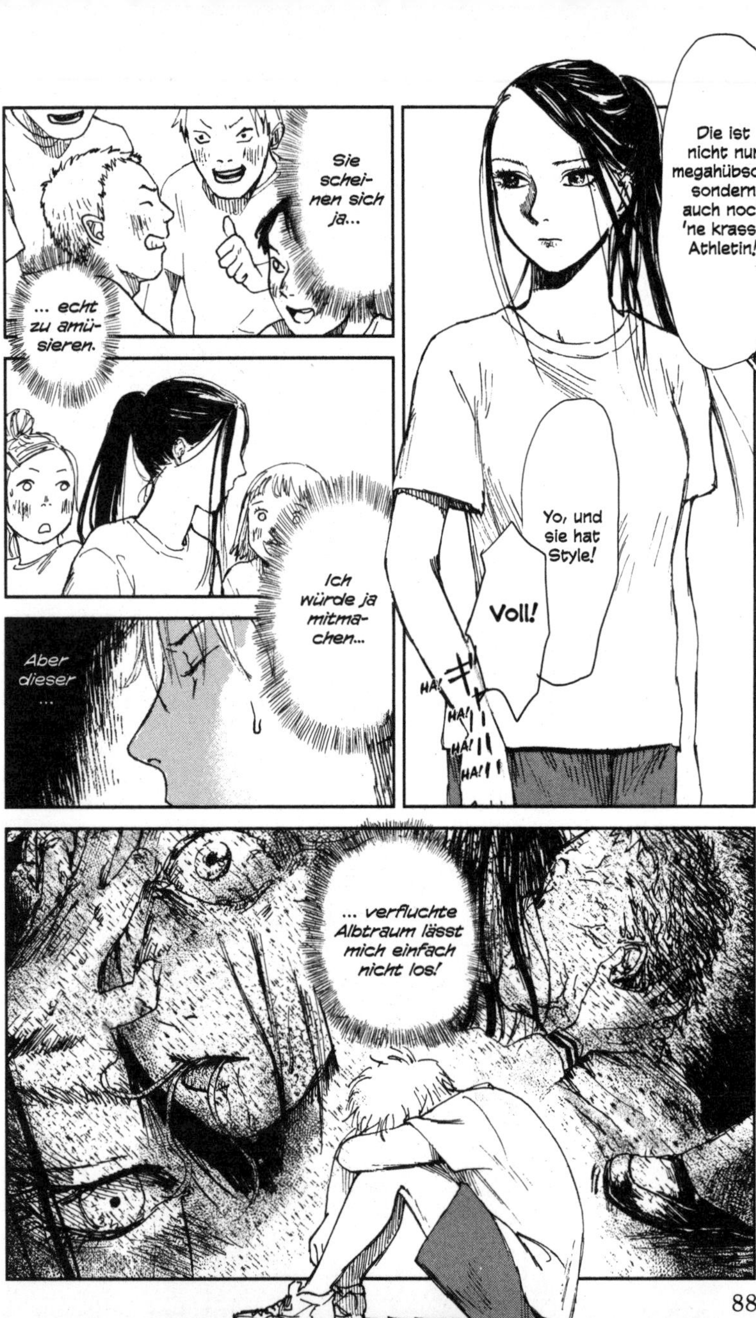
Die ist nicht nur megahübsch, sondern auch noch 'ne krasse Athletin!
Yo, und sie hat Style!
Voll!
HA! HA! HA! HA!
Sie schei-nen sich ja...
... echt zu amü-sieren.
Ich würde ja mitma-chen...
Aber dieser ...
... verfluchte Albtraum lässt mich einfach nicht los!

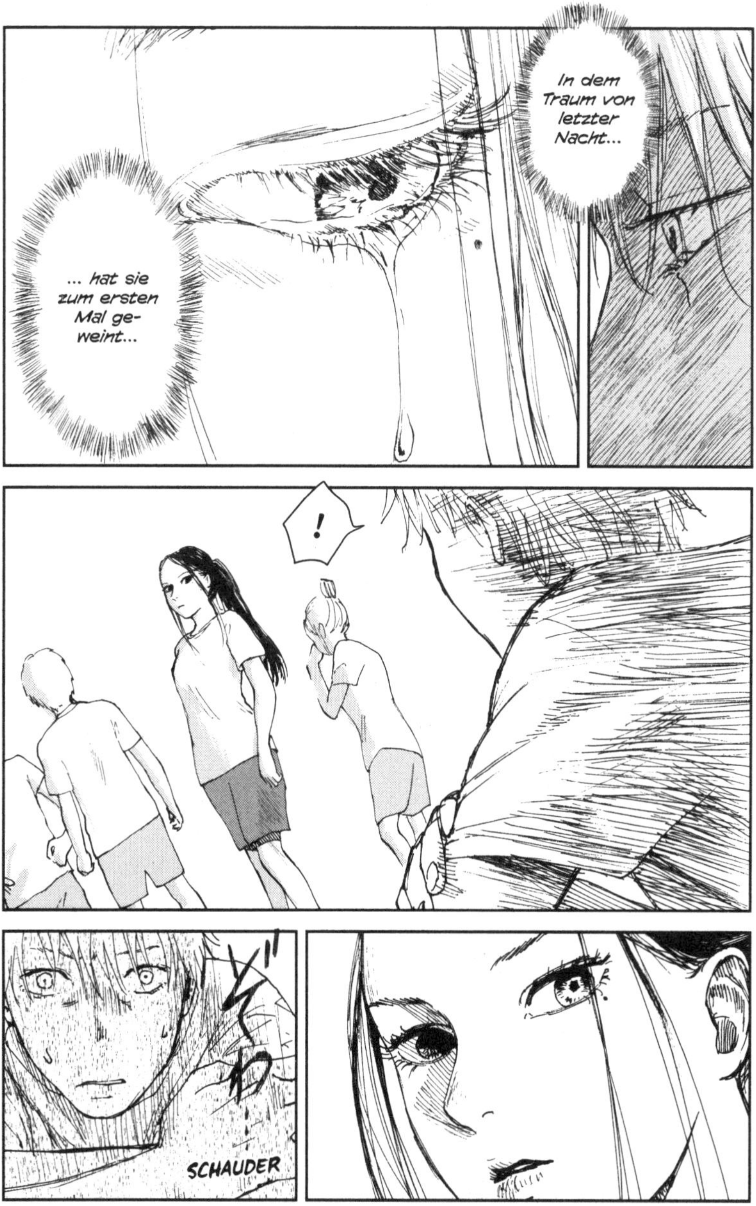
In dem Traum von letzter Nacht...
... hat sie zum ersten Mal ge- weint...
!
SCHAUDER

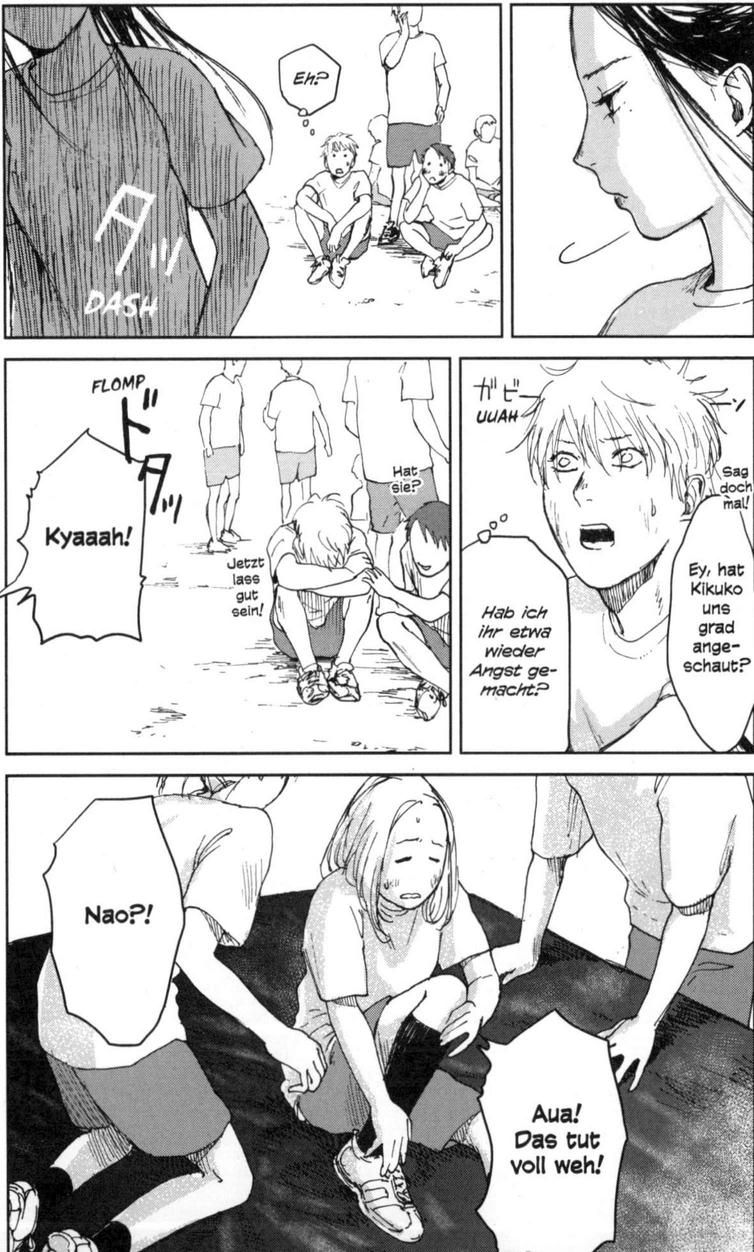

Eh?
タッ
DASH
ガビーン
UUAH
Sag doch mal!
Ey, hat Kikuko uns grad angeschaut?
Hab ich ihr etwa wieder Angst gemacht?
Hat sie?
Jetzt lass gut sein!
FLOMP
ドタッ
Kyaaah!
Aua! Das tut voll weh!
Nao?!

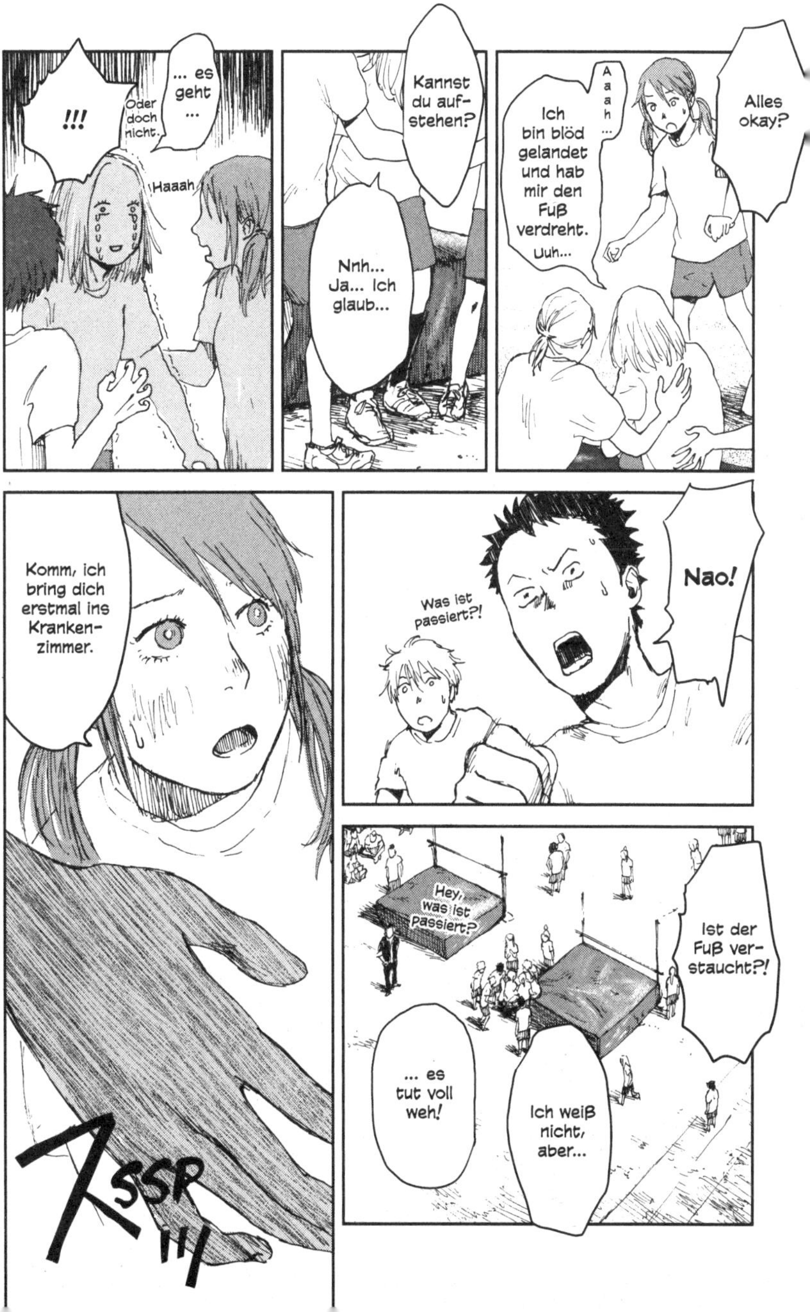

Alles okay?
Aaah…
Ich bin blöd gelandet und hab mir den Fuß verdreht. Uuh…
Kannst du auf-stehen?
Nnh… Ja… Ich glaub…
… es geht …
Oder doch nicht.
Haaah
!!!
Nao!
Was ist passiert?!
Ist der Fuß ver-staucht?!
Hey, was ist passiert?
Ich weiß nicht, aber…
… es tut voll weh!
Komm, ich bring dich erstmal ins Kranken-zimmer.
ZSSR

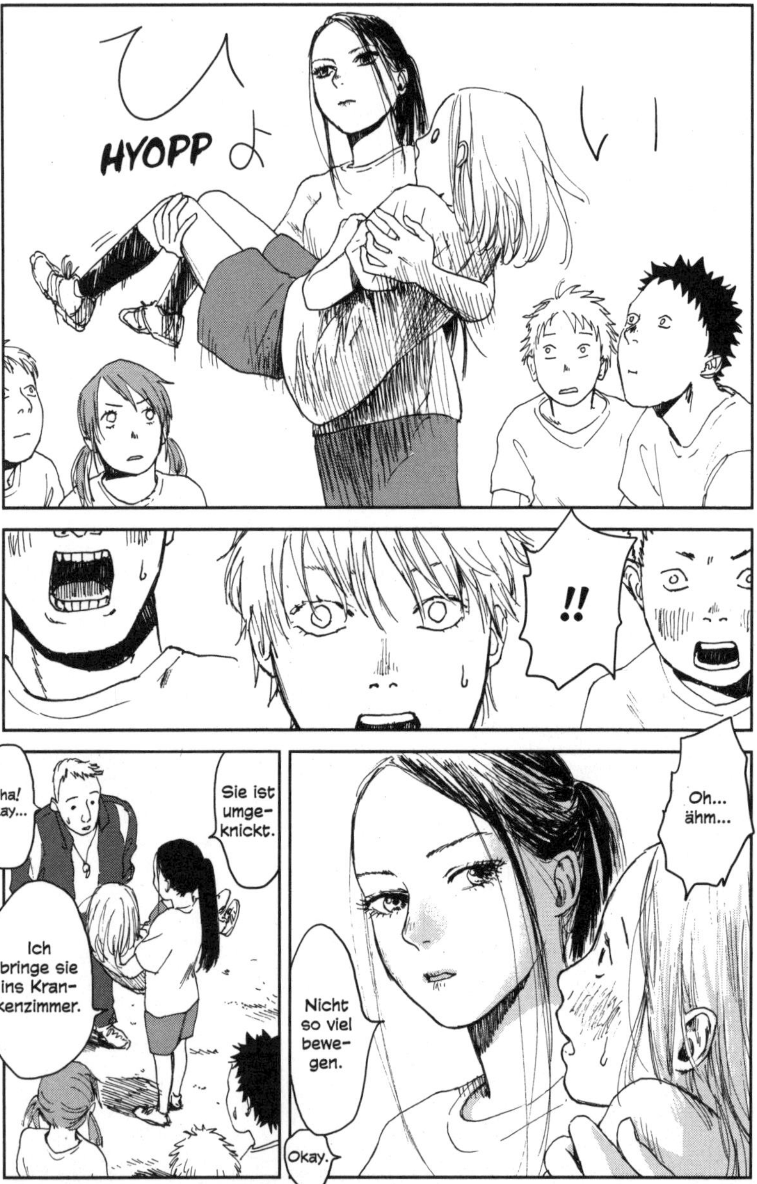
ひょい
HYOPP
!!
Oh... ähm...
Nicht so viel bewegen.
Okay.
Sie ist umgeknickt.
Oha! Okay...
Ich bringe sie ins Krankenzimmer.

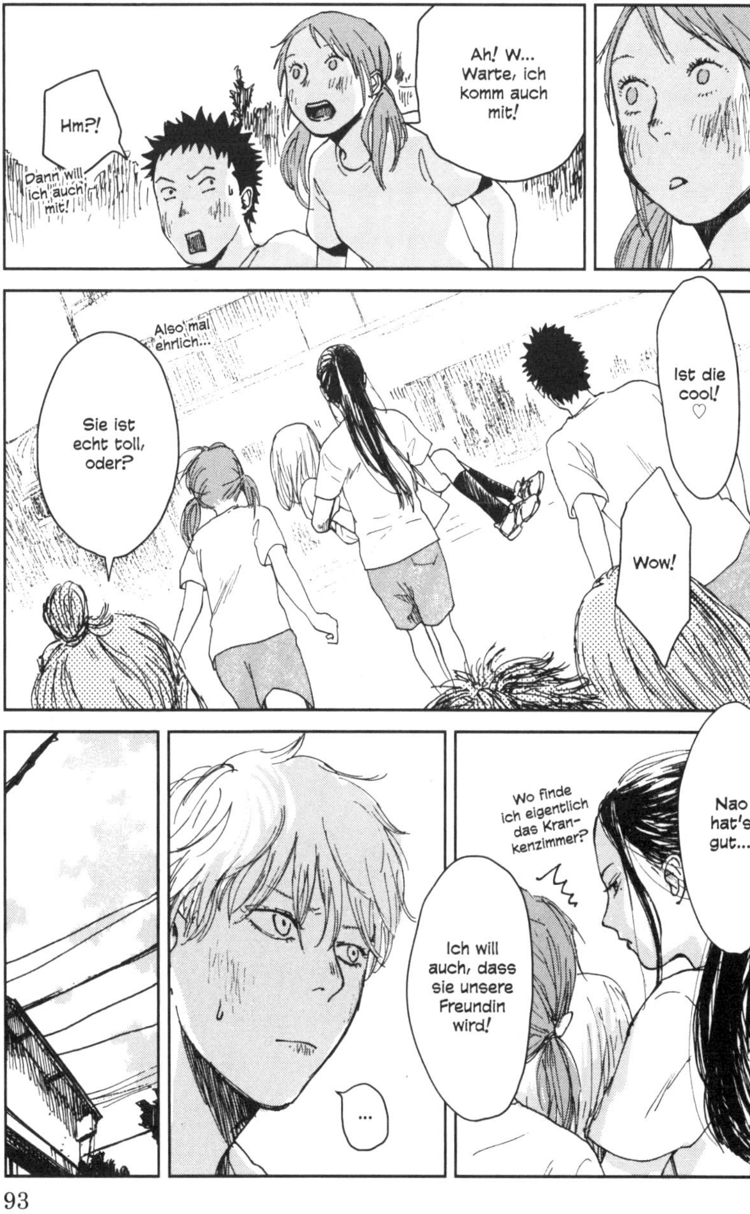
Ah! W... Warte, ich komm auch mit!
Hm?!
Dann will ich auch mit!
Ist die cool! ♡
Wow!
Also mal ehrlich...
Sie ist echt toll, oder?
Nao hat's gut...
Wo finde ich eigentlich das Kran-kenzimmer?
Ich will auch, dass sie unsere Freundin wird!
...

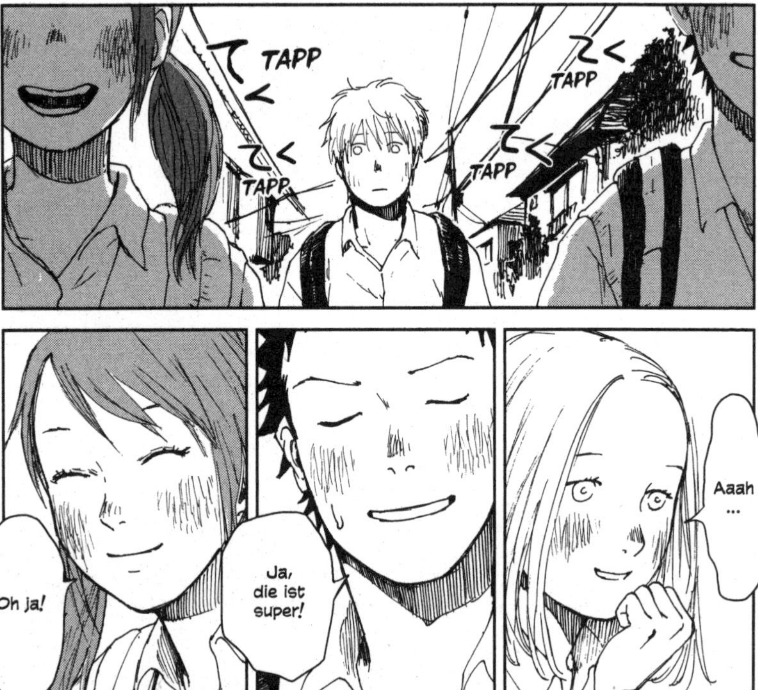

*renommierte Theatergruppe, die hauptsächlich aus Schauspielerinnen besteht

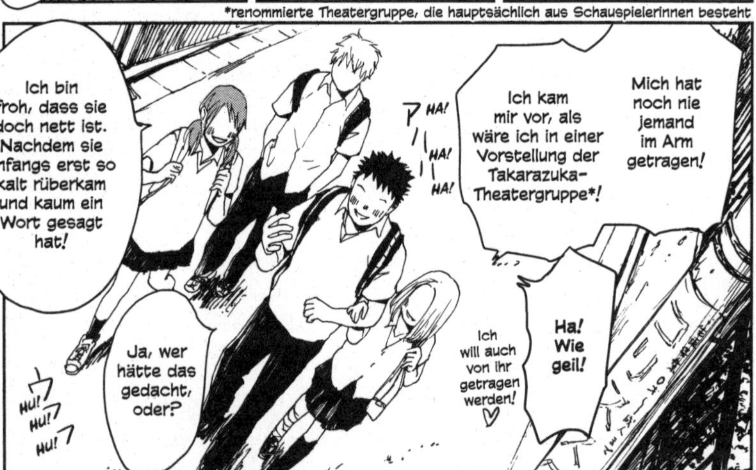

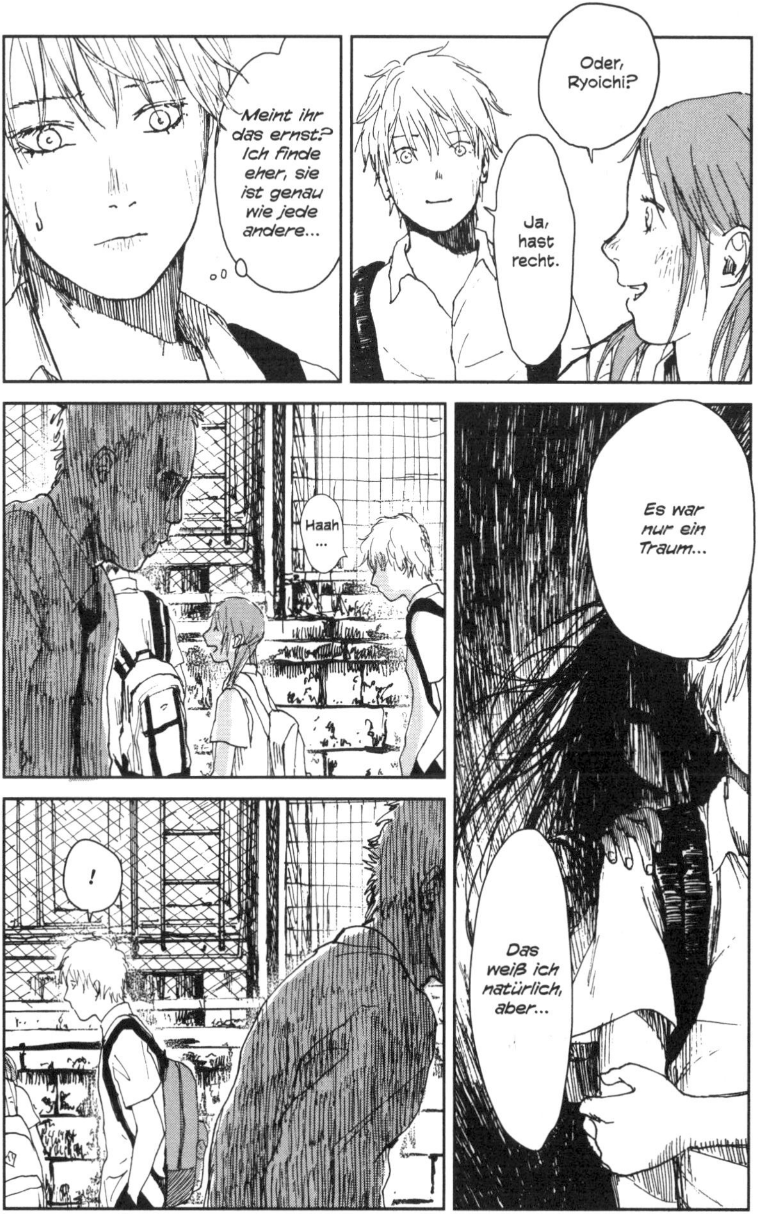
Oder, Ryoichi?
Ja, hast recht.
Meint ihr das ernst? Ich finde eher, sie ist genau wie jede andere...
Es war nur ein Traum...
Das weiß ich natürlich, aber...
Haah ...
!

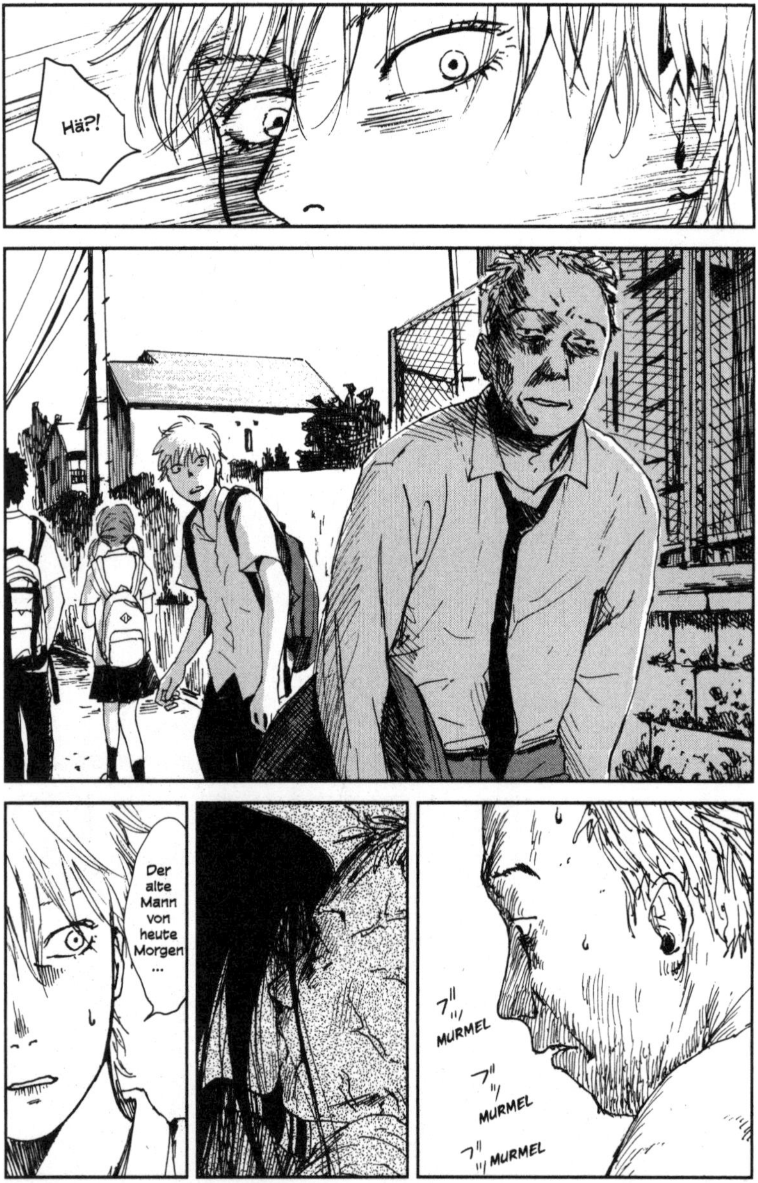
Hä?!
Der alte Mann von heute Morgen ...
フ゛ッ MURMEL
フ゛ッ MURMEL
フ゛ッ MURMEL

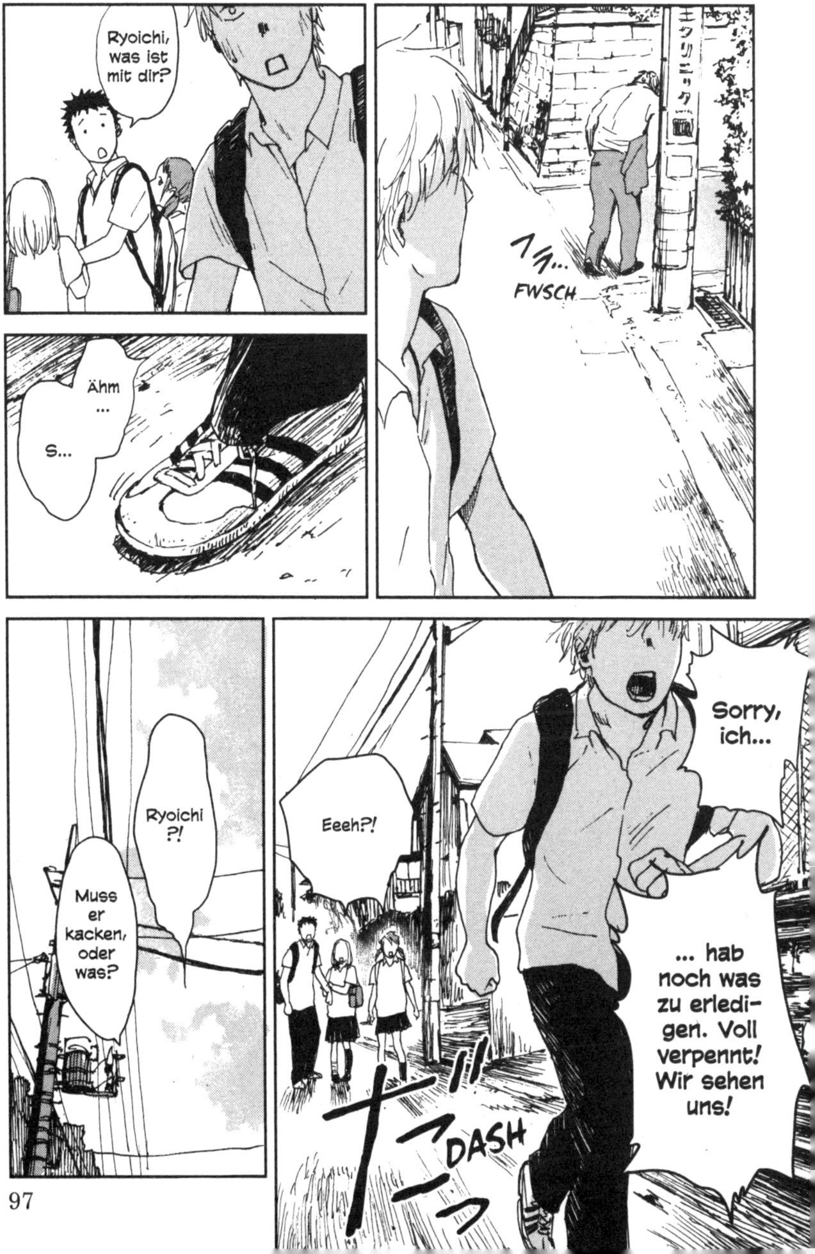
FWSCH
Ryoichi, was ist mit dir?
Ähm ...
S...
Sorry, ich...
... hab noch was zu erledigen. Voll verpennt! Wir sehen uns!
DASH
Eeeh?!
Ryoichi ?!
Muss er kacken, oder was?

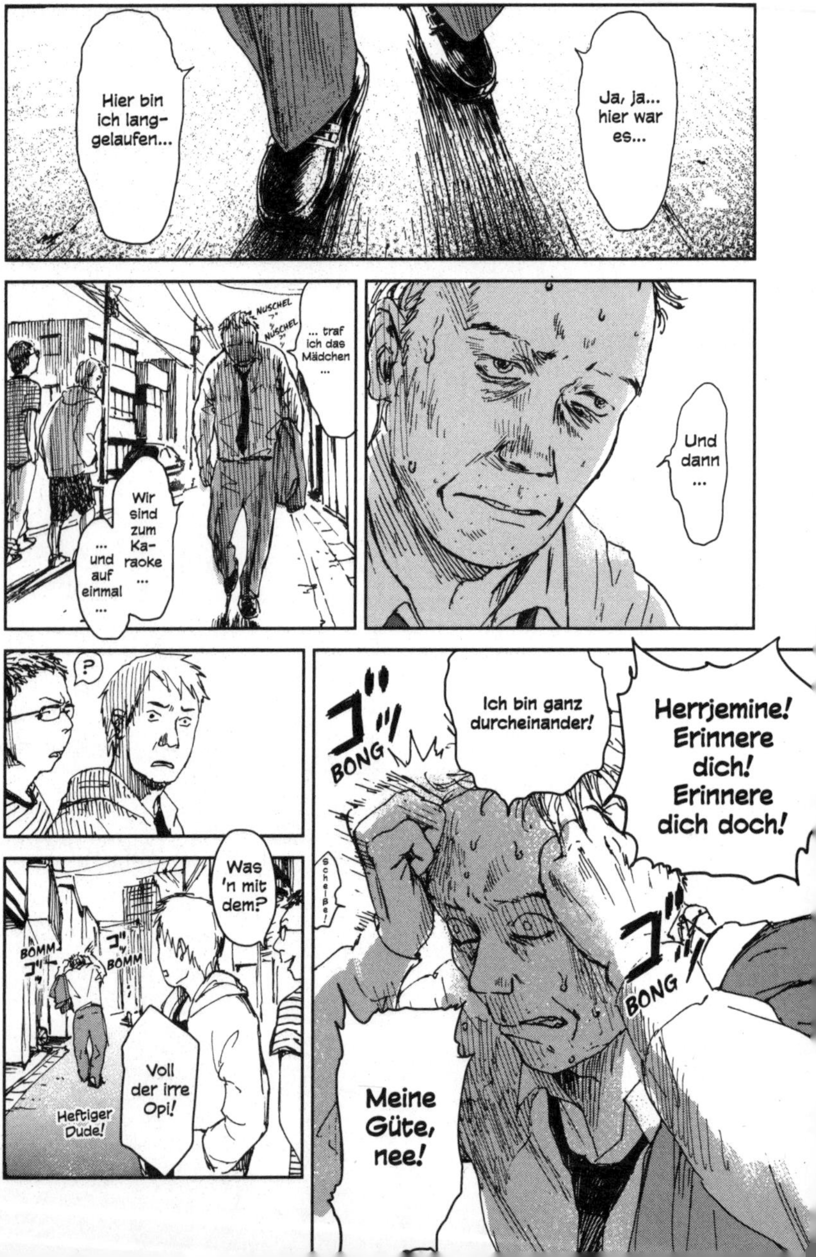

Ja, ja... hier war es...
Hier bin ich langgelaufen...
Und dann ...
... traf ich das Mädchen ...
NUSCHEL NUSCHEL
Wir sind zum Karaoke ...
... und auf einmal ...
Herrjemine! Erinnere dich! Erinnere dich doch!
Ich bin ganz durcheinander!
BONG
BONG
Meine Güte, nee!
?
Was 'n mit dem?
Scheiße!
BOMM
BOMM
Voll der irre Opi!
Heftiger Dude!

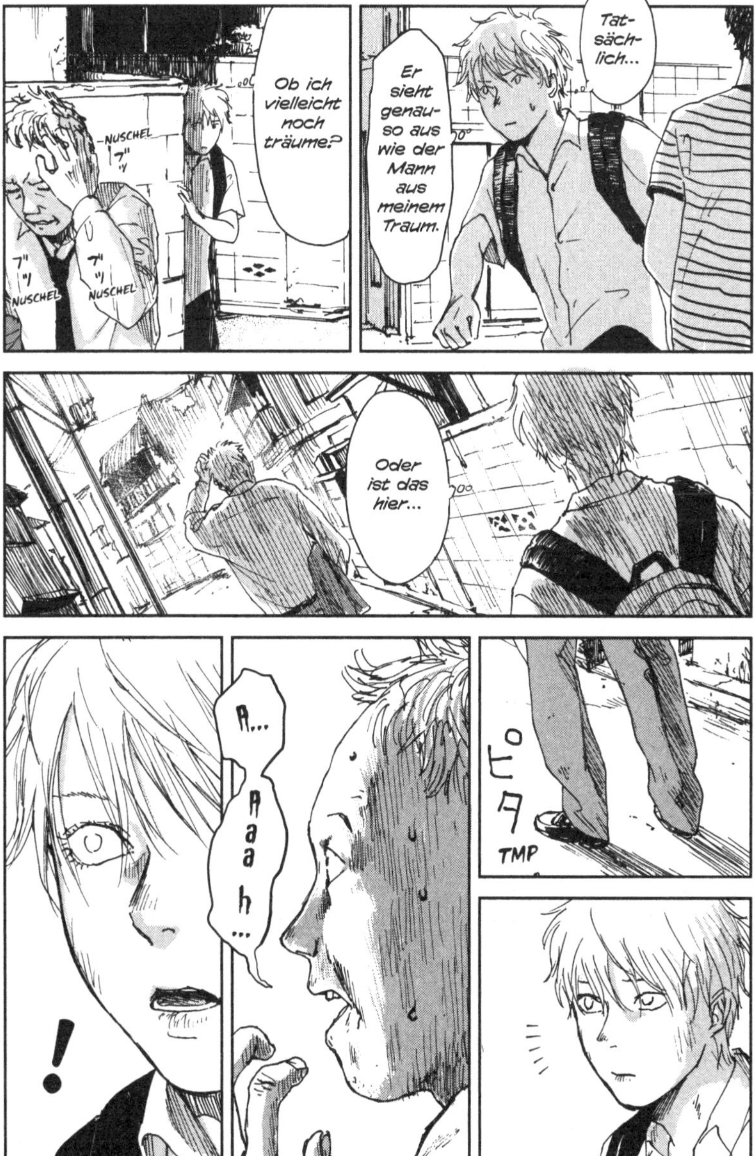
Tat-
säch-
lich...
Er sieht genau-so aus wie der Mann aus meinem Traum.
Ob ich vielleicht noch träume?
ブツ NUSCHEL
ブツ NUSCHEL
ブツ NUSCHEL
Oder ist das hier...
ピタ TMP
A... Aaah...
!

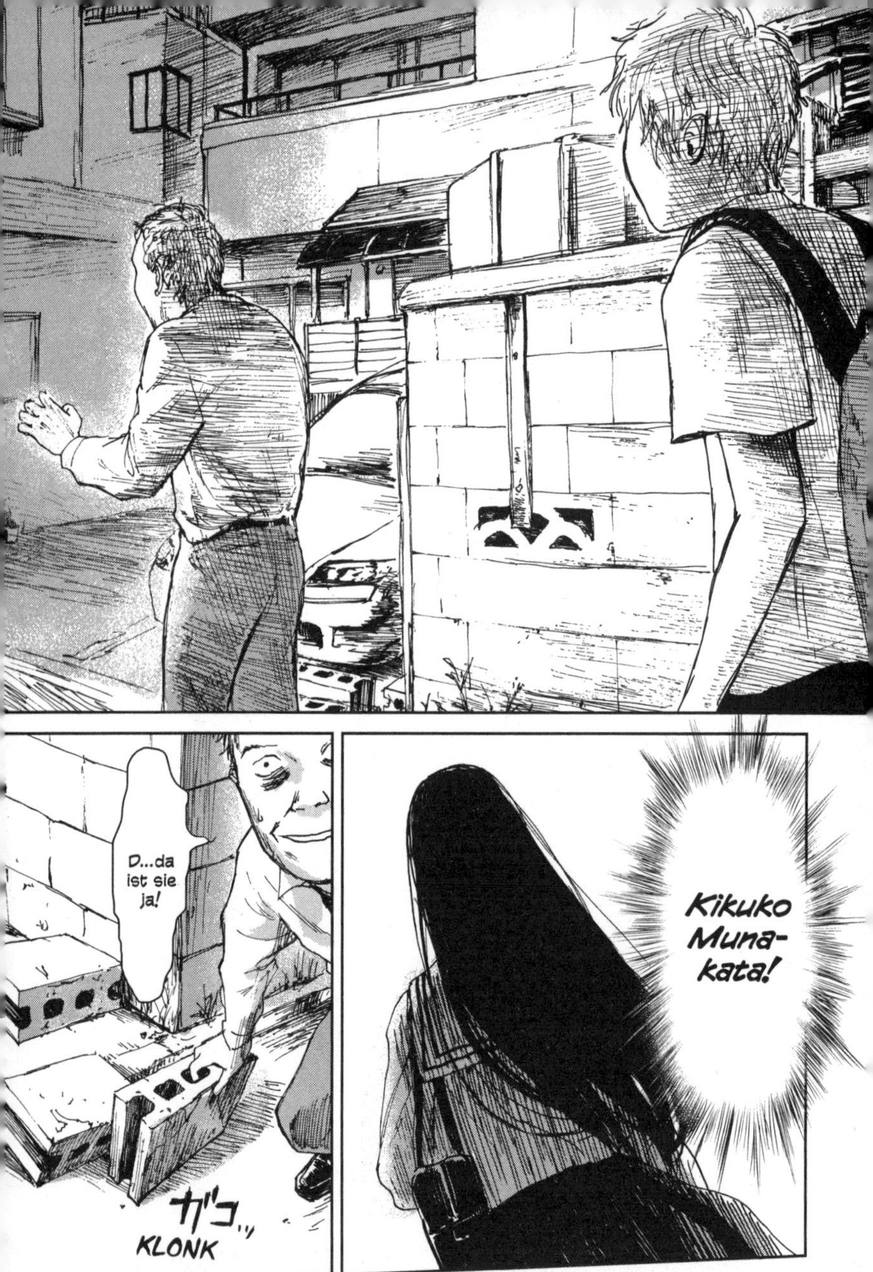

Kikuko Muna-kata!
D...da ist sie ja!
ガコッ
KLONK

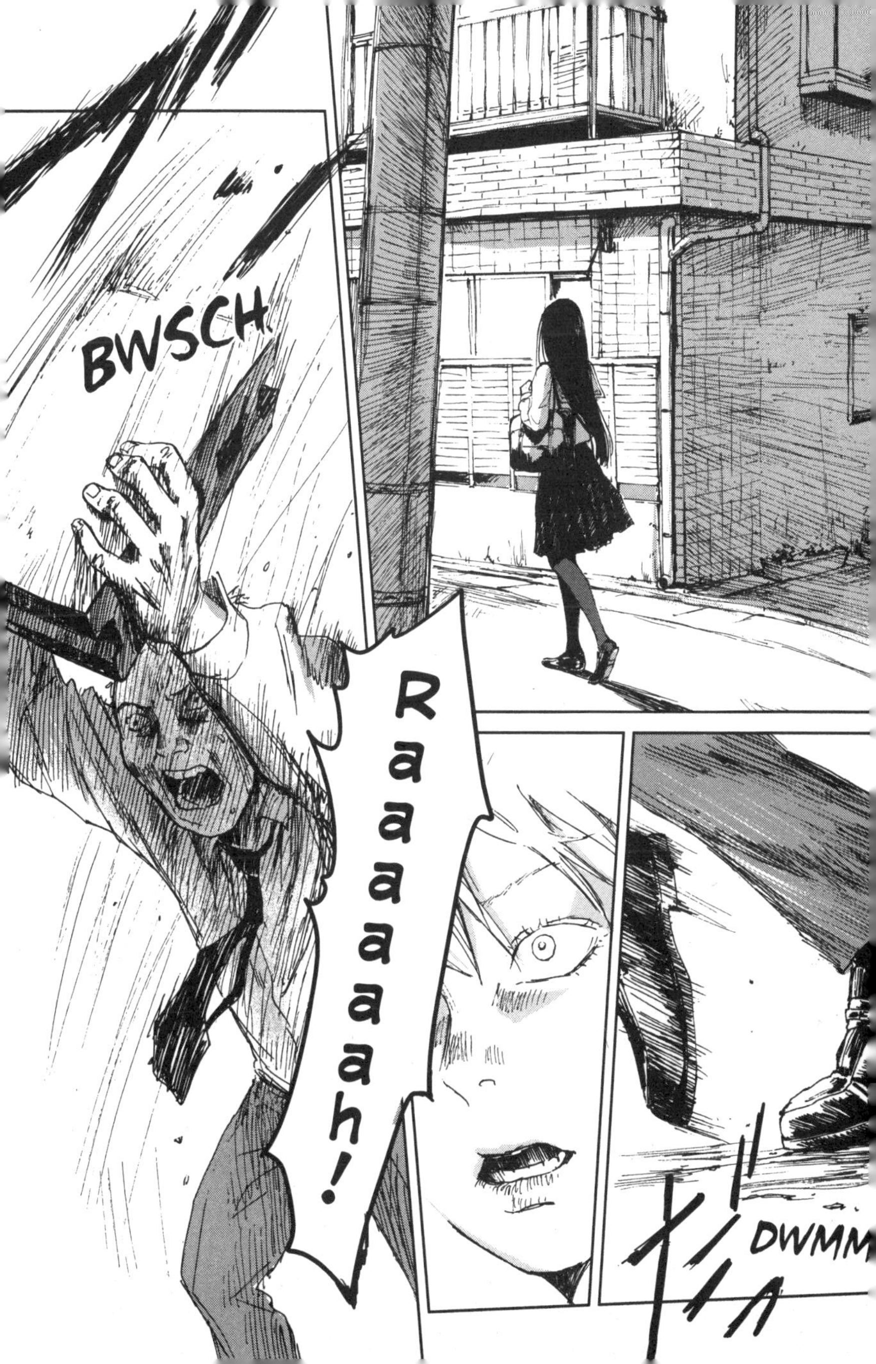
BWSCH
Raaaaaaah!
DWMM

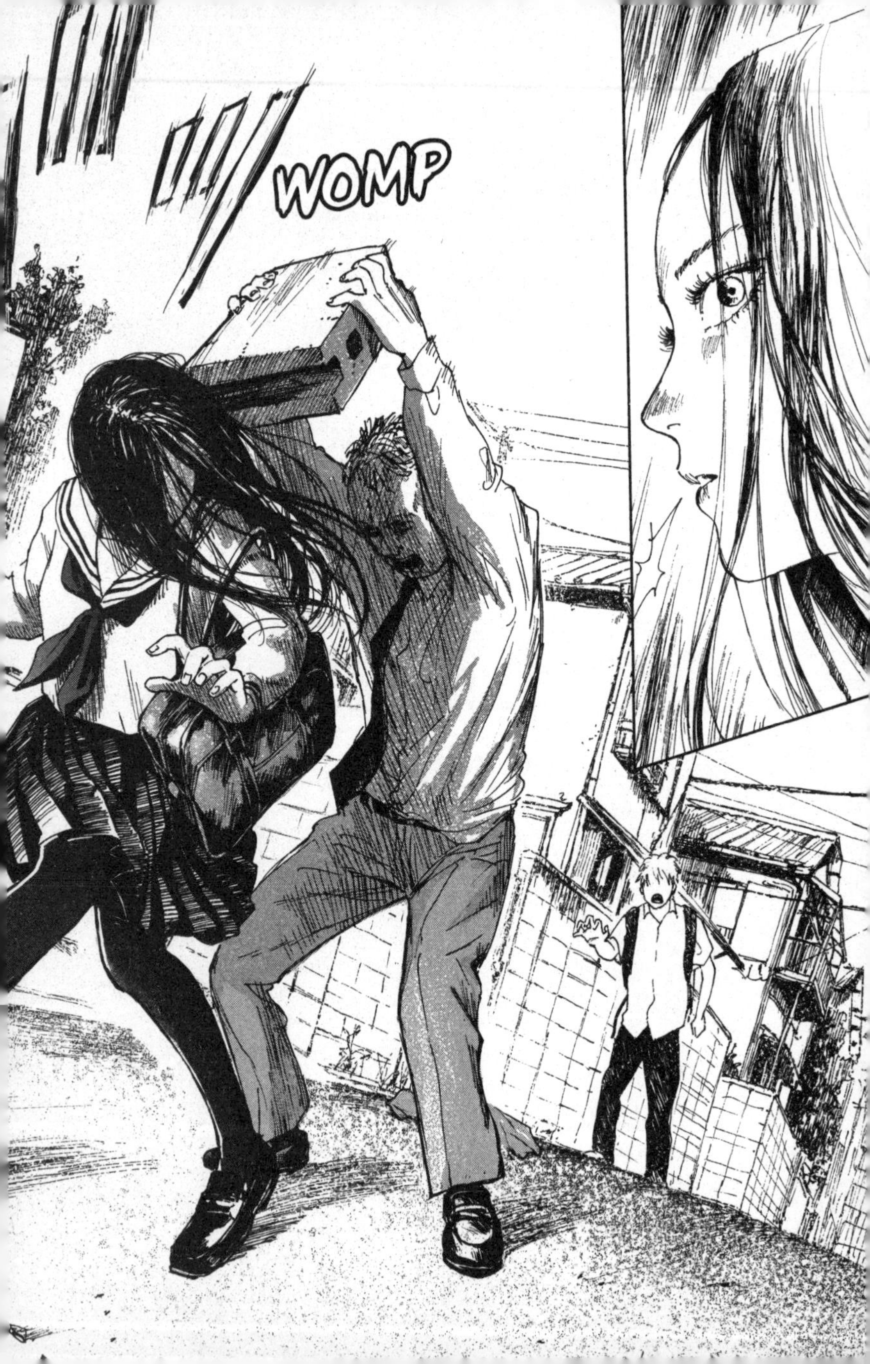
WOMP

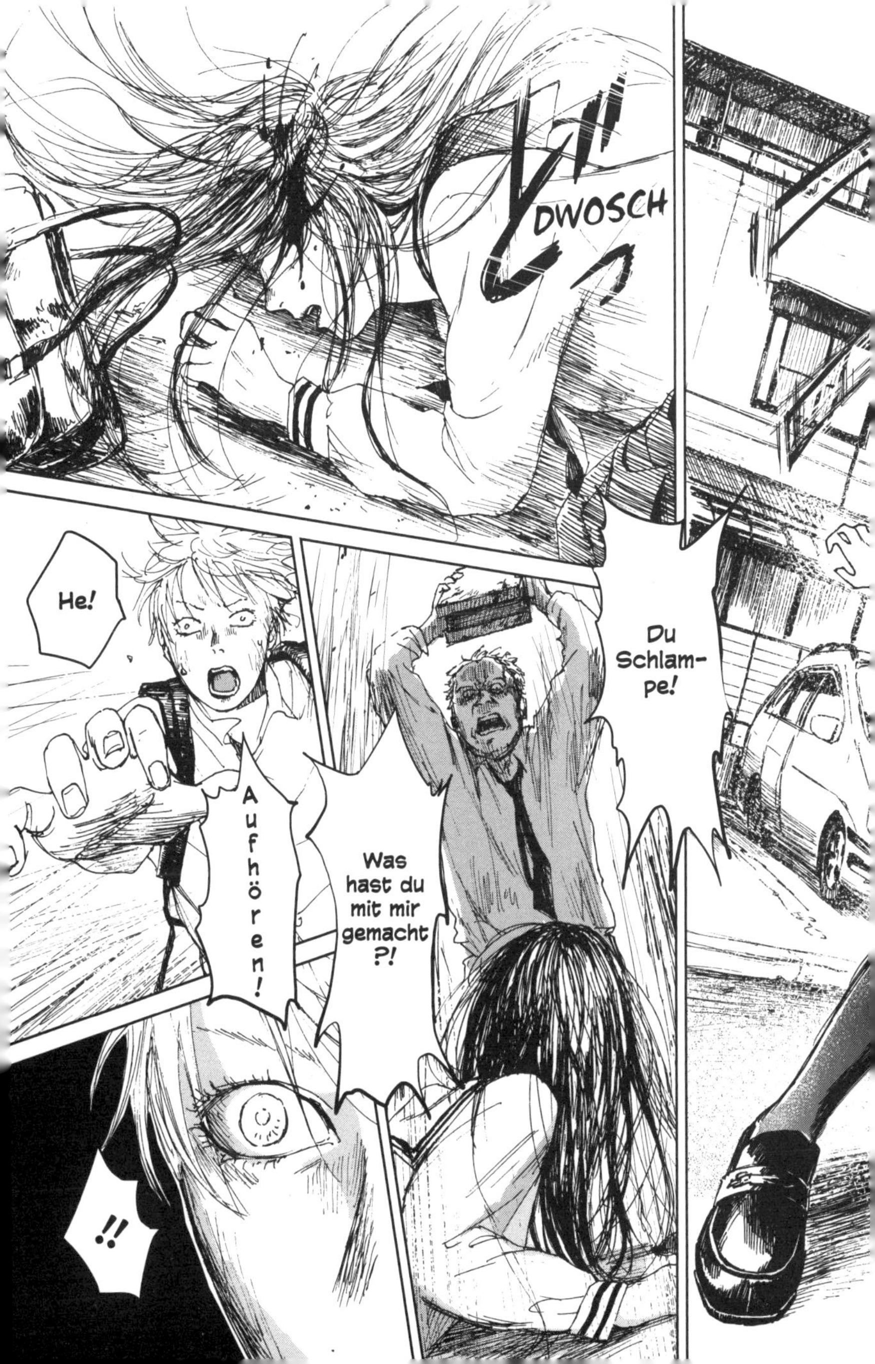
DWOSCH
Du Schlampe!
Was hast du mit mir gemacht?!
He!
Aufhören!
!!

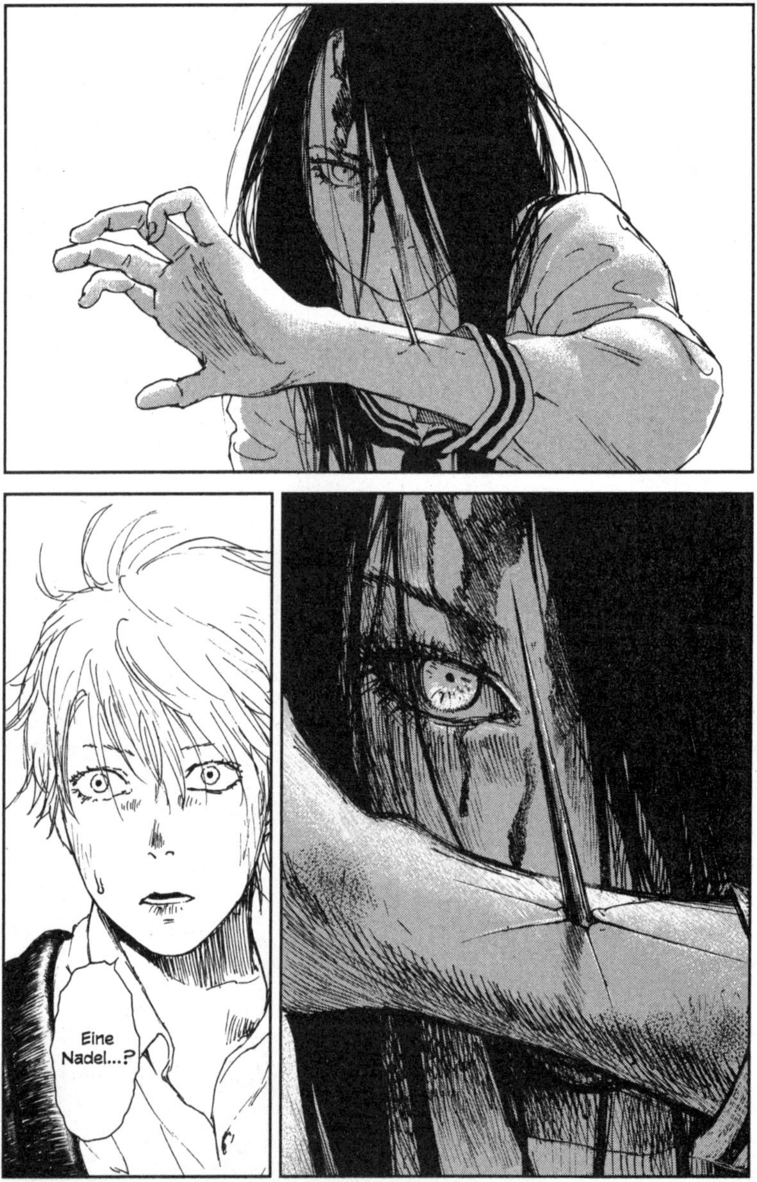
Eine Nadel...?

KAPITEL 4

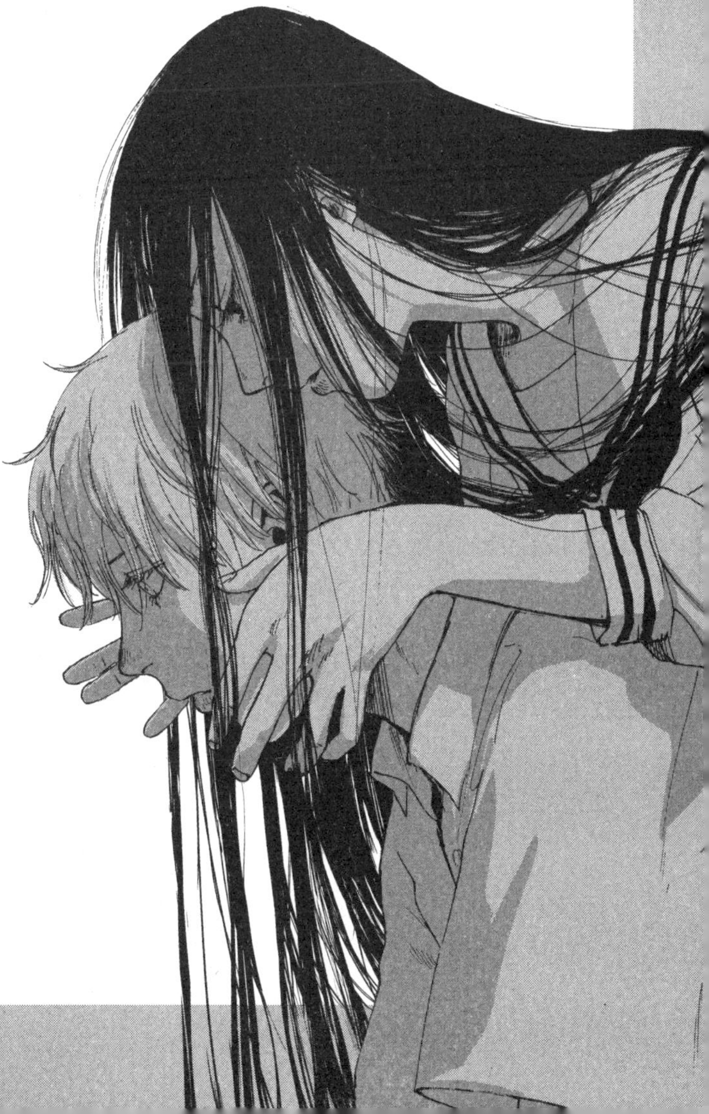

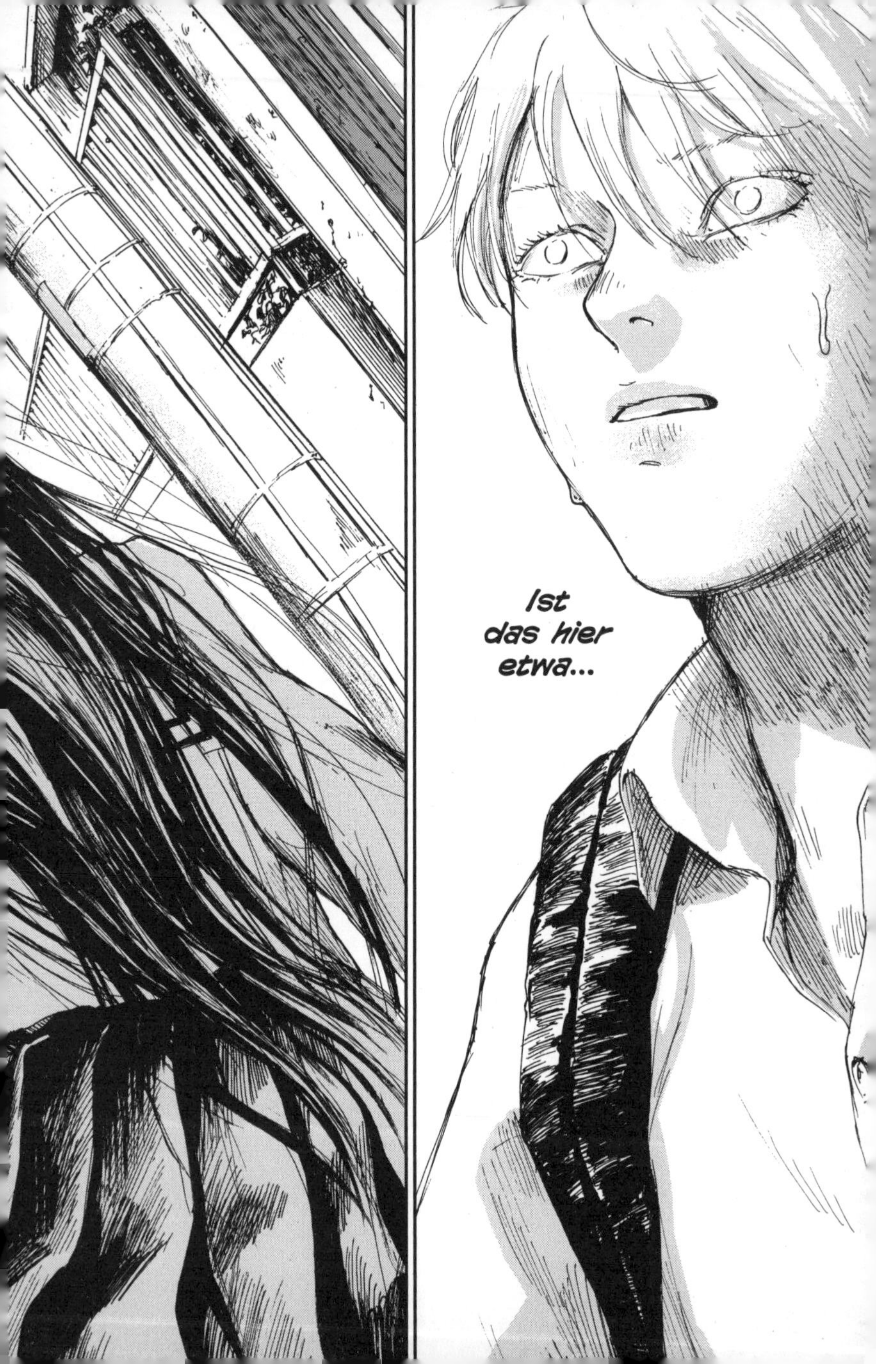
Ist das hier etwa...

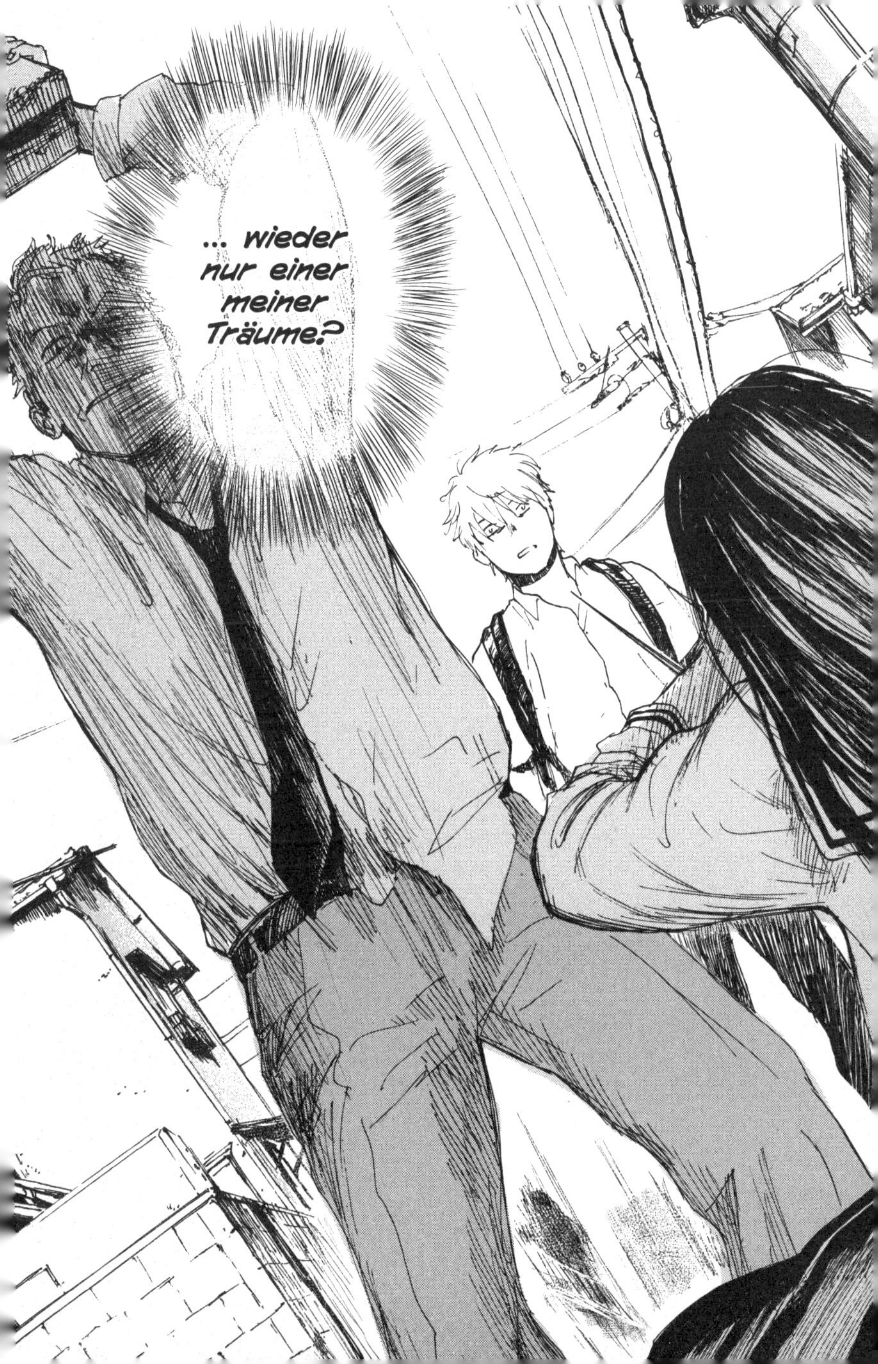
... wieder nur einer meiner Träume?

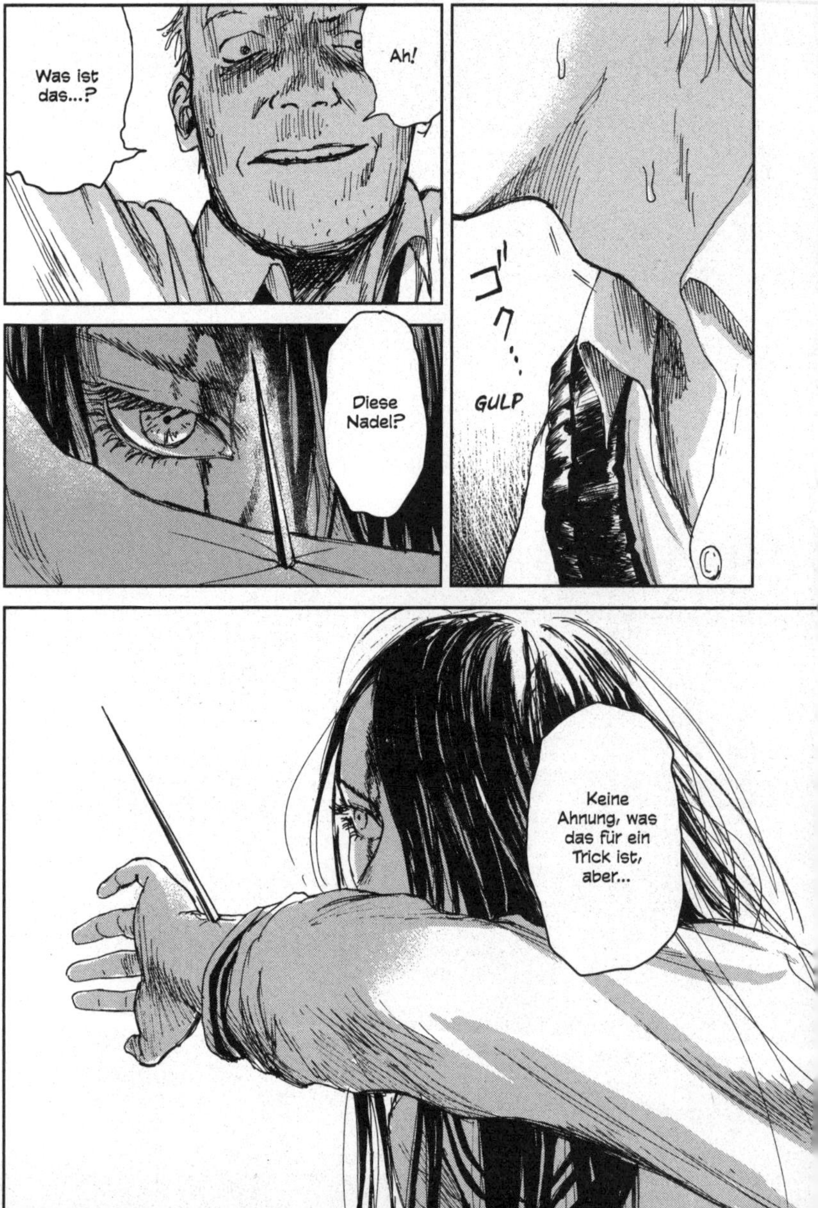
ゴク…
GULP
Ah!
Was ist das...?
Diese Nadel?
Keine Ahnung, was das für ein Trick ist, aber...

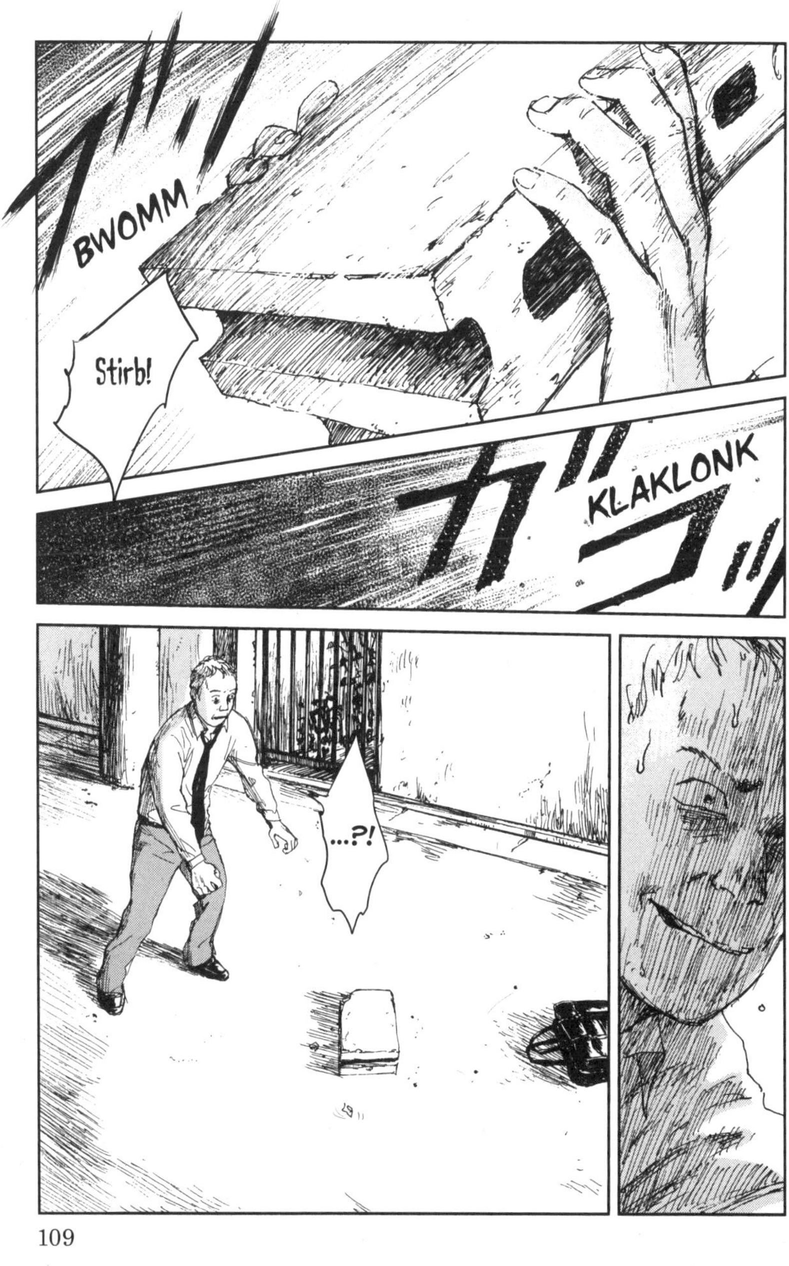
BWOMM
Stirb!
KLAKLONK
...?!

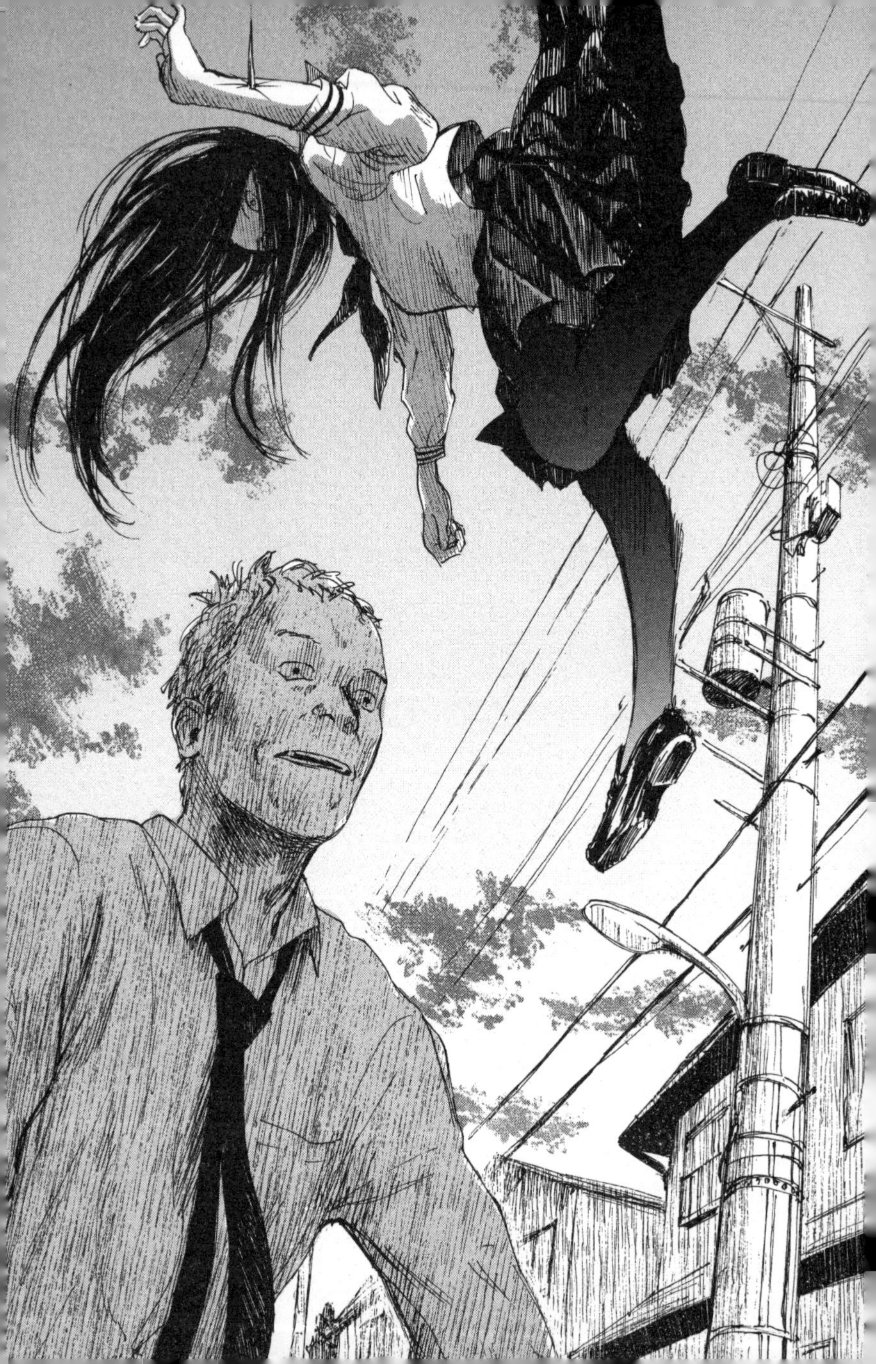

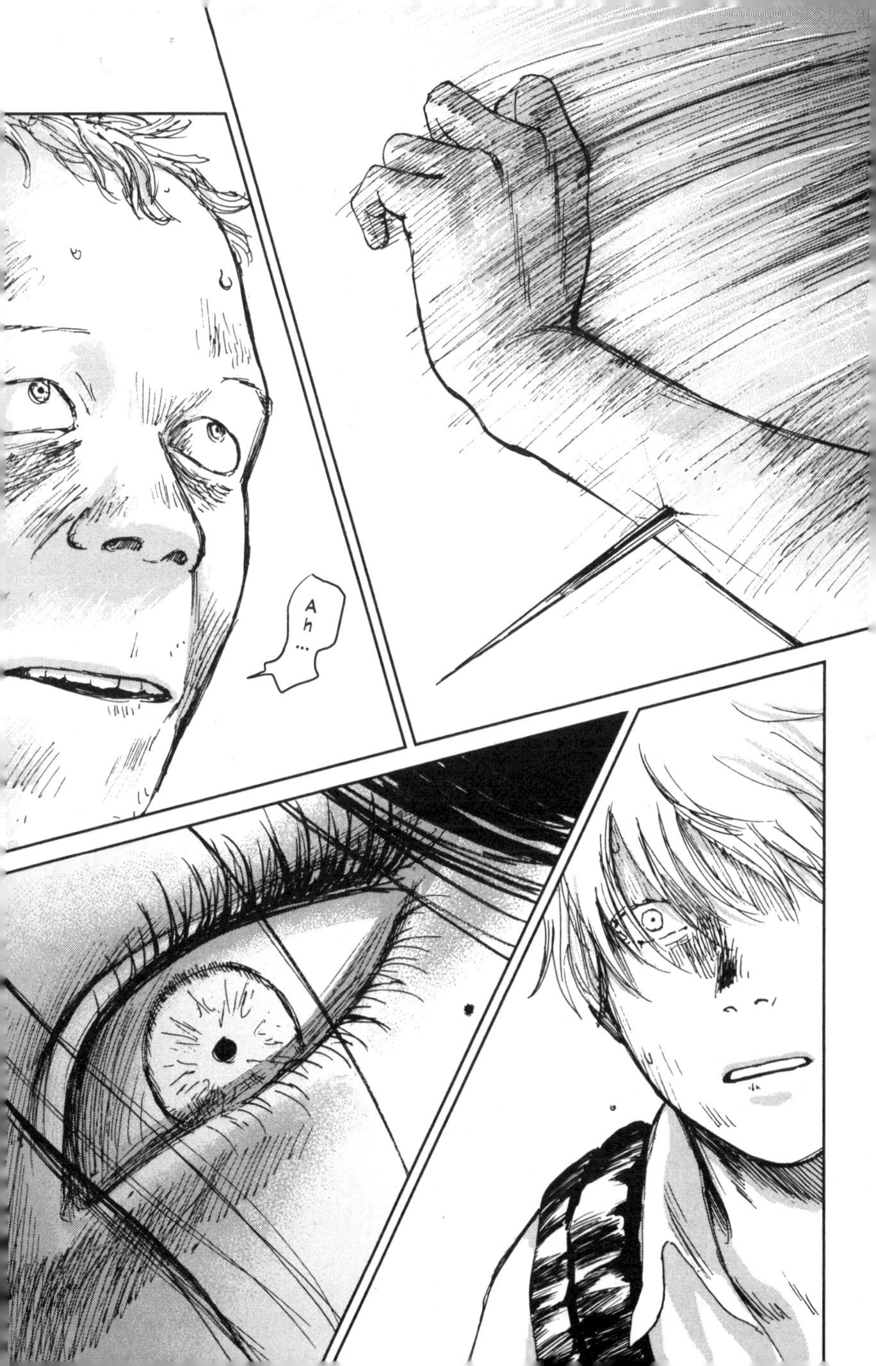
Ah...

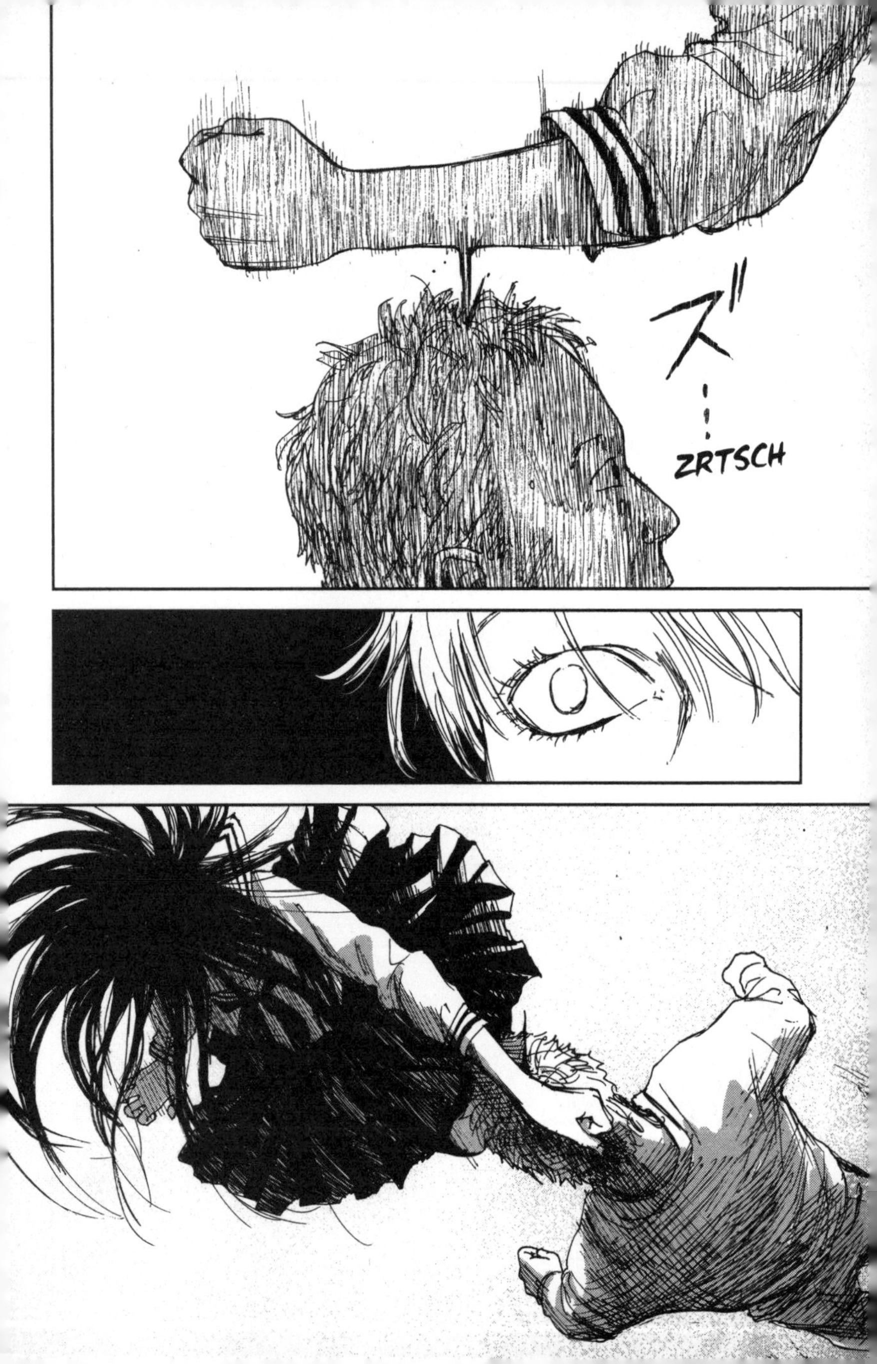
ズ…!
ZRTSCH

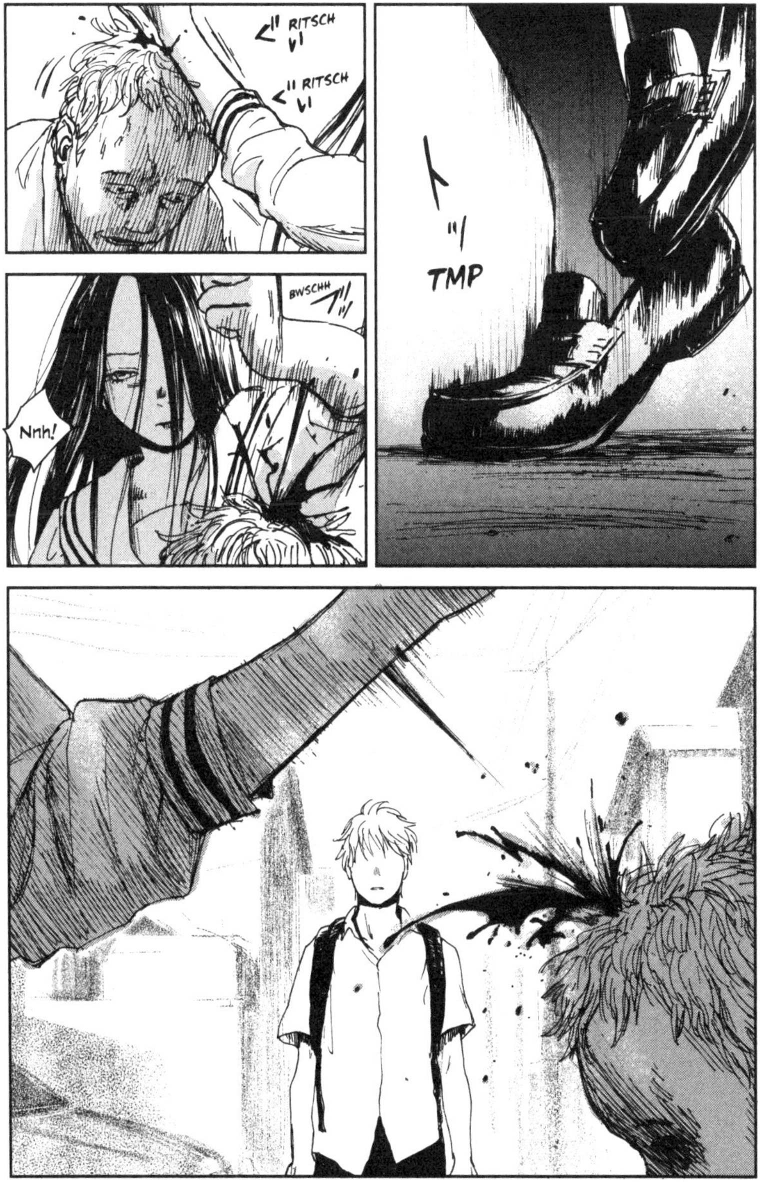

RITSCH
RITSCH
TMP
BWSCHH
Nnh!

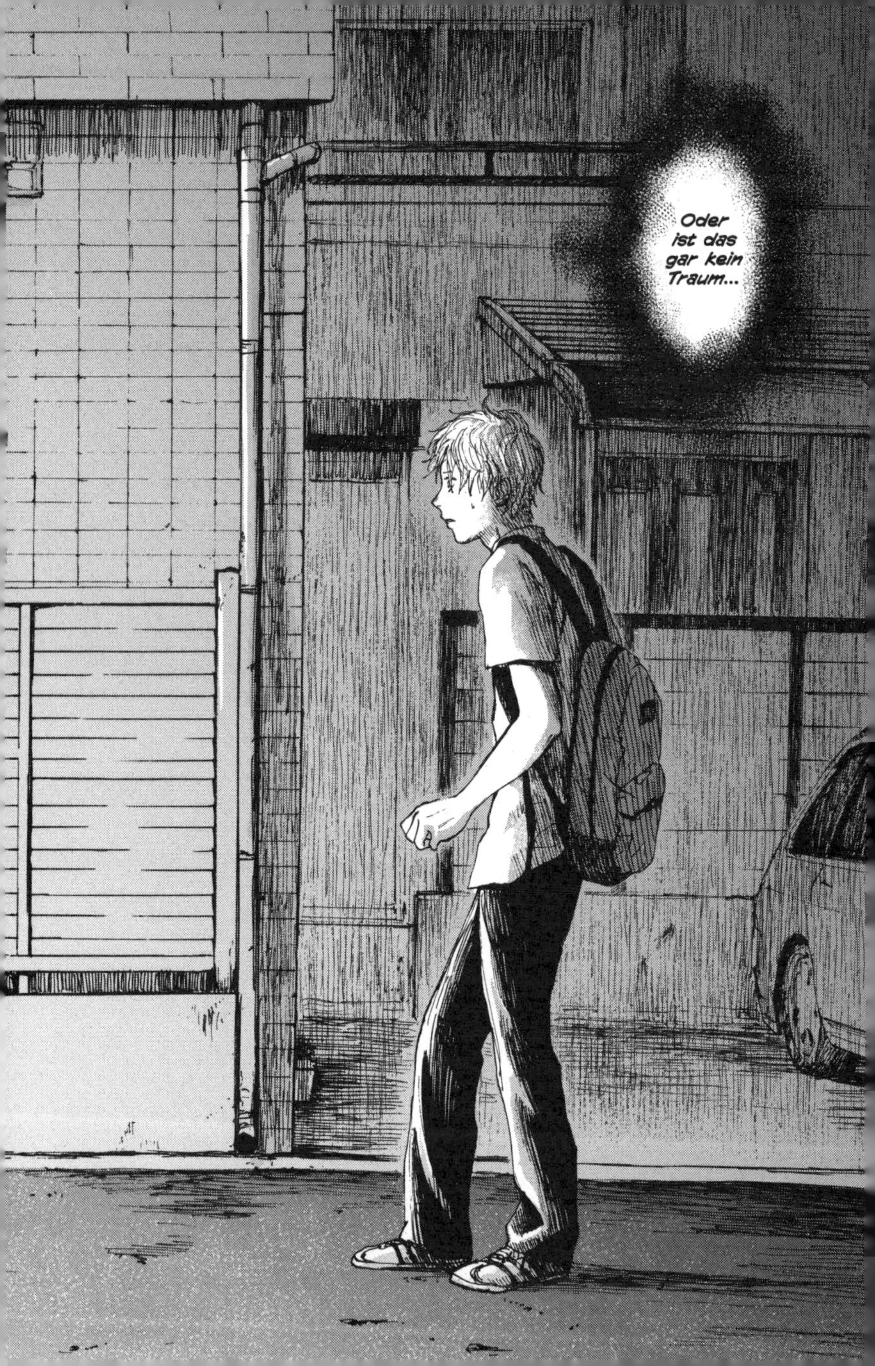
Oder ist das gar kein Traum...

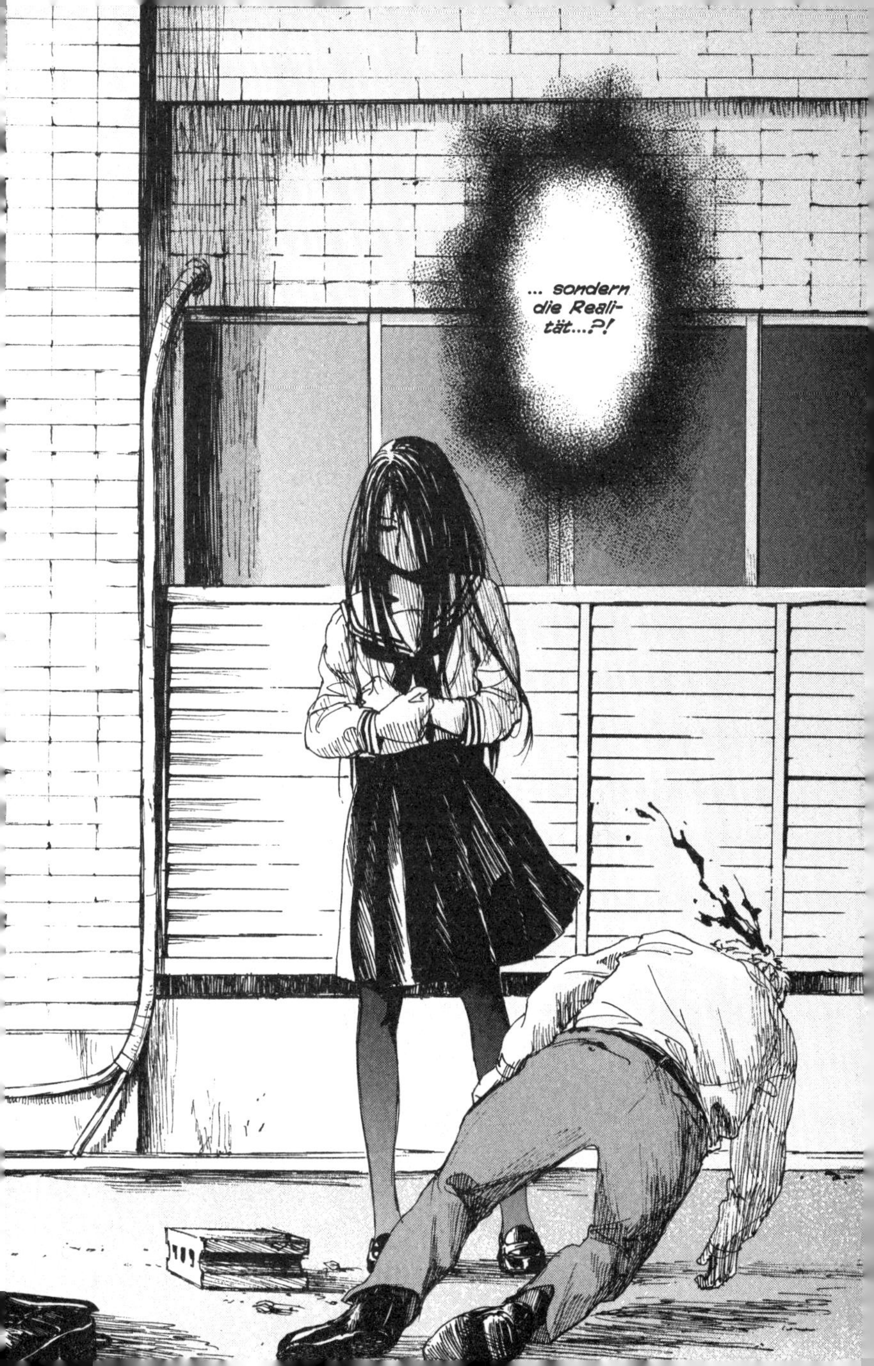
... sondern die Reali- tät...?!

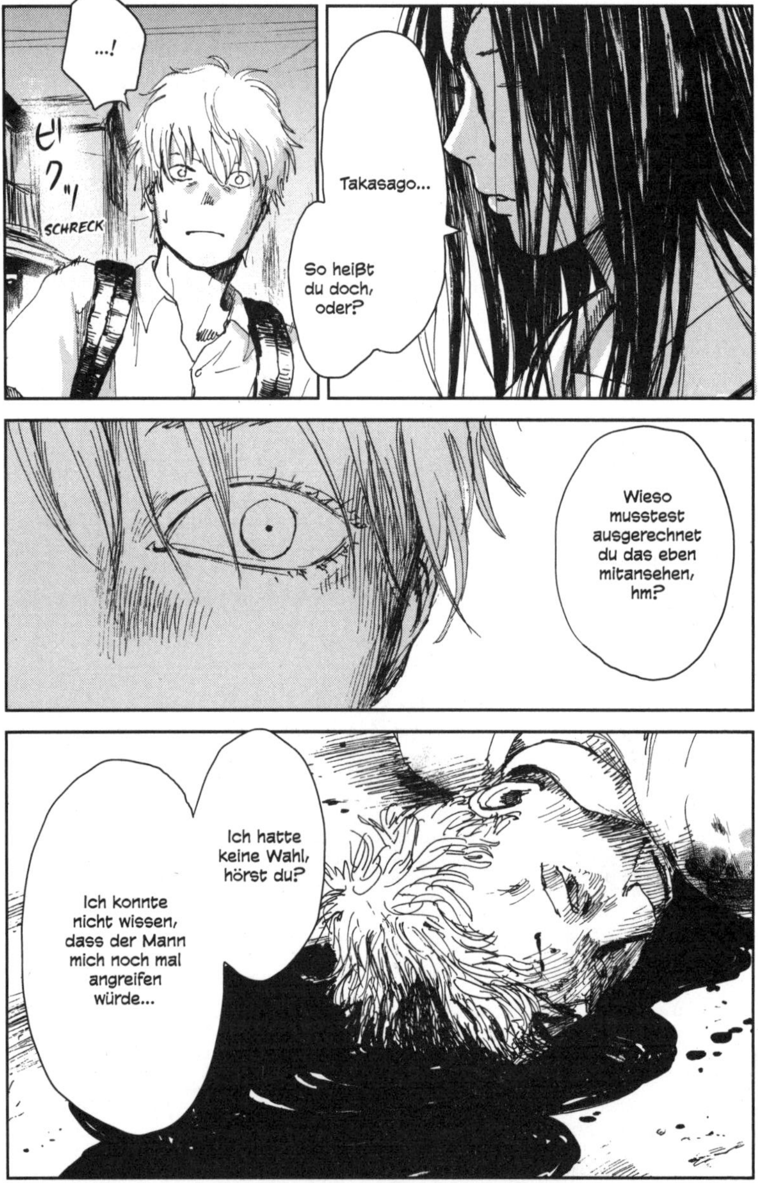
Takasago...
So heißt du doch, oder?
...!
ビクッ
SCHRECK
Wieso musstest ausgerechnet du das eben mitansehen, hm?
Ich hatte keine Wahl, hörst du?
Ich konnte nicht wissen, dass der Mann mich noch mal angreifen würde...

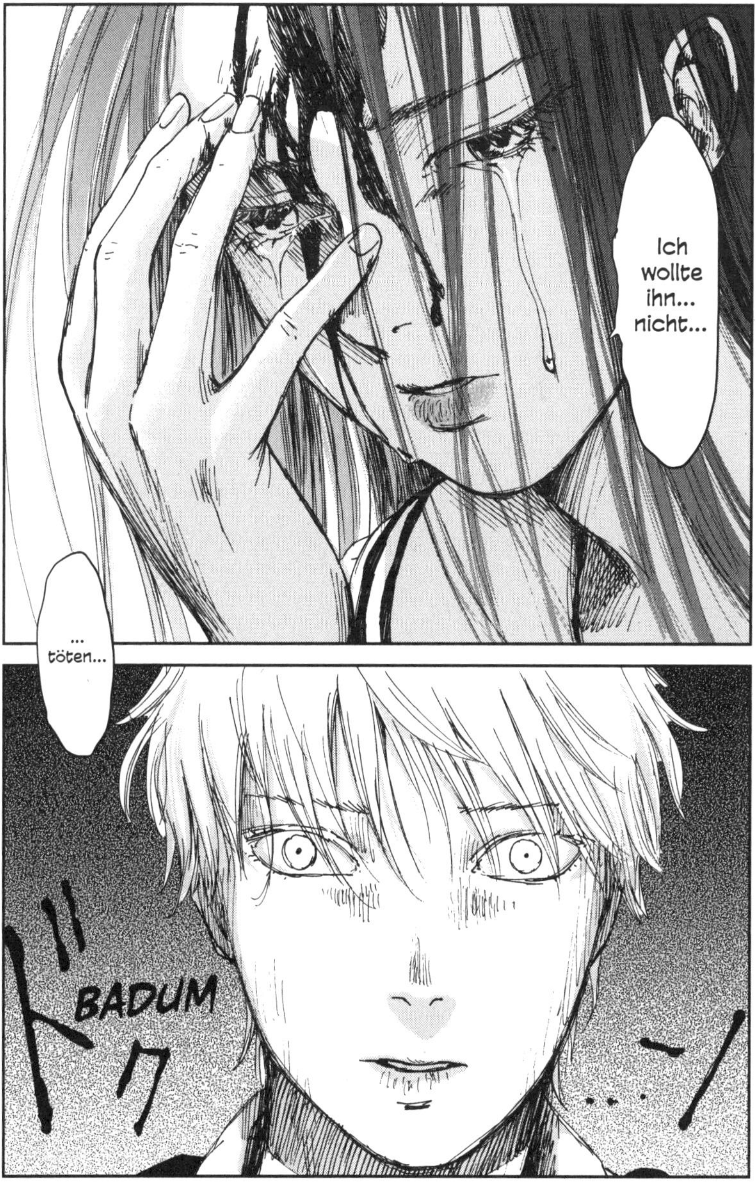
Ich wollte ihn... nicht...
... töten...
BADUM

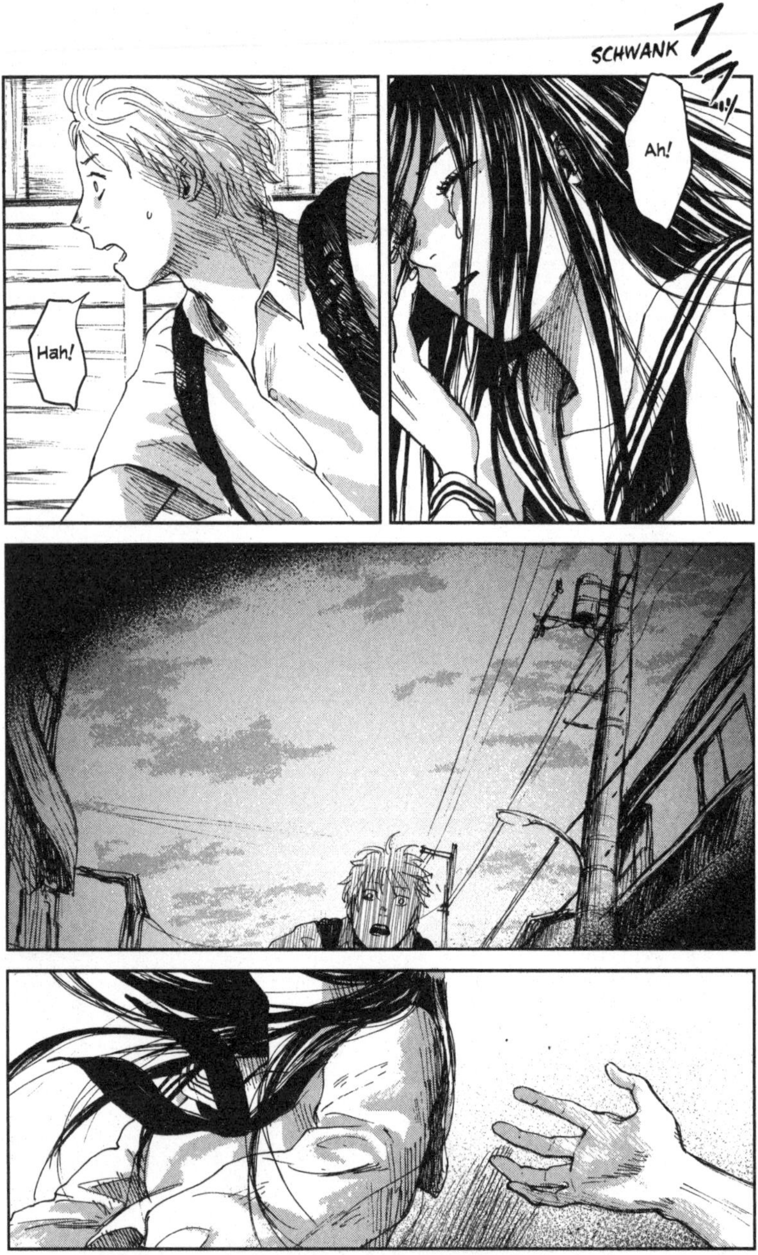
SCHWANK
Ah!
Hah!

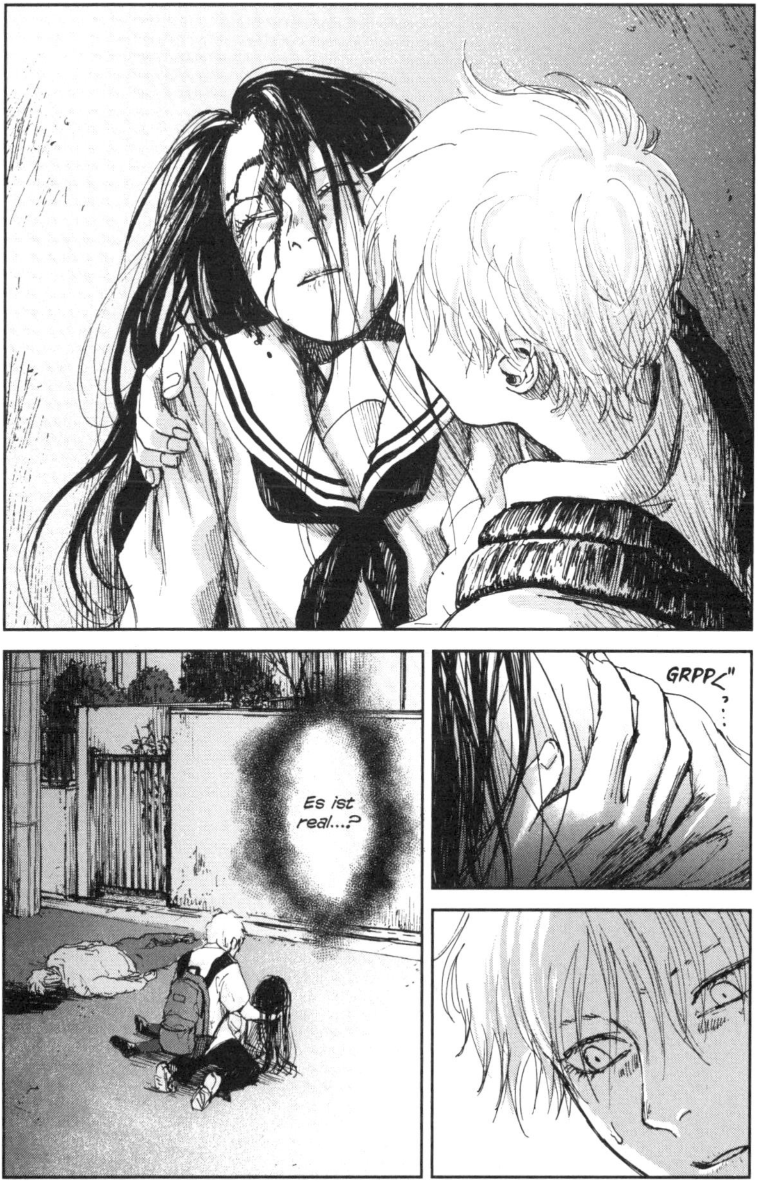
GRPP
Es ist real...?

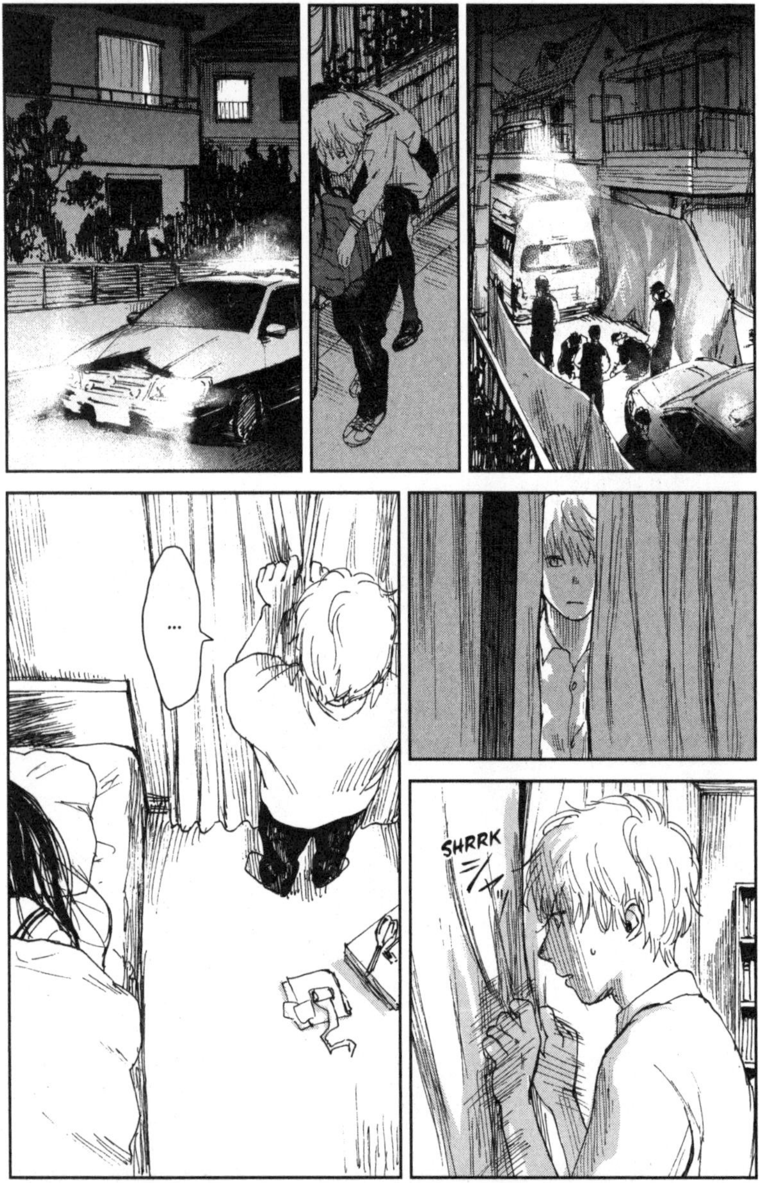
...
SHRRK

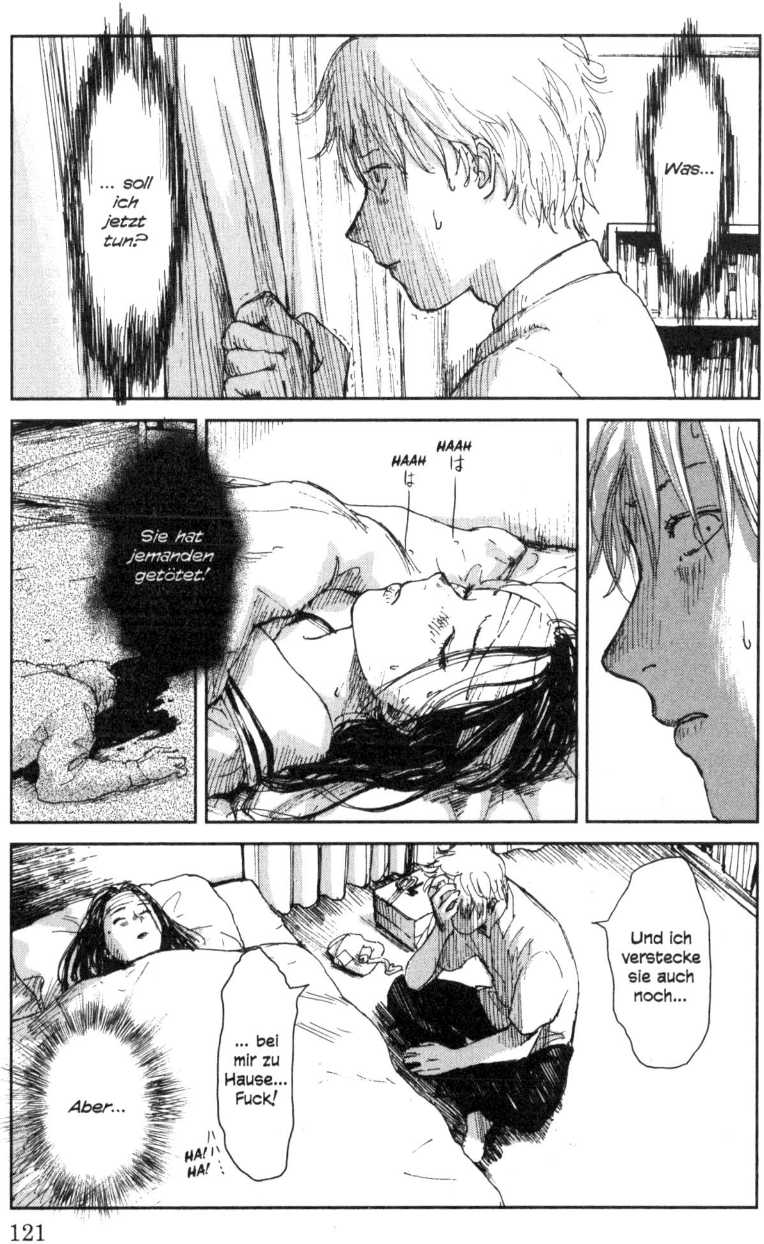
Was...
... soll ich jetzt tun?
HAAH は
HAAH は
Sie hat jemanden getötet!
Und ich verstecke sie auch noch...
... bei mir zu Hause... Fuck!
HA! HA!
Aber...

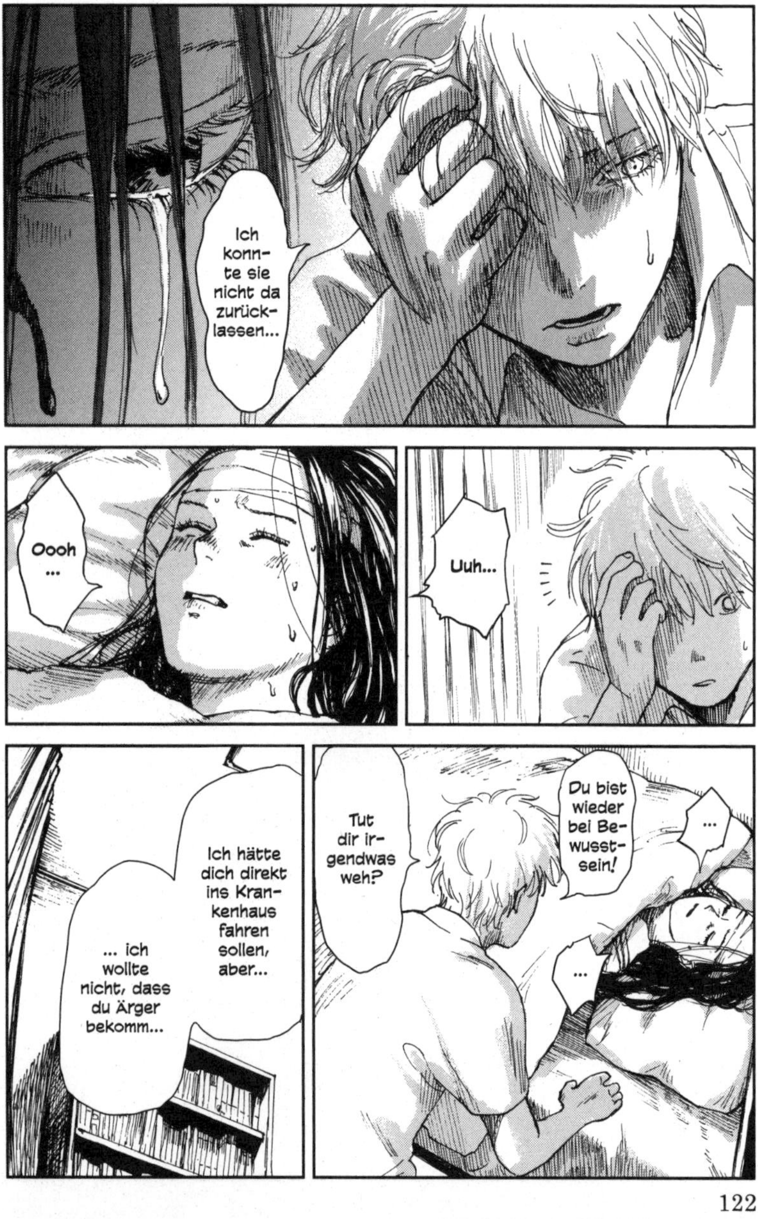
Ich konnte sie nicht da zurücklassen...
Uuh...
Oooh ...
...
Du bist wieder bei Bewusstsein!
Tut dir irgendwas weh?
...
Ich hätte dich direkt ins Krankenhaus fahren sollen, aber...
... ich wollte nicht, dass du Ärger bekomm...

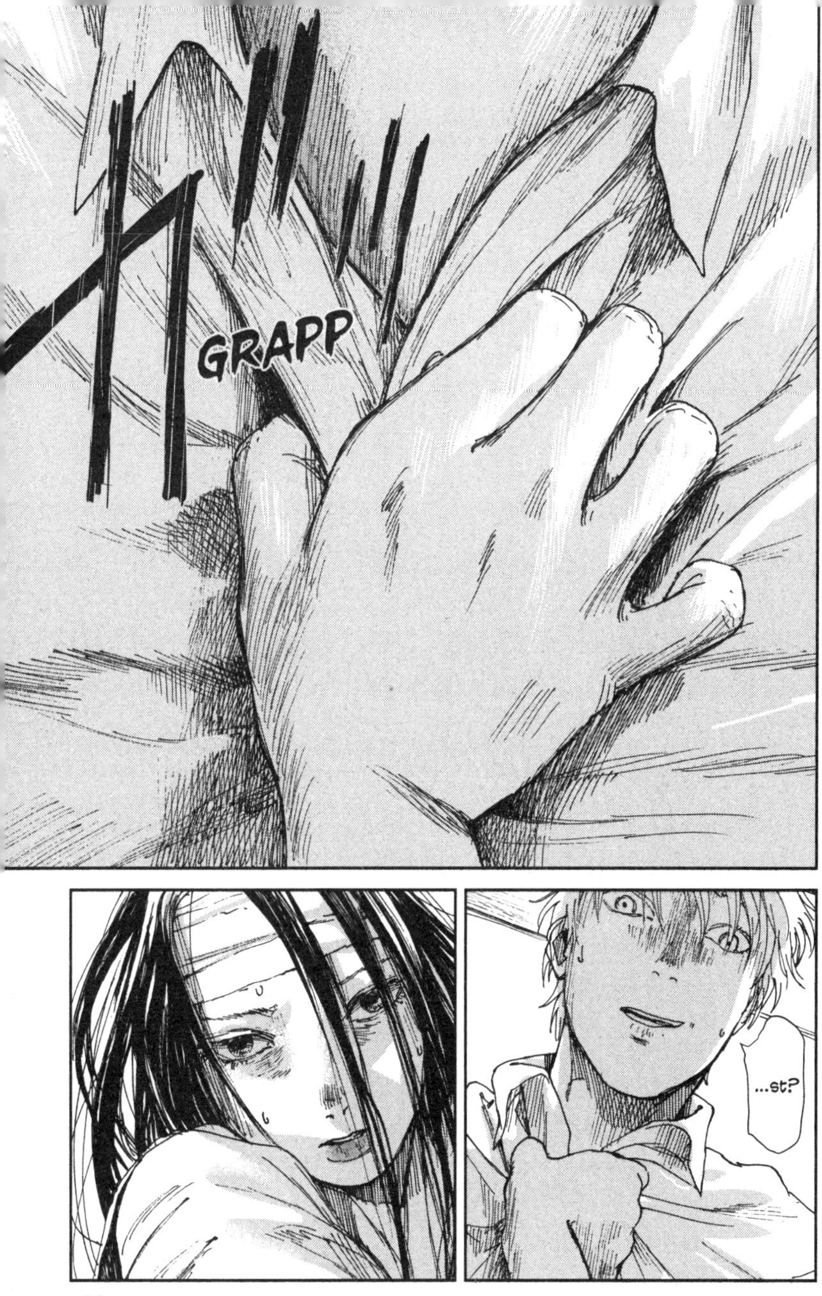
GRAPP
...st?

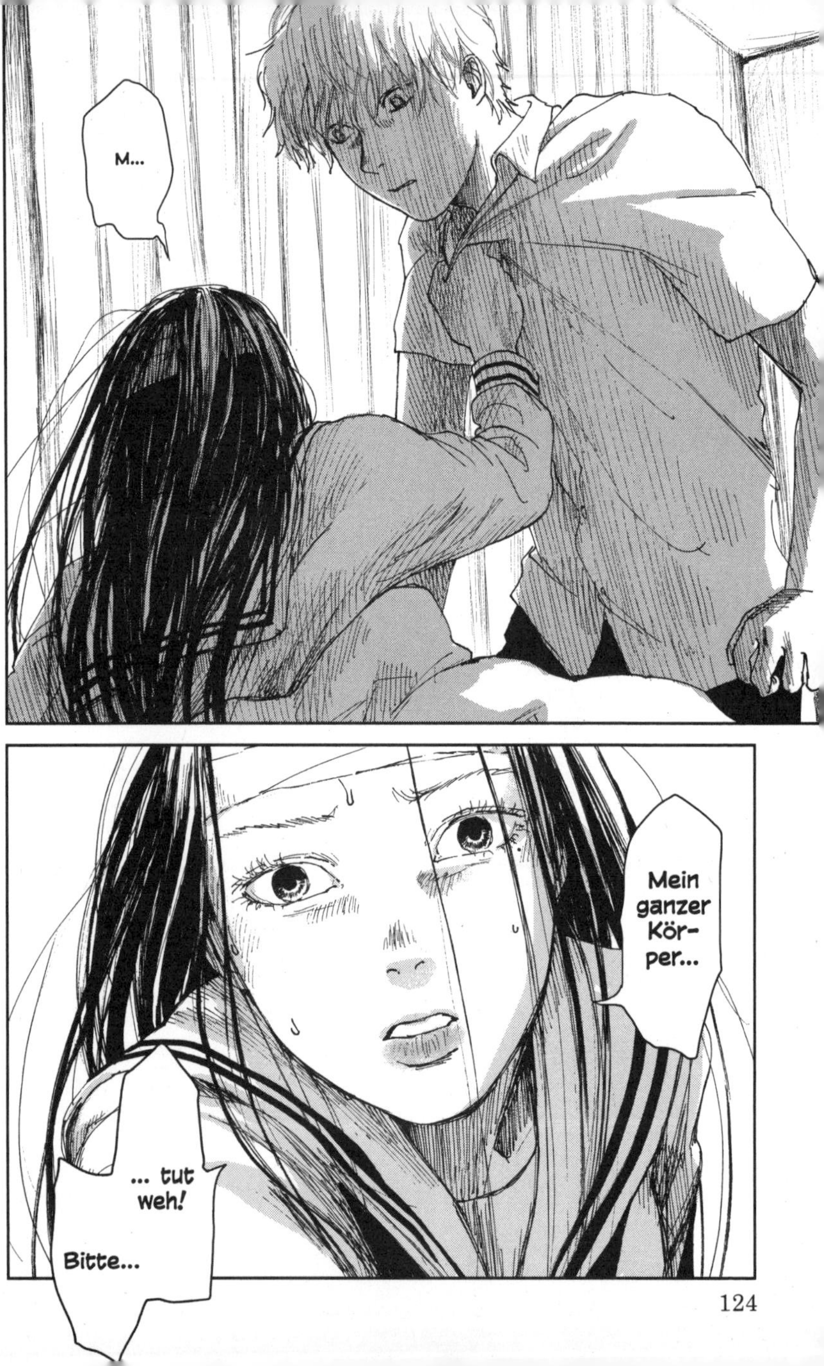
M...
Mein ganzer Kör-per...
... tut weh!
Bitte...

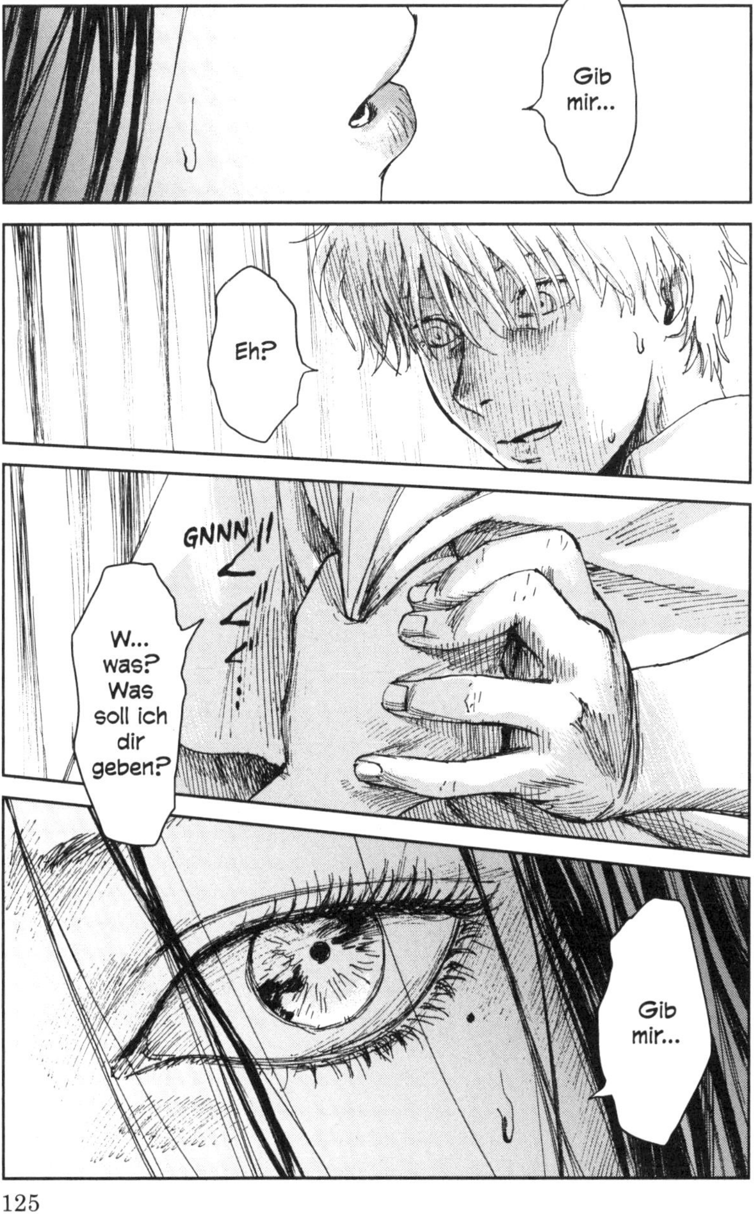

Gib mir...
Eh?
GNNN
W... was? Was soll ich dir geben?
Gib mir...

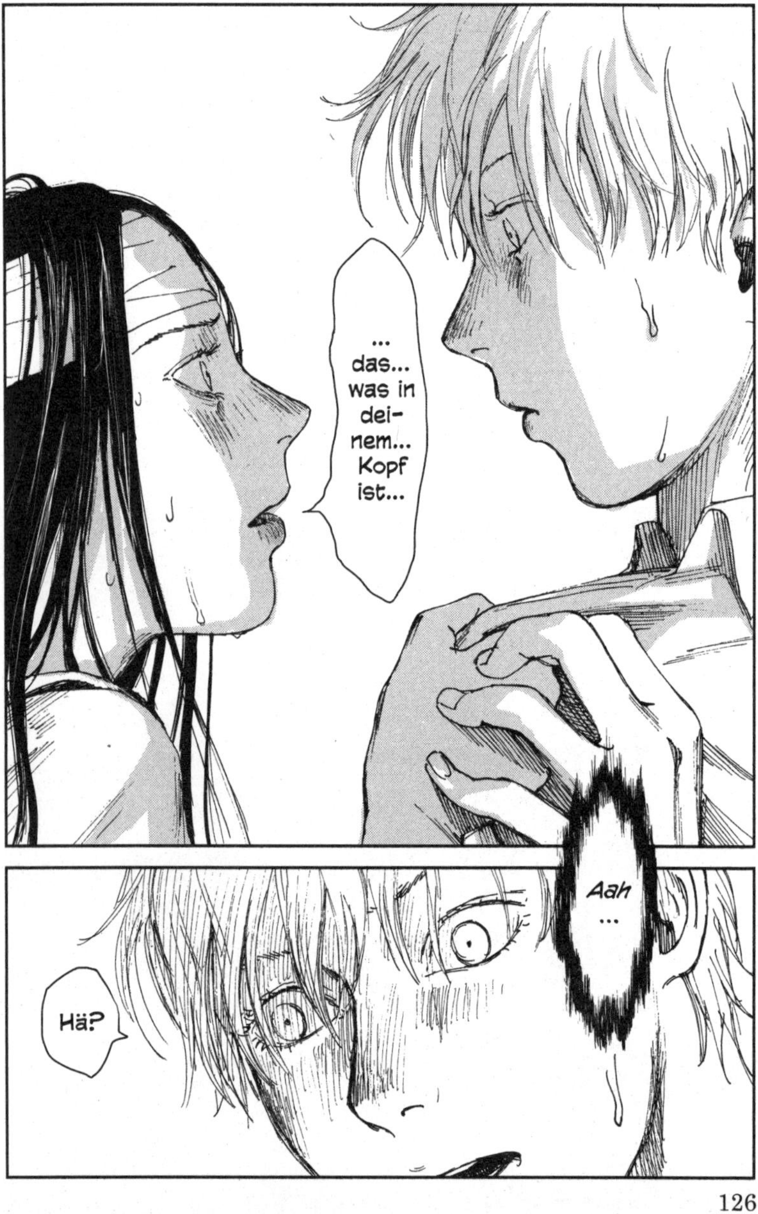
... das... was in dei-nem... Kopf ist...
Aah ...
Hä?

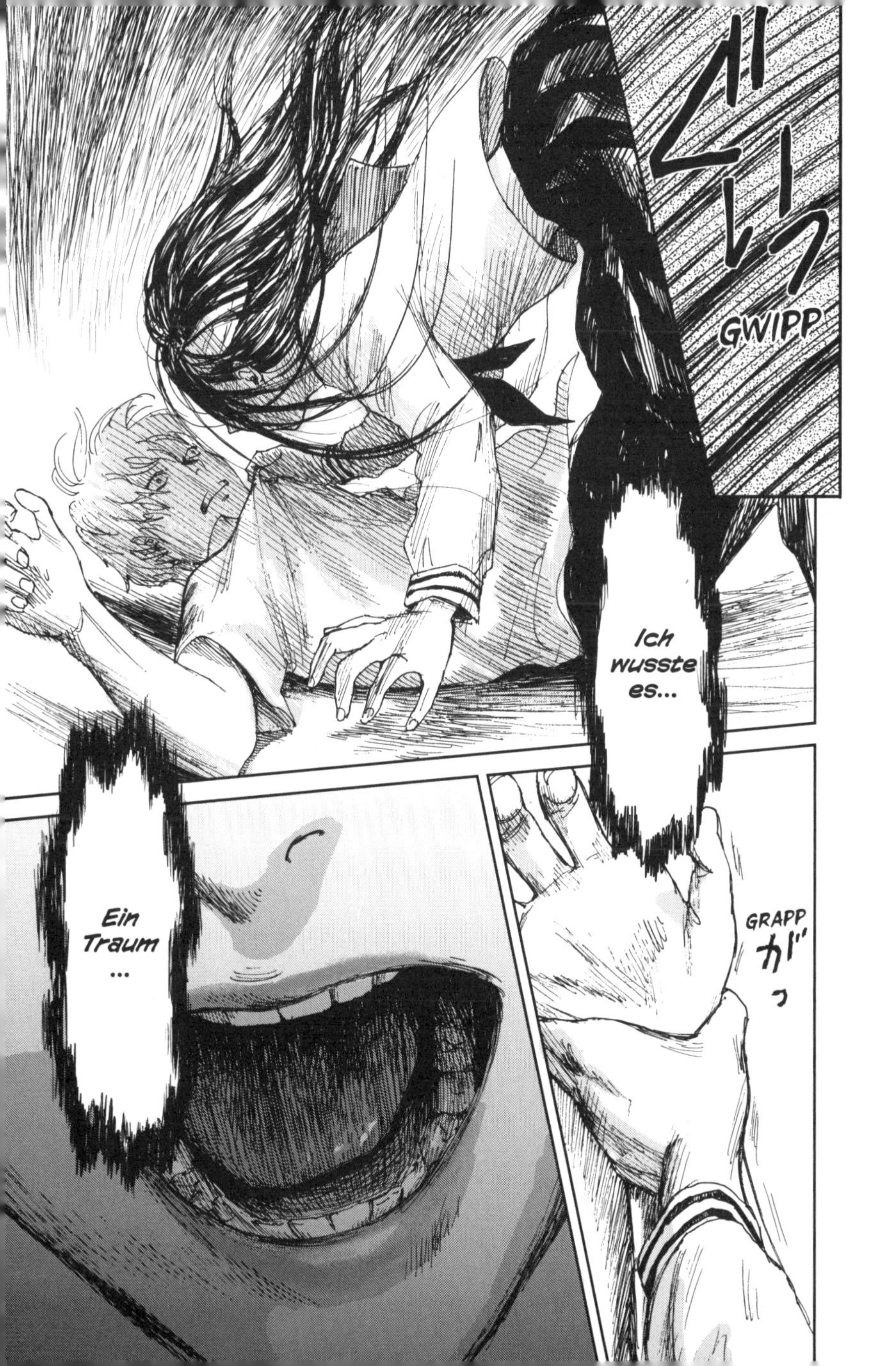
GWIPP
Ich wusste es...
GRAPP
Ein Traum ...

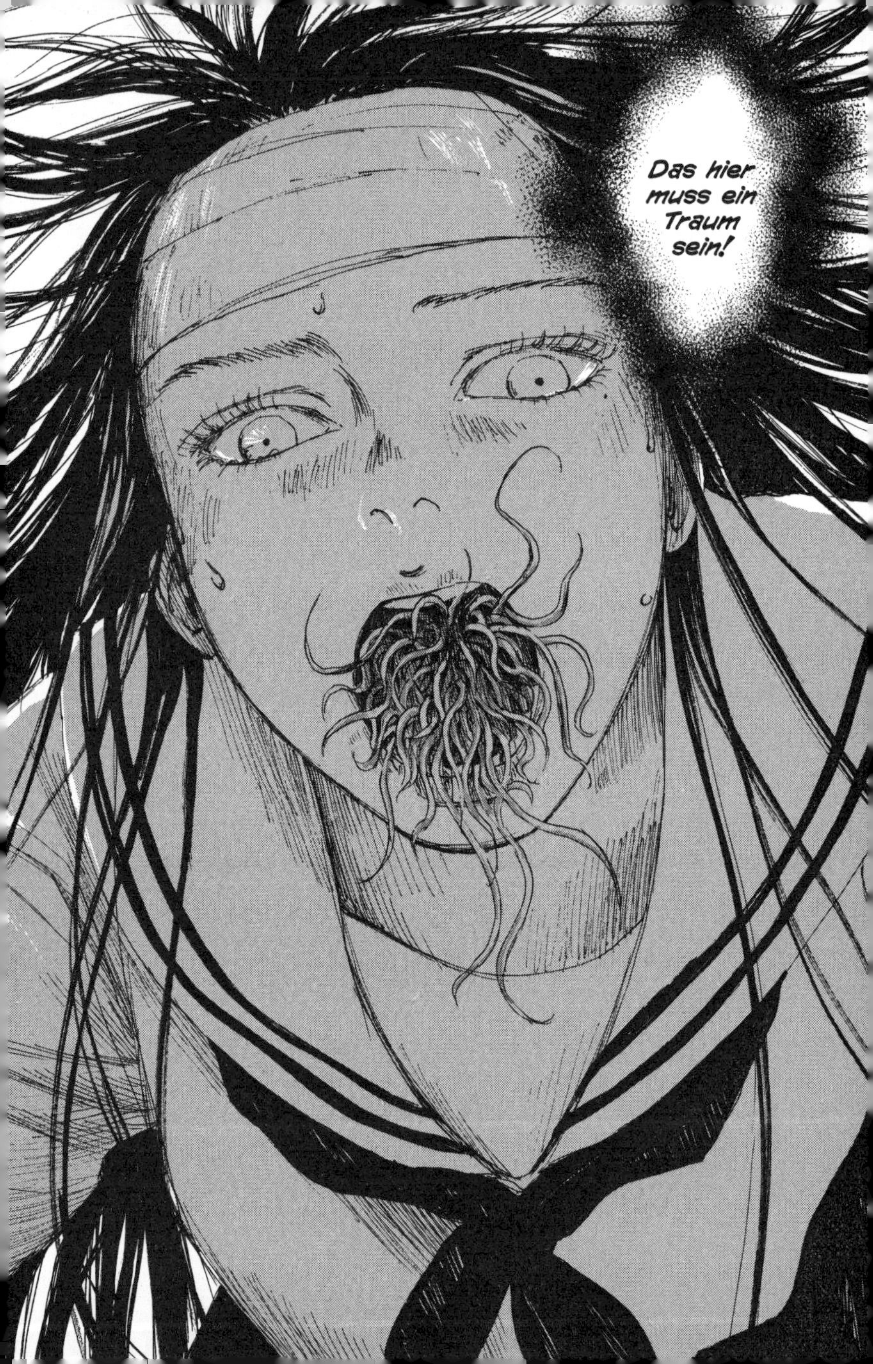
Das hier muss ein Traum sein!

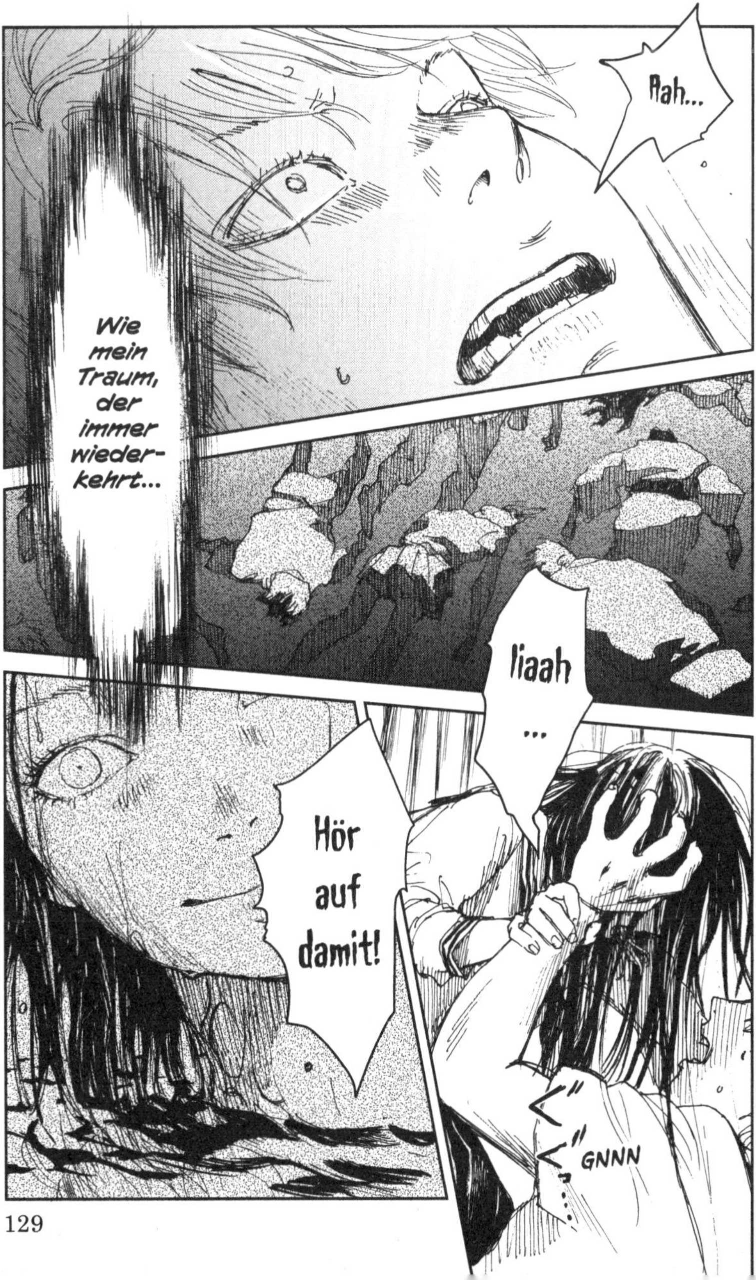

Aah...
Wie mein Traum, der immer wiederkehrt...
Iiaah ...
Hör auf damit!
GNNN

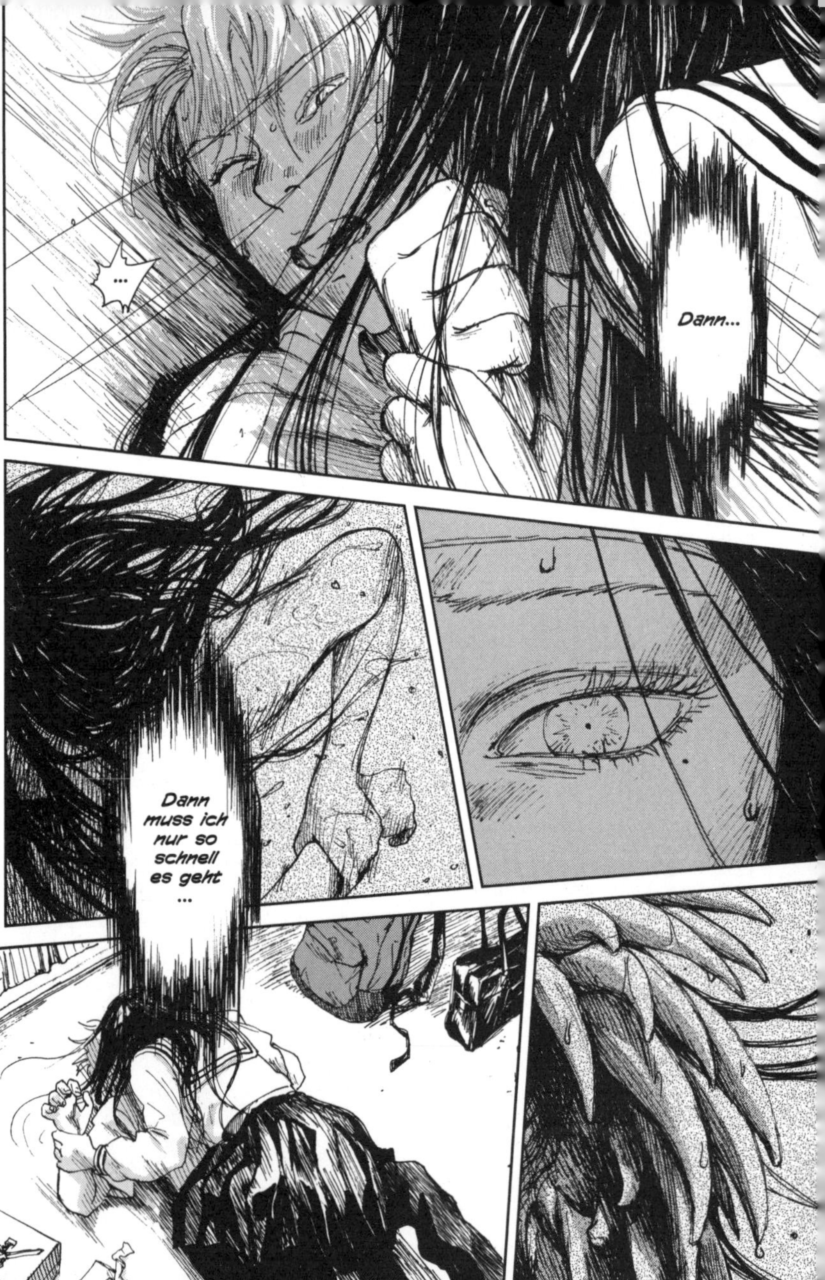
Dann...
...
Dann muss ich nur so schnell es geht ...

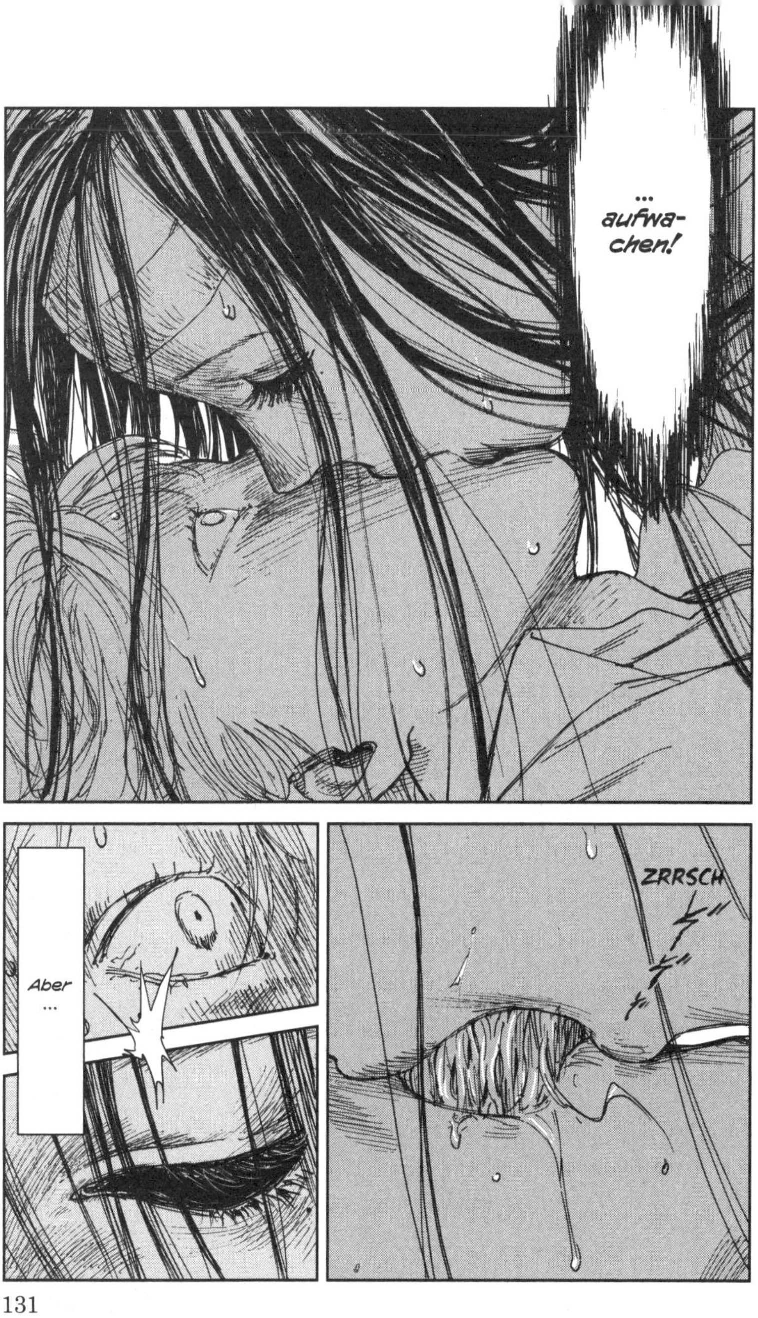
... aufwa-
chen!
Aber
...
ZRRSCH

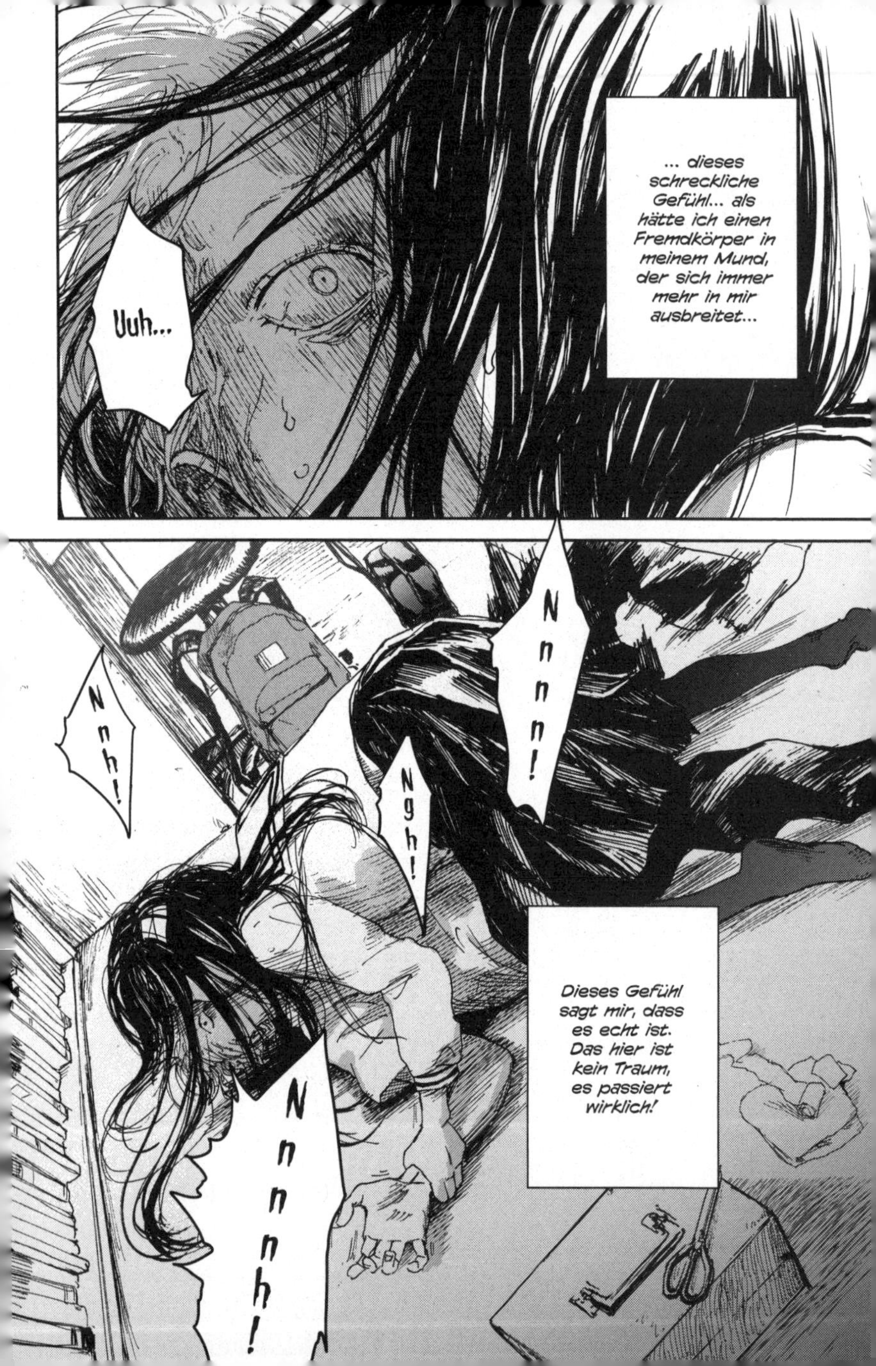
... dieses schreckliche Gefühl... als hätte ich einen Fremdkörper in meinem Mund, der sich immer mehr in mir ausbreitet...
Uuh...
Nnnn!
Ngh!
Nnh!
Dieses Gefühl sagt mir, dass es echt ist. Das hier ist kein Traum, es passiert wirklich!
Nnnnh!

KAPITEL 5

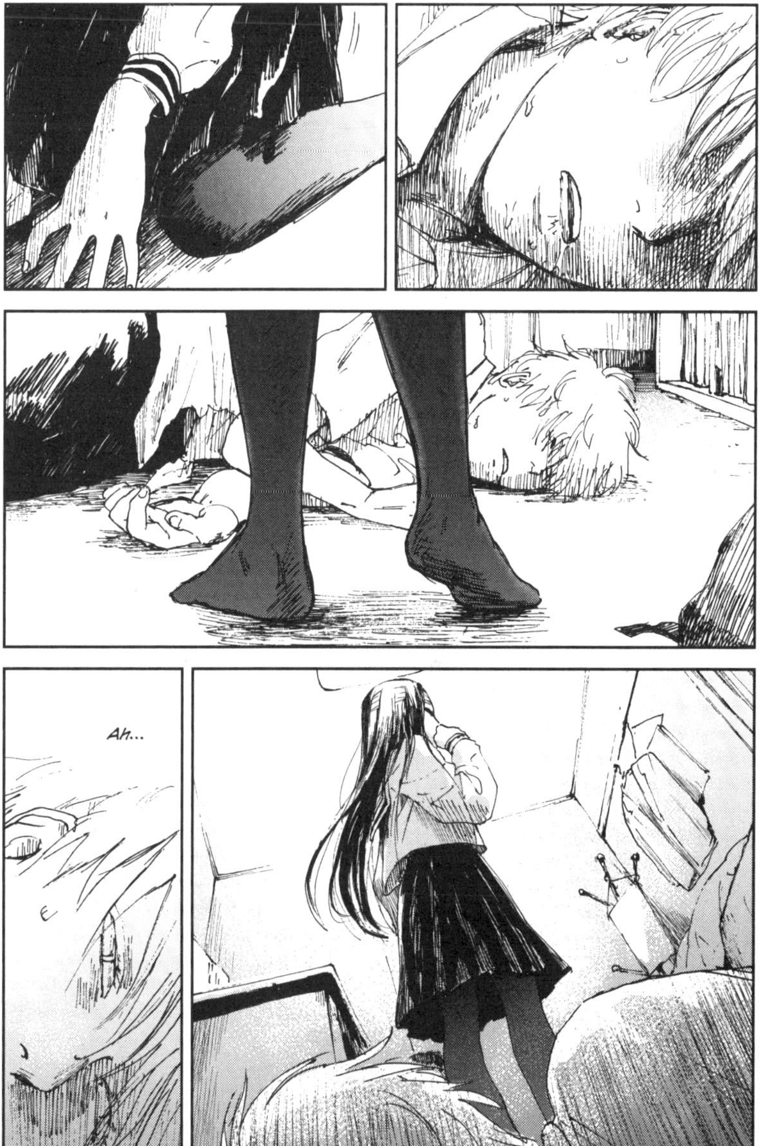

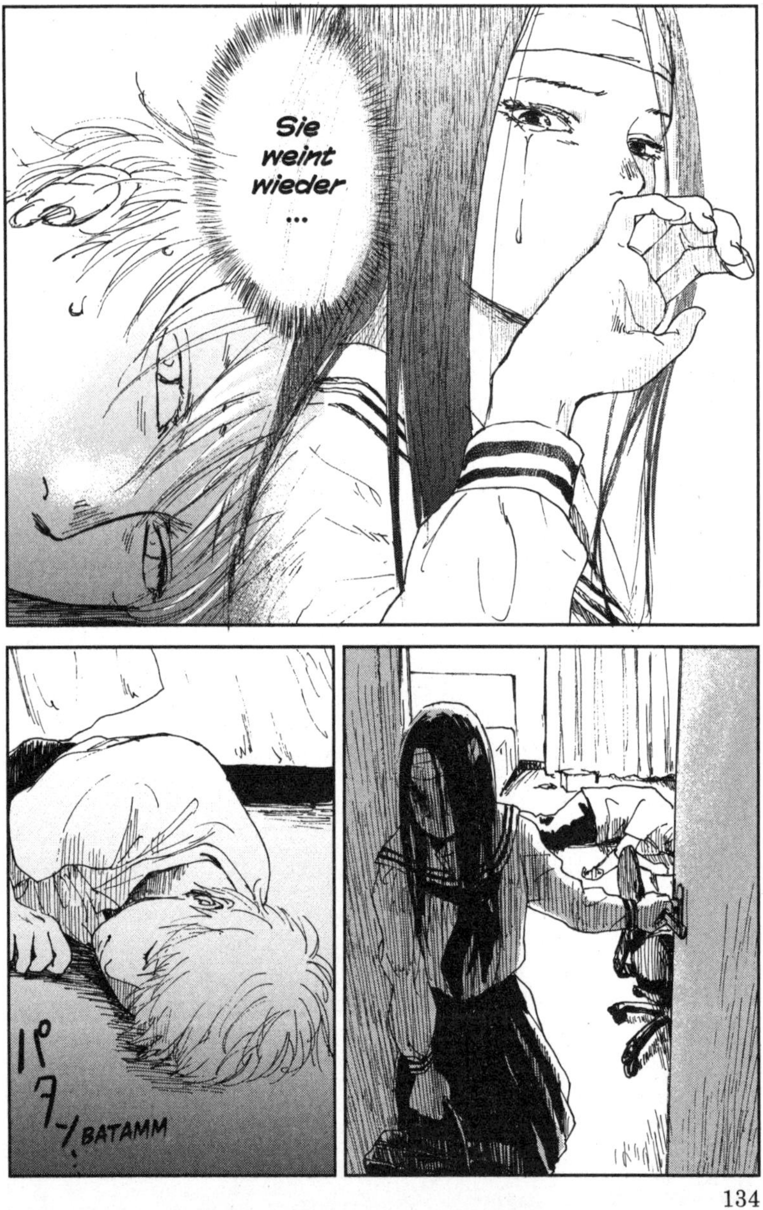
Sie weint wieder ...
BATAMM

KAPITEL 5

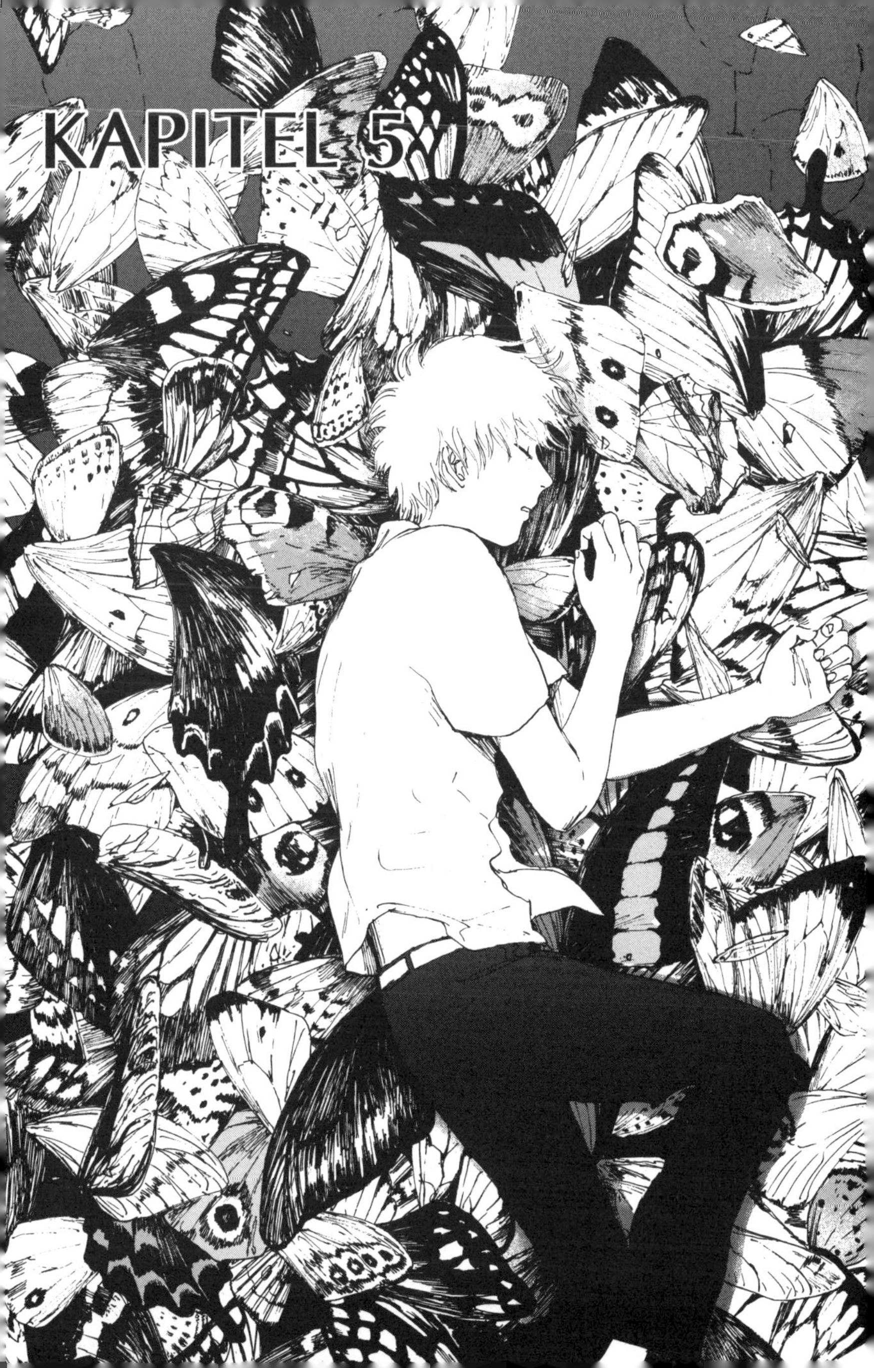

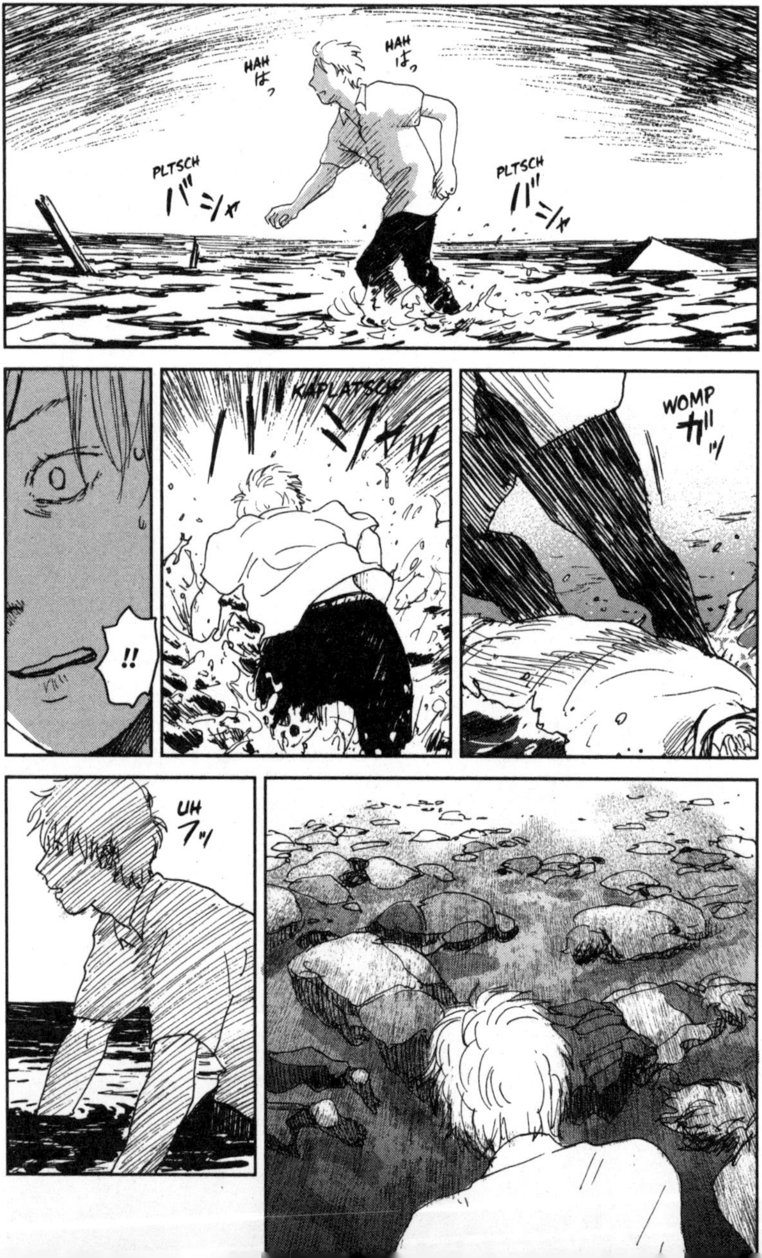
HAH
はっ
HAH
はっ
PLTSCH
バシャ
PLTSCH
バシャ
KAPLATSCH
バシャッ
!!
WOMP
ガッ
UH
フッ

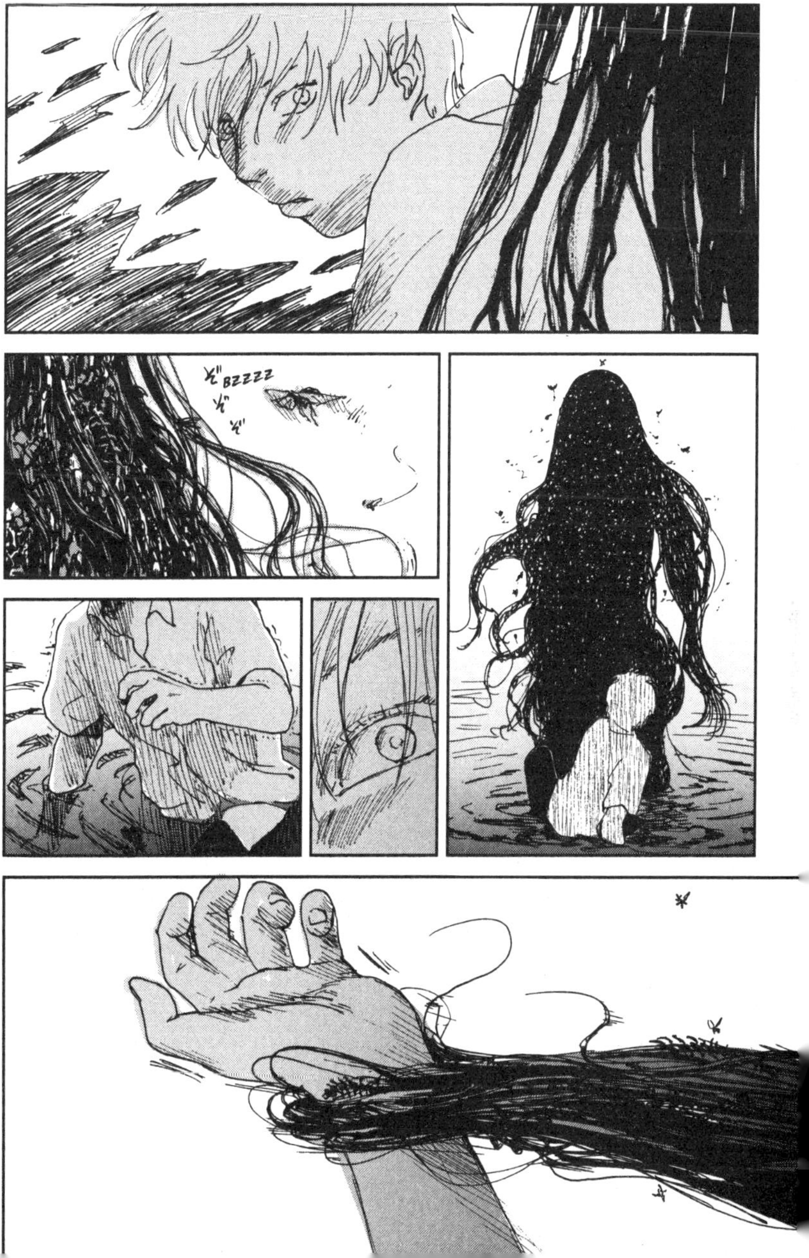
ぞ BZZZZZ
ぞ
ぞ

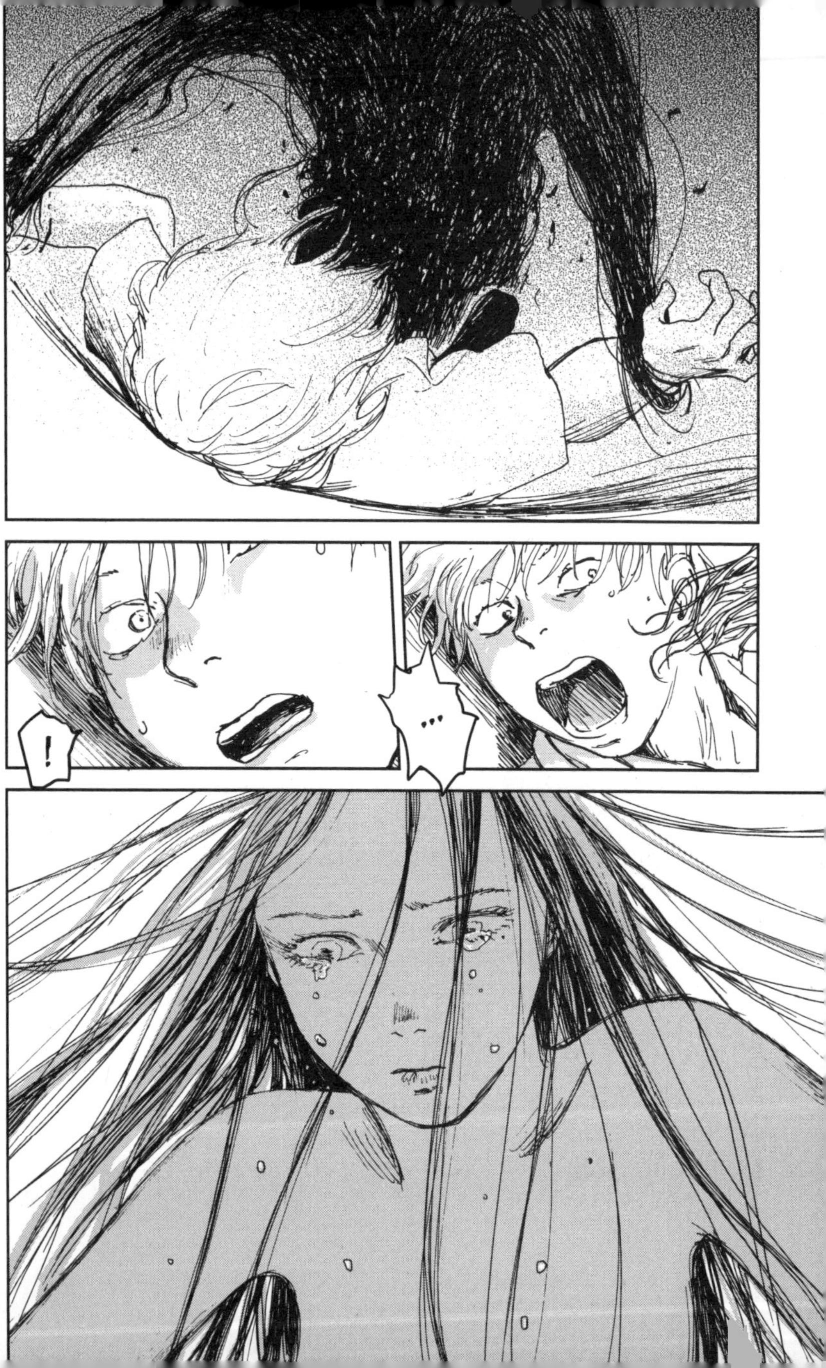

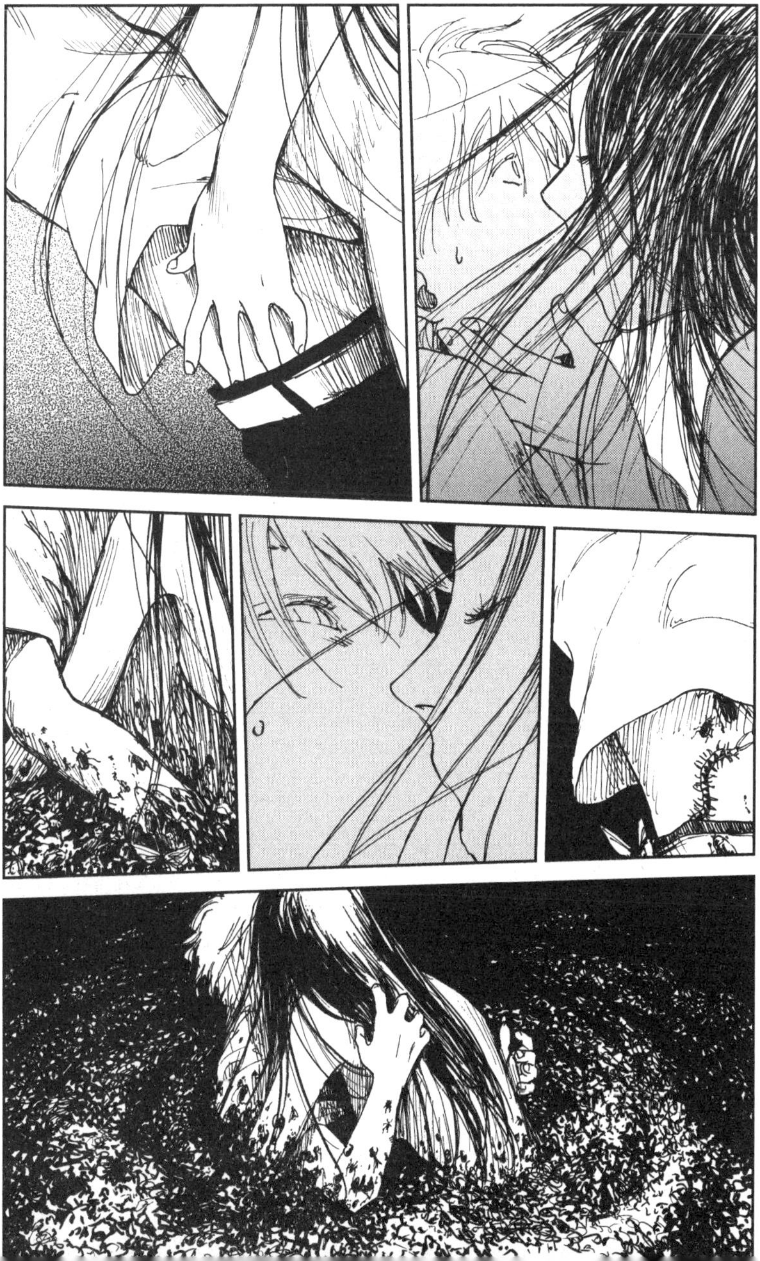

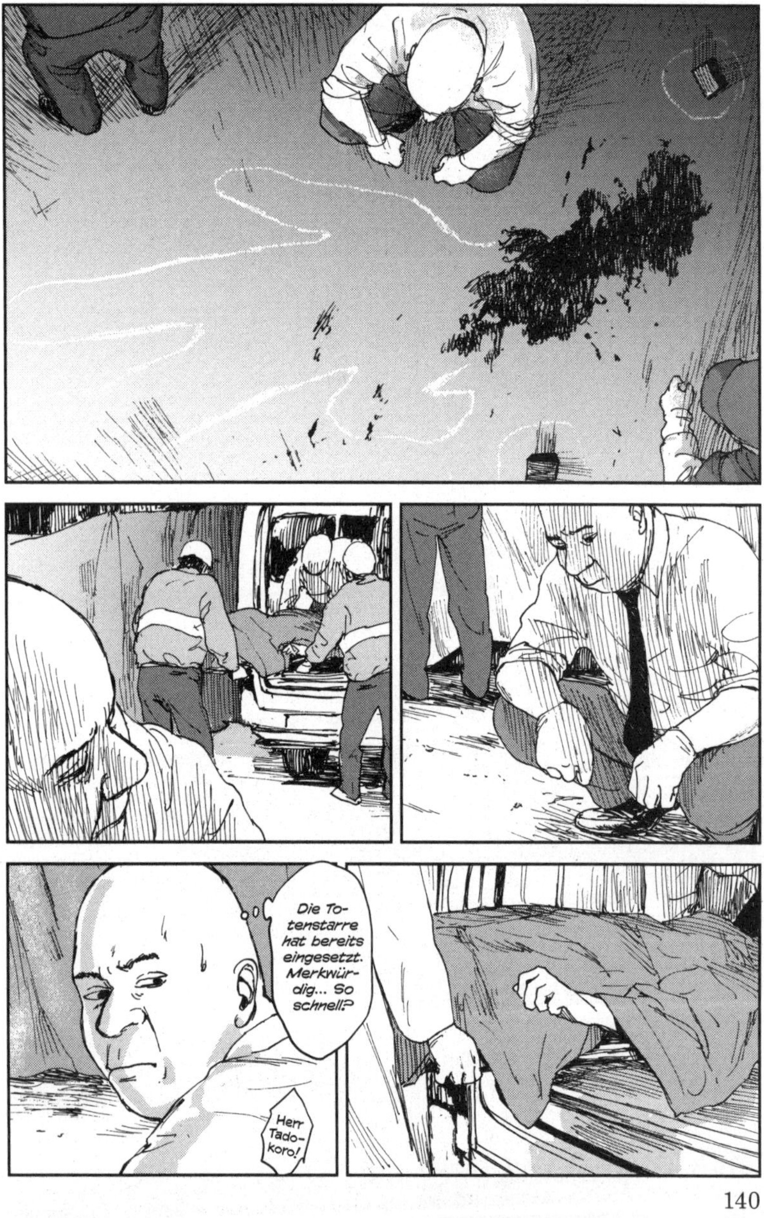
Die Totenstarre hat bereits eingesetzt. Merkwürdig... So schnell?
Herr Tadokoro!

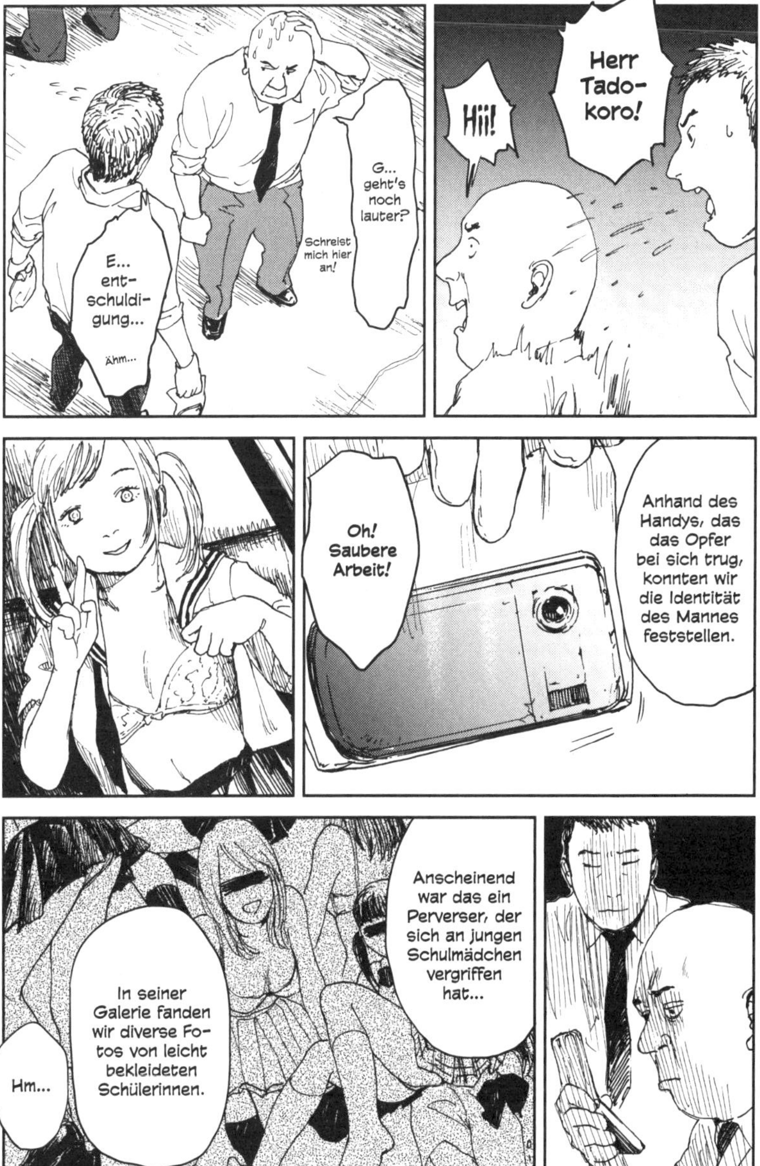
Herr Tado-koro!
Hii!
G... geht's noch lauter?
Schreist mich hier an!
E... ent-schuldi-gung...
Ähm...
Anhand des Handys, das das Opfer bei sich trug, konnten wir die Identität des Mannes feststellen.
Oh! Saubere Arbeit!
Anscheinend war das ein Perverser, der sich an jungen Schulmädchen vergriffen hat...
In seiner Galerie fanden wir diverse Fotos von leicht bekleideten Schülerinnen.
Hm...

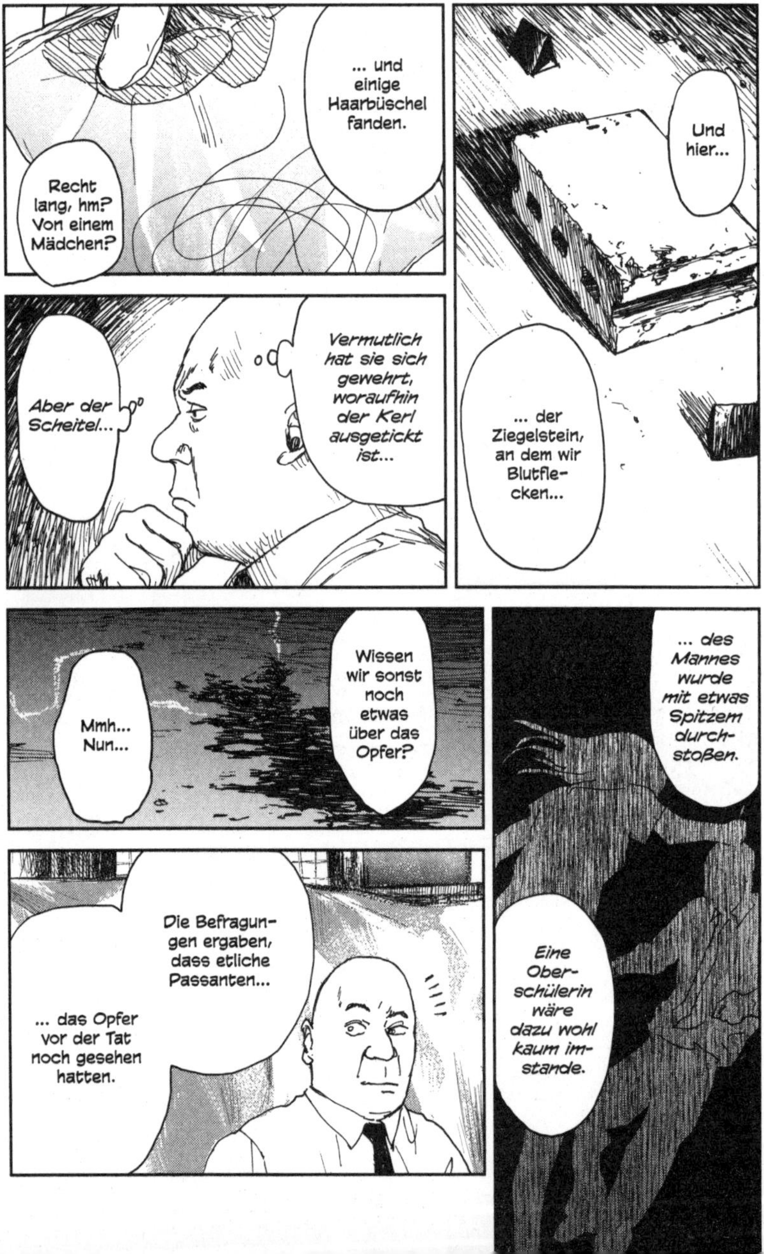

Und hier...
... der Ziegelstein, an dem wir Blutflecken...
... und einige Haarbüschel fanden.
Recht lang, hm? Von einem Mädchen?
Vermutlich hat sie sich gewehrt, woraufhin der Kerl ausgetickt ist...
Aber der Scheitel...
... des Mannes wurde mit etwas Spitzem durchstoßen.
Eine Oberschülerin wäre dazu wohl kaum imstande.
Wissen wir sonst noch etwas über das Opfer?
Mmh... Nun...
Die Befragungen ergaben, dass etliche Passanten...
... das Opfer vor der Tat noch gesehen hatten.

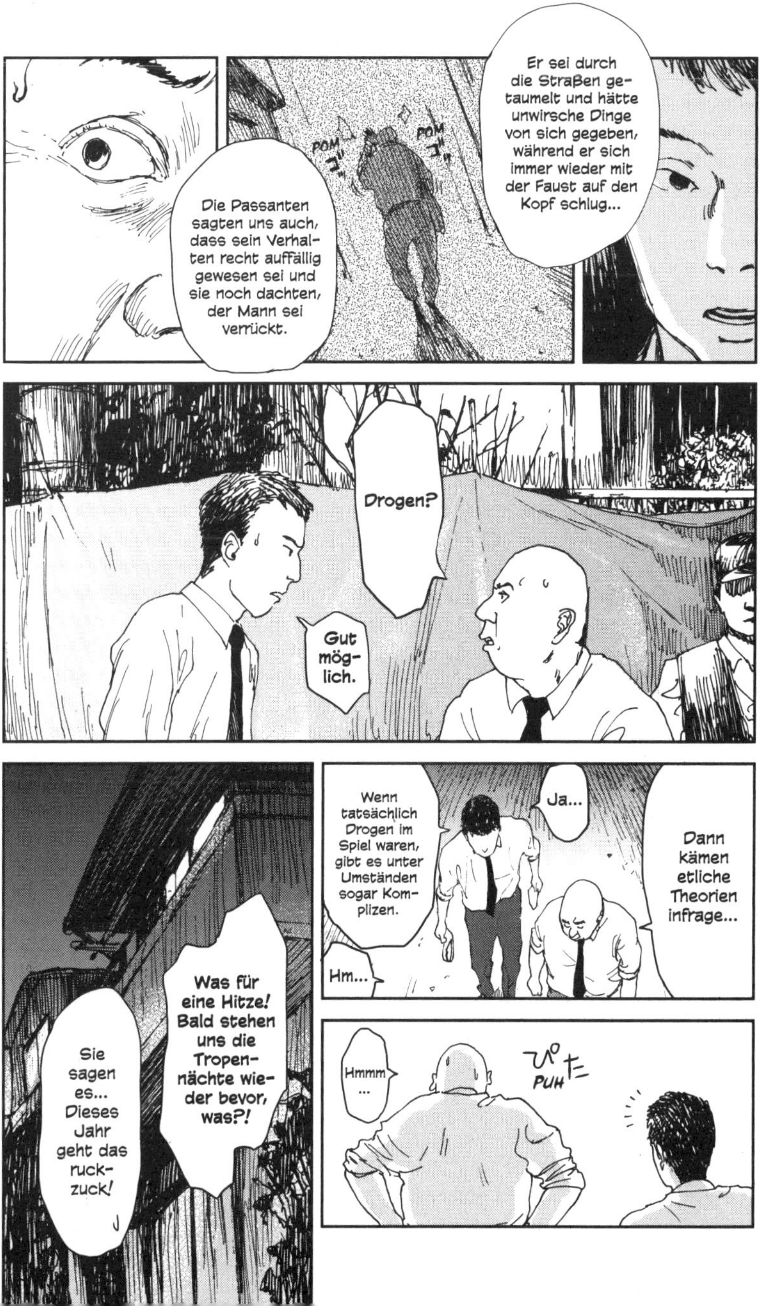
Er sei durch die Straßen getaumelt und hätte unwirsche Dinge von sich gegeben, während er sich immer wieder mit der Faust auf den Kopf schlug...
POM
POM
Die Passanten sagten uns auch, dass sein Verhalten recht auffällig gewesen sei und sie noch dachten, der Mann sei verrückt.
Drogen?
Gut möglich.
Wenn tatsächlich Drogen im Spiel waren, gibt es unter Umständen sogar Komplizen.
Ja...
Dann kämen etliche Theorien infrage...
Hm...
Hmmm...
PUH
Was für eine Hitze! Bald stehen uns die Tropennächte wieder bevor, was?!
Sie sagen es... Dieses Jahr geht das ruckzuck!

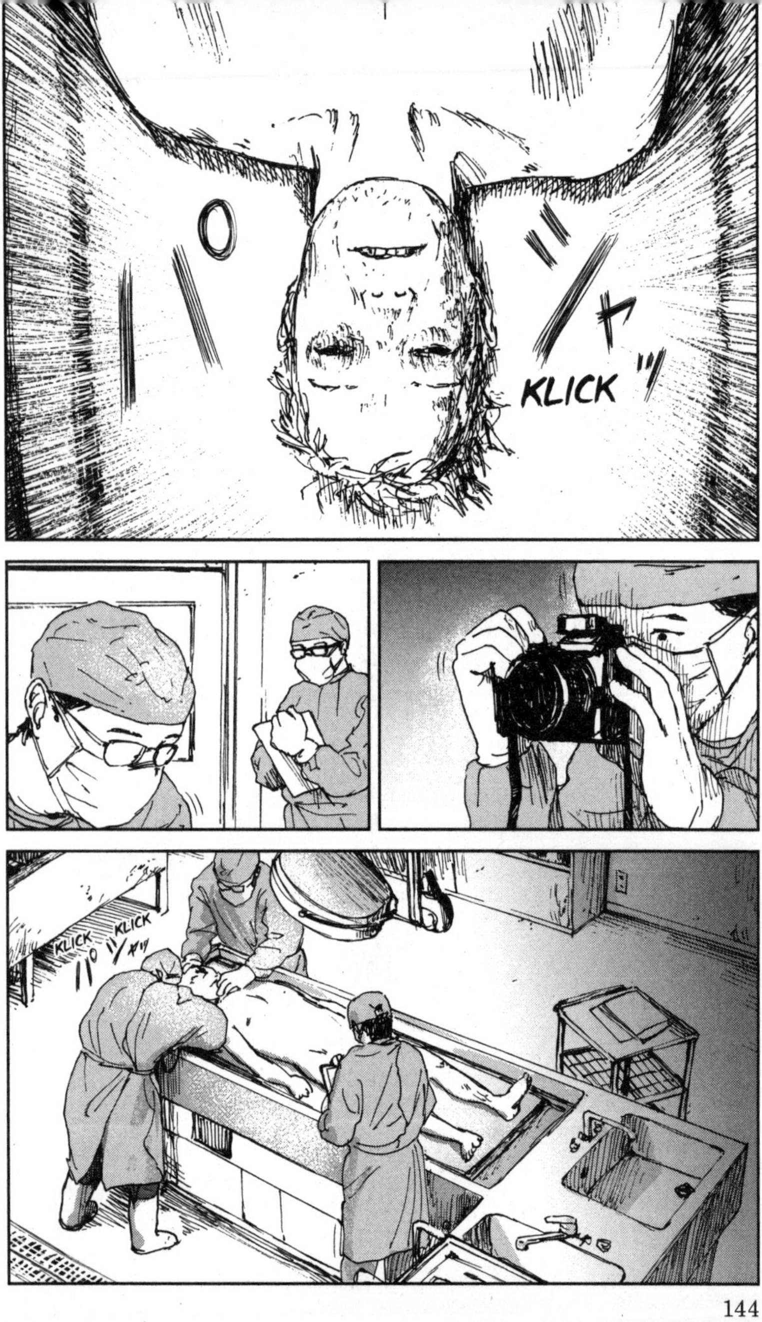
KLICK
KLICK
KLICK

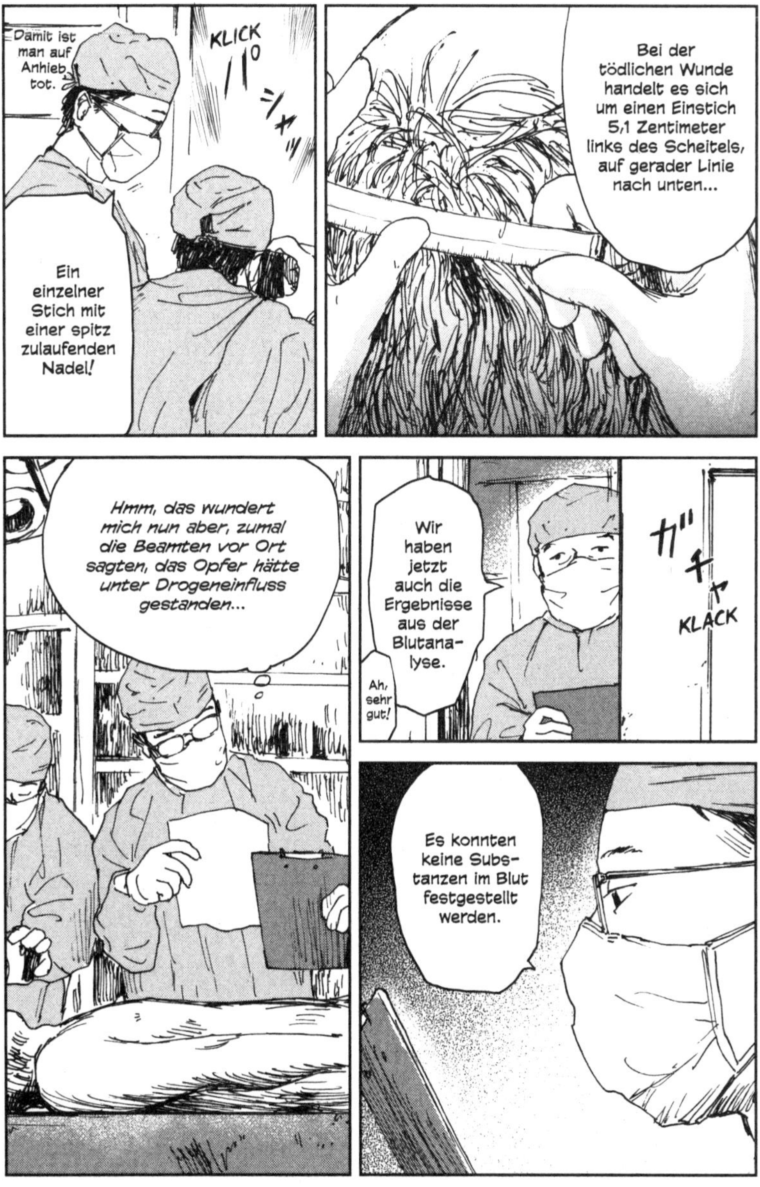
Bei der tödlichen Wunde handelt es sich um einen Einstich 5,1 Zentimeter links des Scheitels, auf gerader Linie nach unten...
KLICK
Ein einzelner Stich mit einer spitz zulaufenden Nadel!
Damit ist man auf Anhieb tot.
KLACK
Wir haben jetzt auch die Ergebnisse aus der Blutanalyse.
Ah, sehr gut!
Es konnten keine Substanzen im Blut festgestellt werden.
Hmm, das wundert mich nun aber, zumal die Beamten vor Ort sagten, das Opfer hätte unter Drogeneinfluss gestanden...

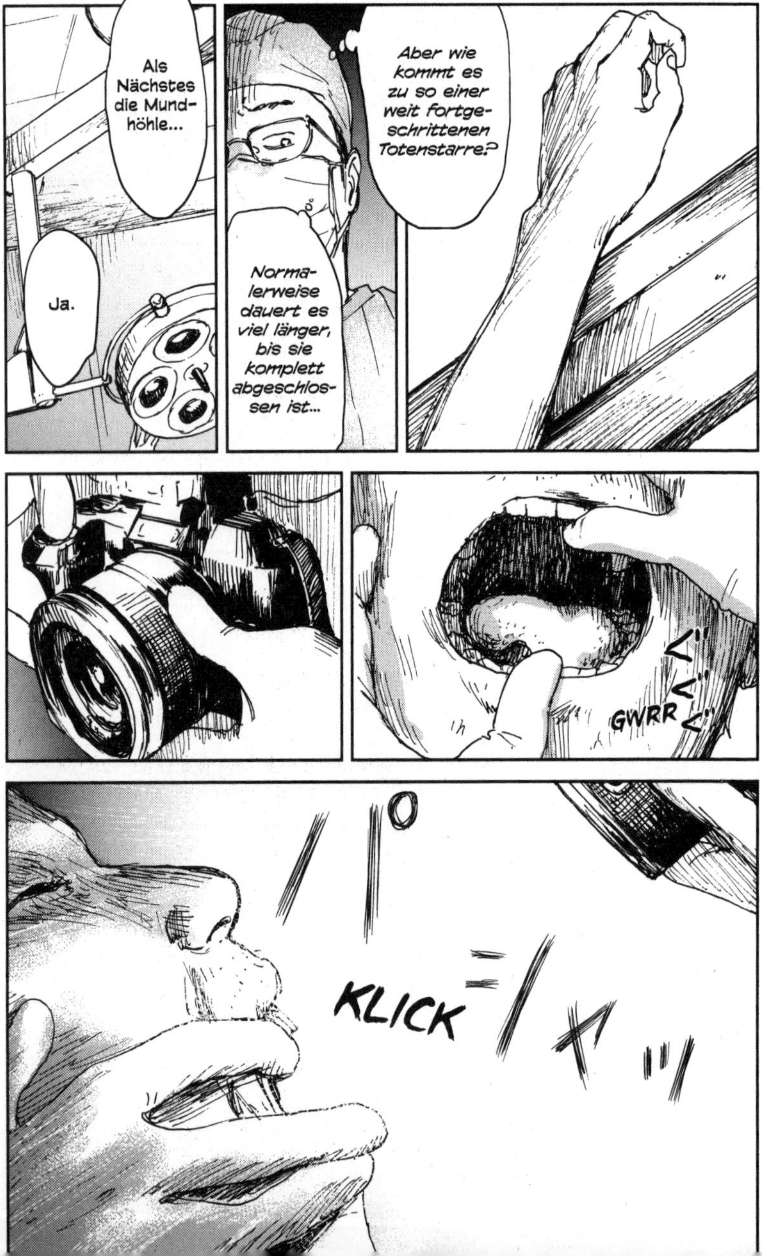
Aber wie kommt es zu so einer weit fortgeschrittenen Totenstarre?
Normalerweise dauert es viel länger, bis sie komplett abgeschlossen ist...
Als Nächstes die Mundhöhle...
Ja.
GWRR
KLICK

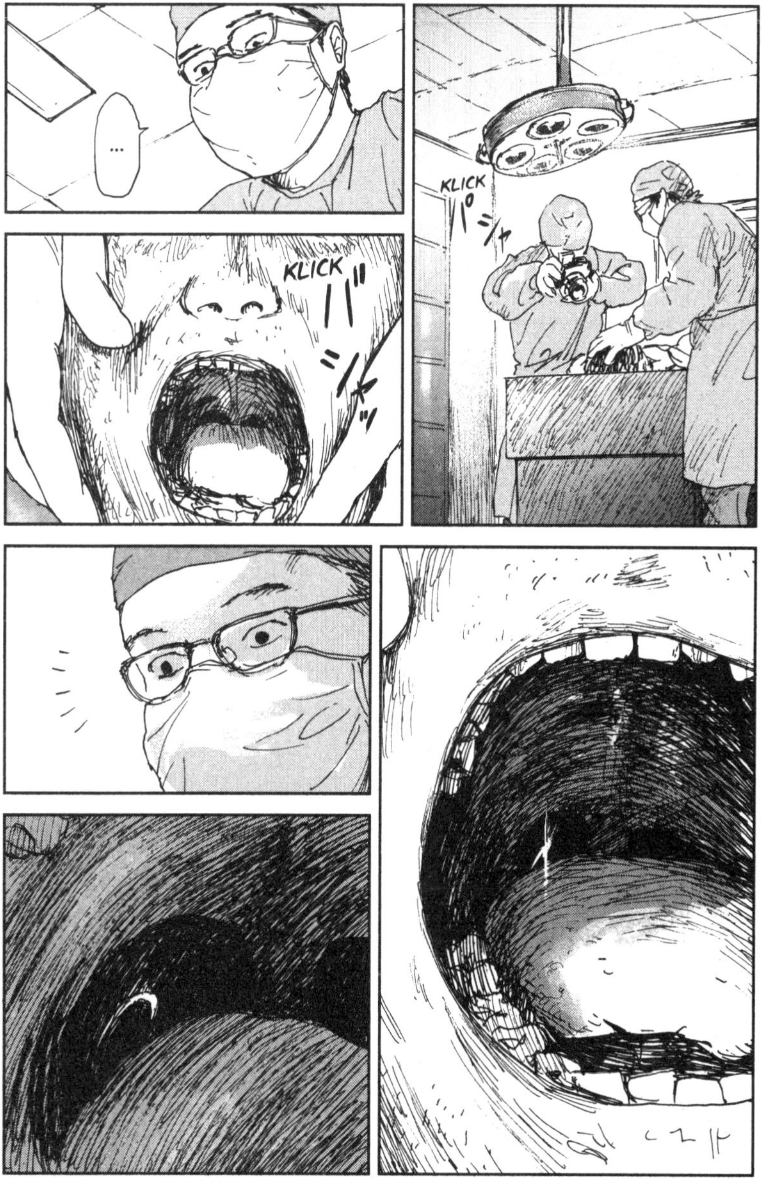
…
KLICK
KLICK

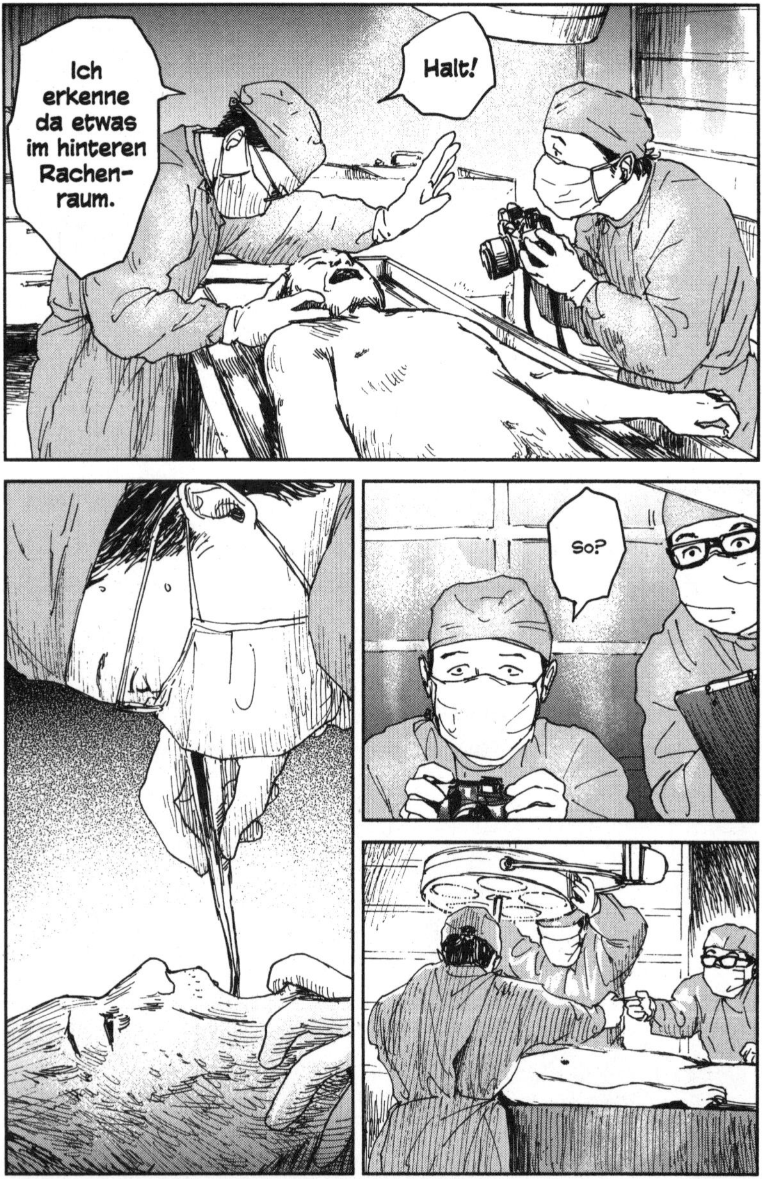
Halt!
Ich erkenne da etwas im hinteren Rachenraum.
So?

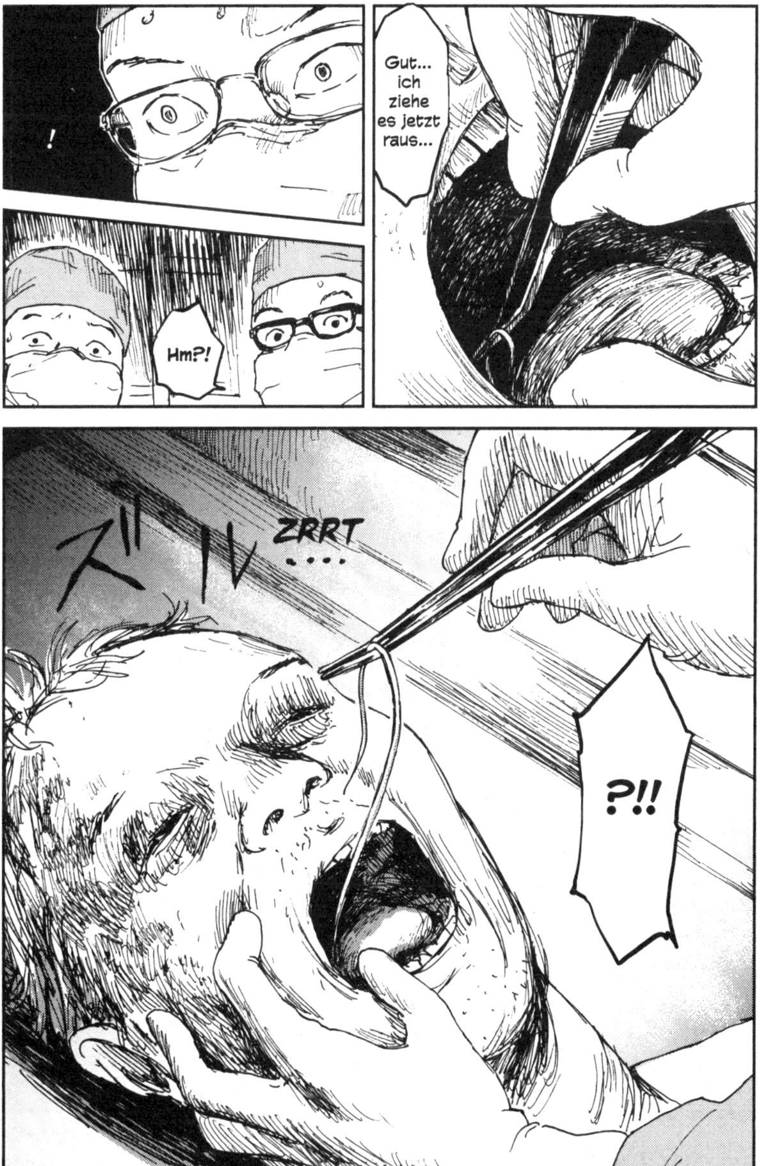
Gut... ich ziehe es jetzt raus...
!
Hm?!
ズル
ZRRT...
?!!

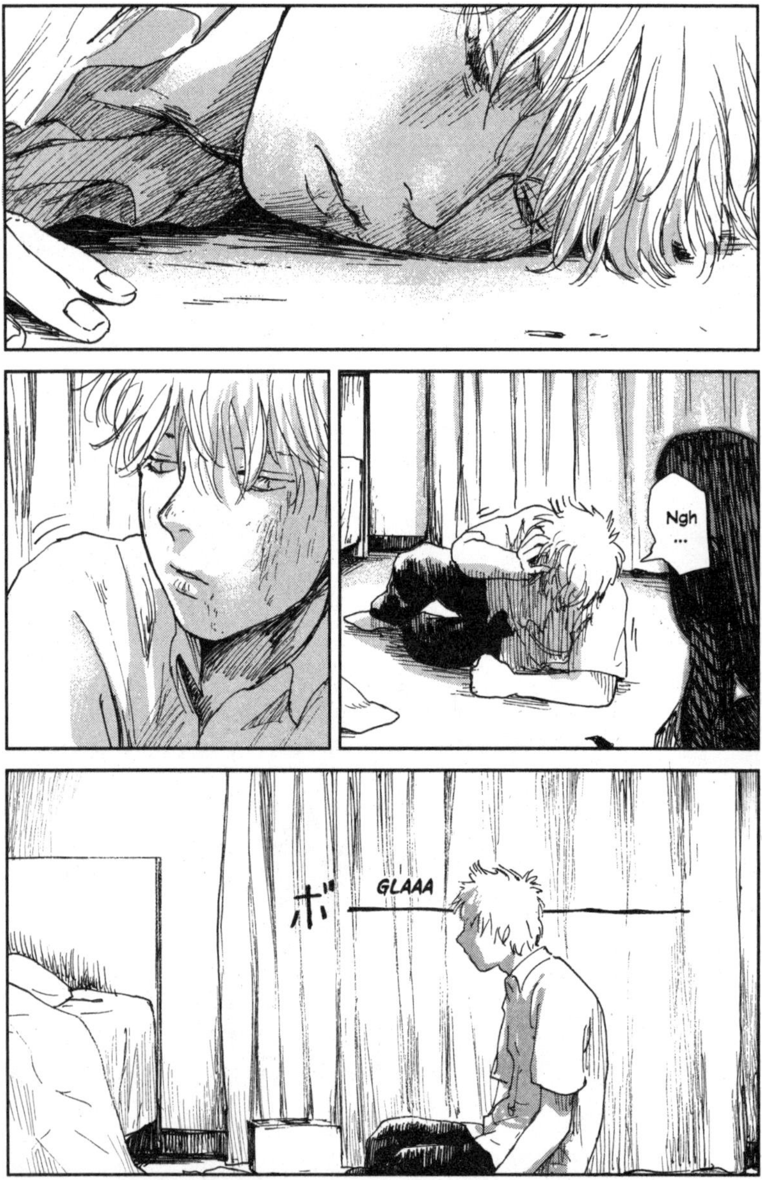
Ngh
...
ボ
GLAAA

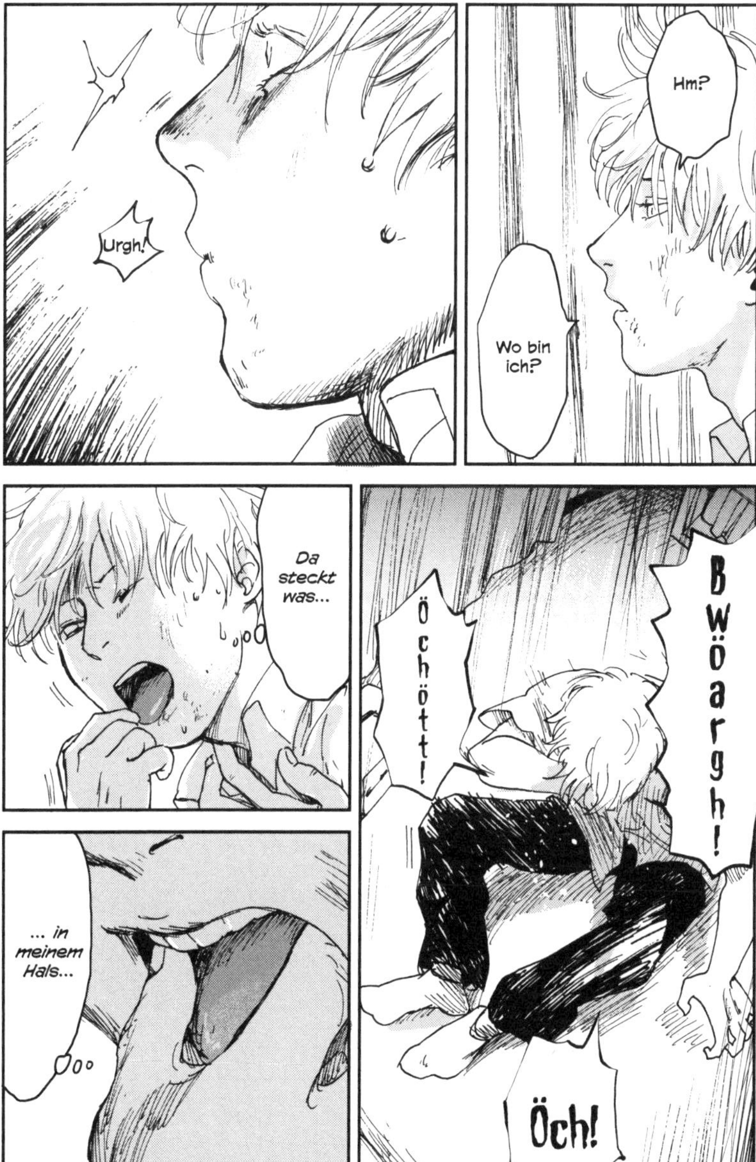

Hm?
Wo bin ich?
Urgh!
Da steckt was...
... in meinem Hals...
Bwöargh!
Öchöttt!
Öch!

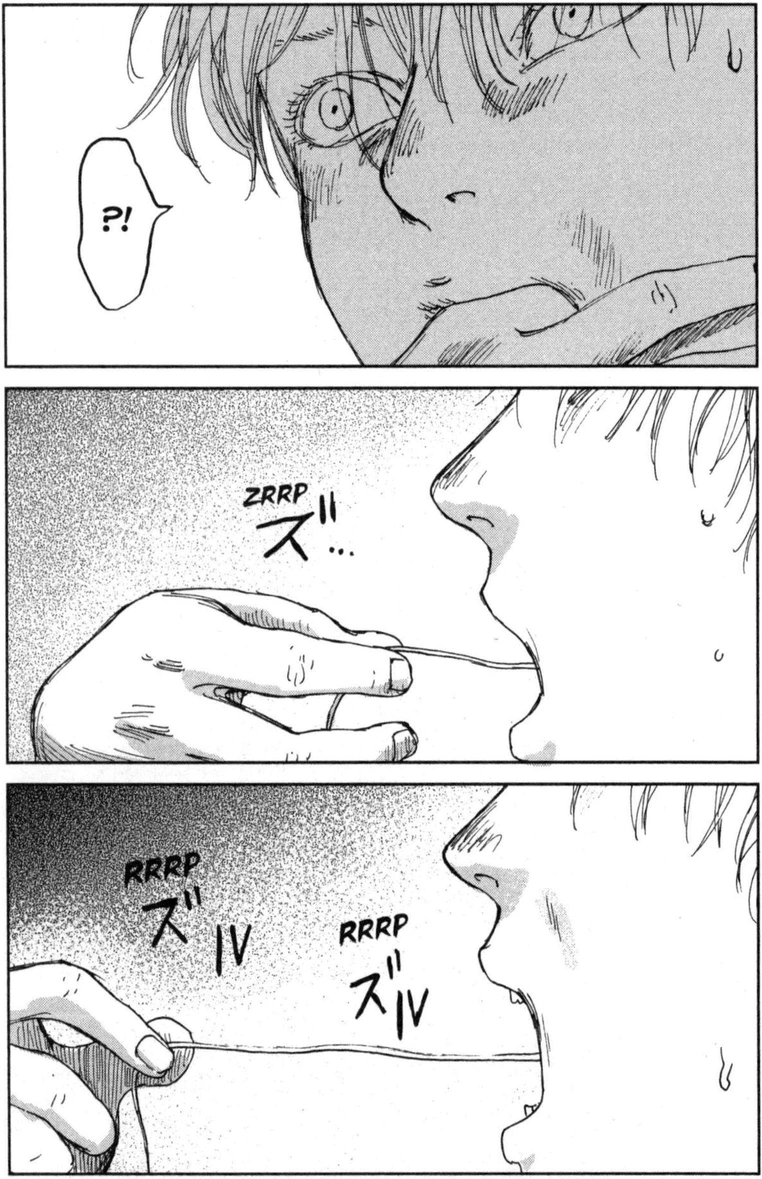
?!
ZRRP
ズ…
RRRP
ズル
RRRP
ズル

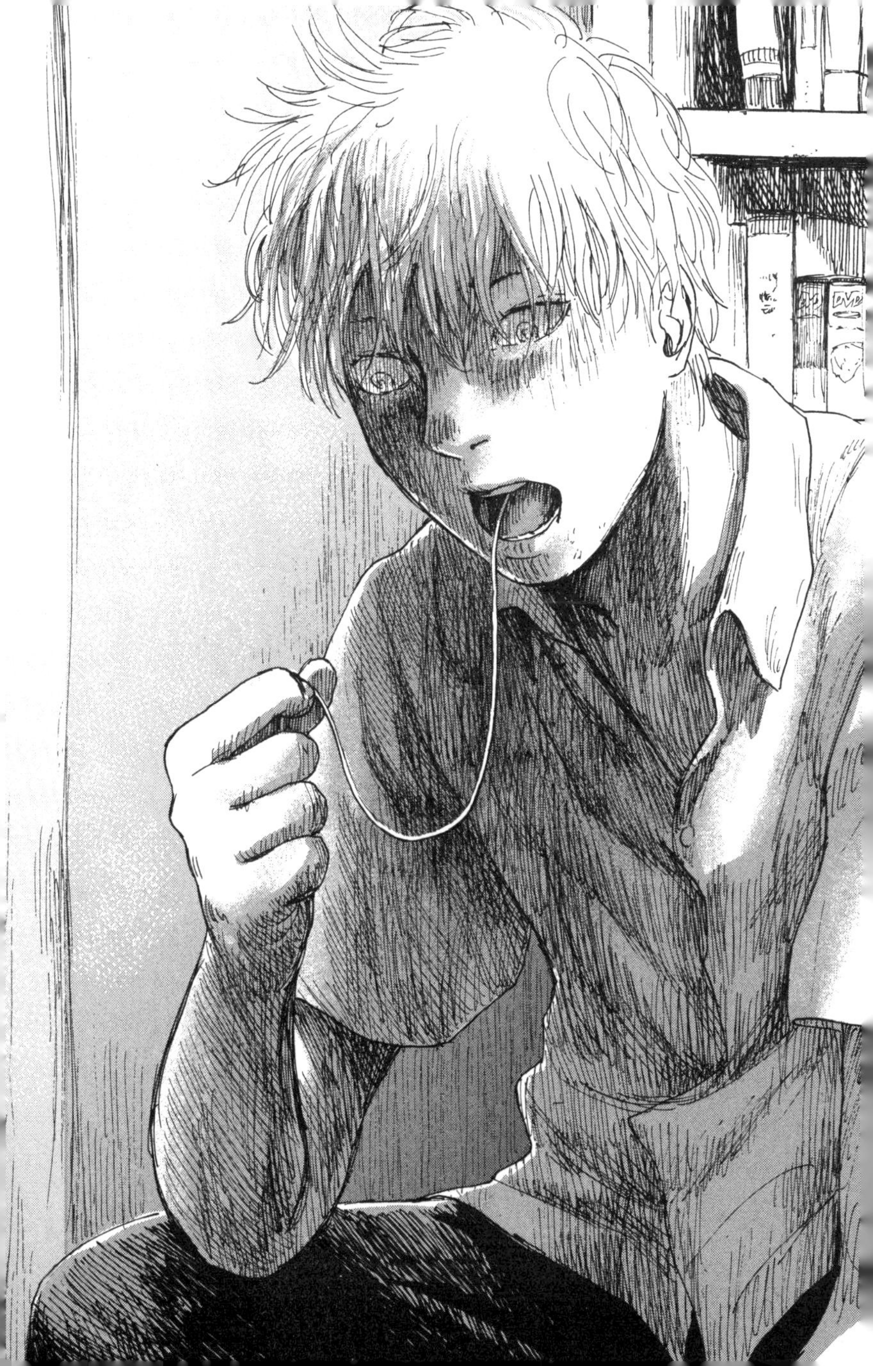

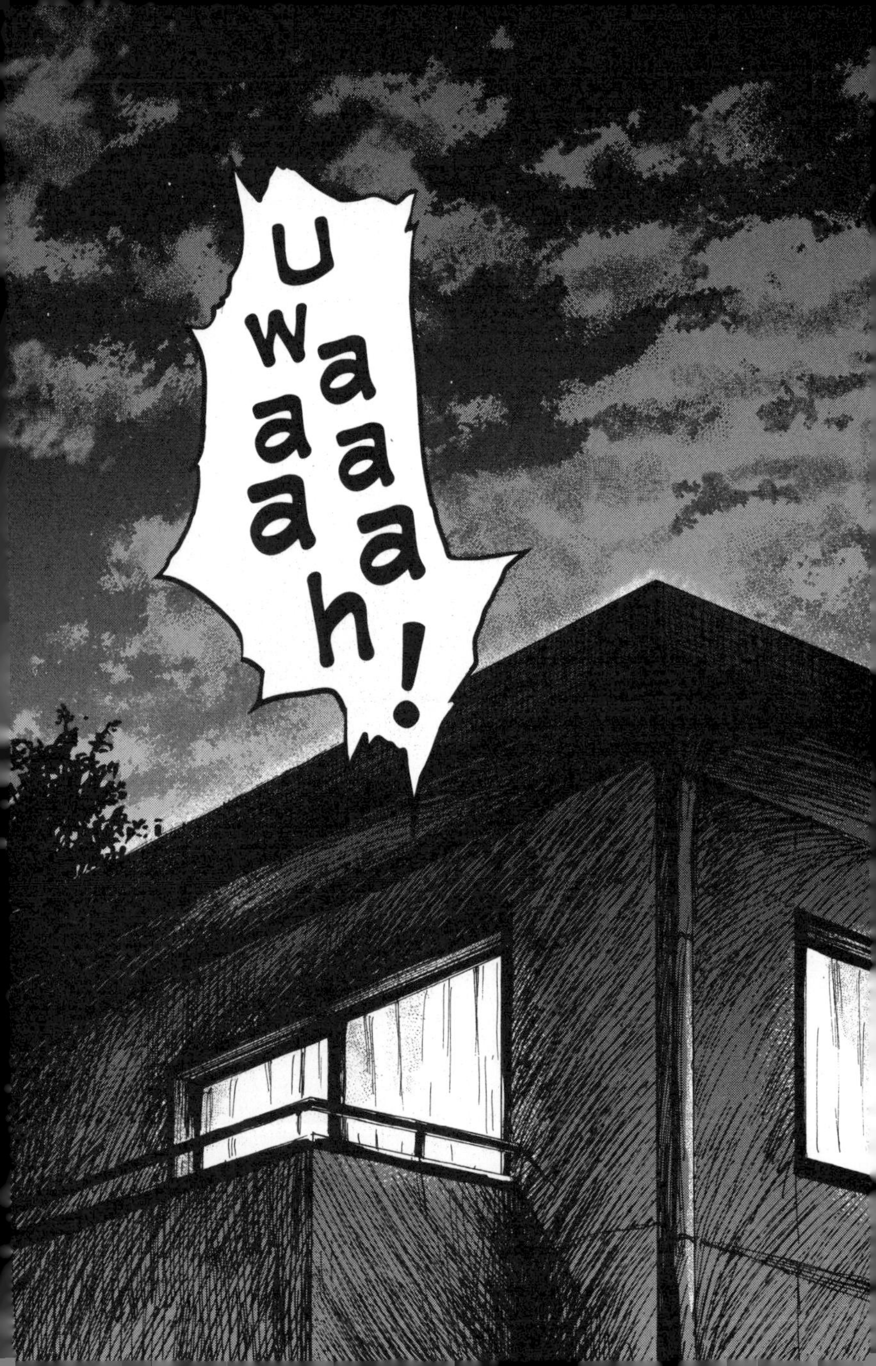
Uwaaaaah!

KAPITEL 6

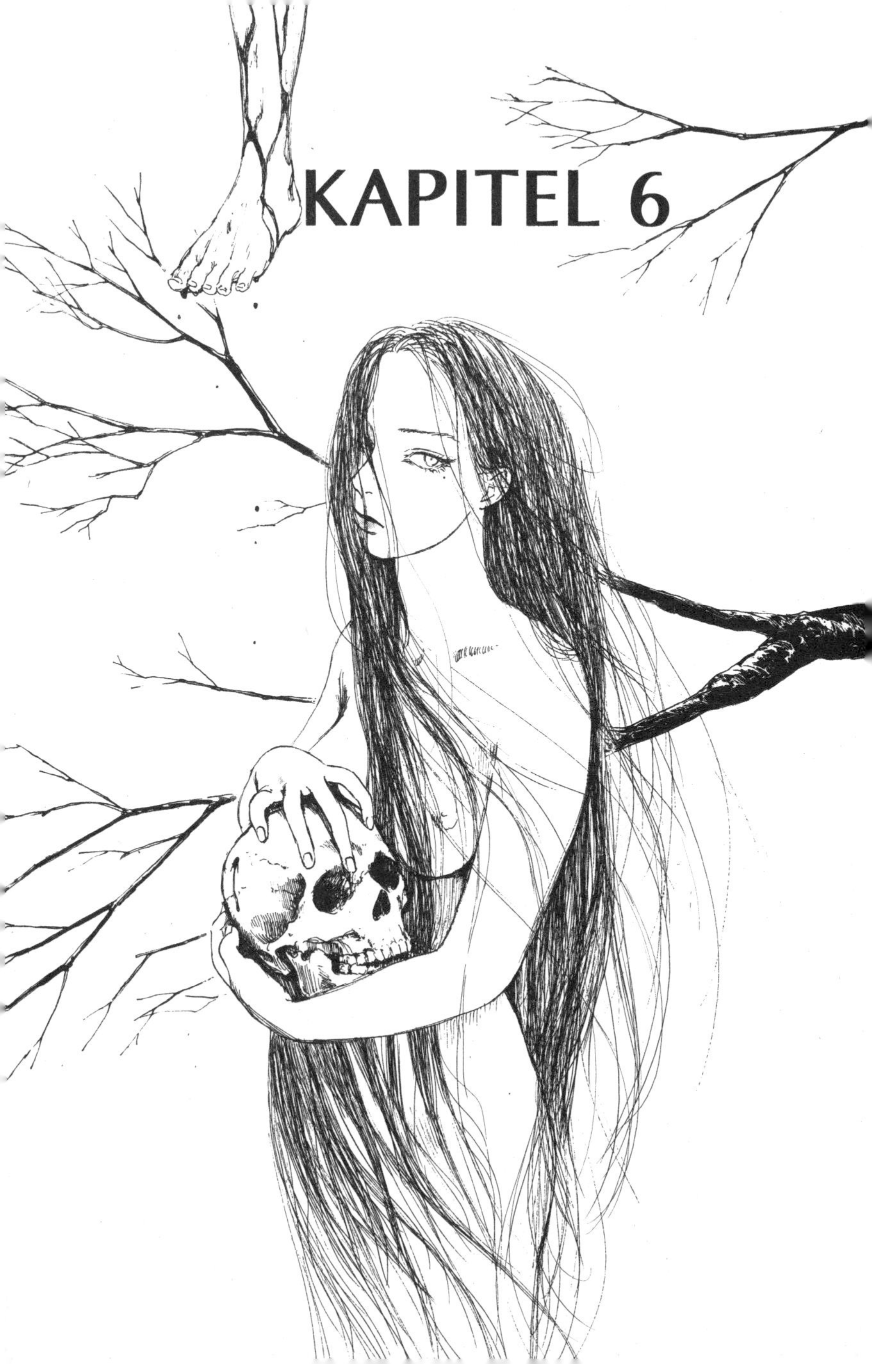

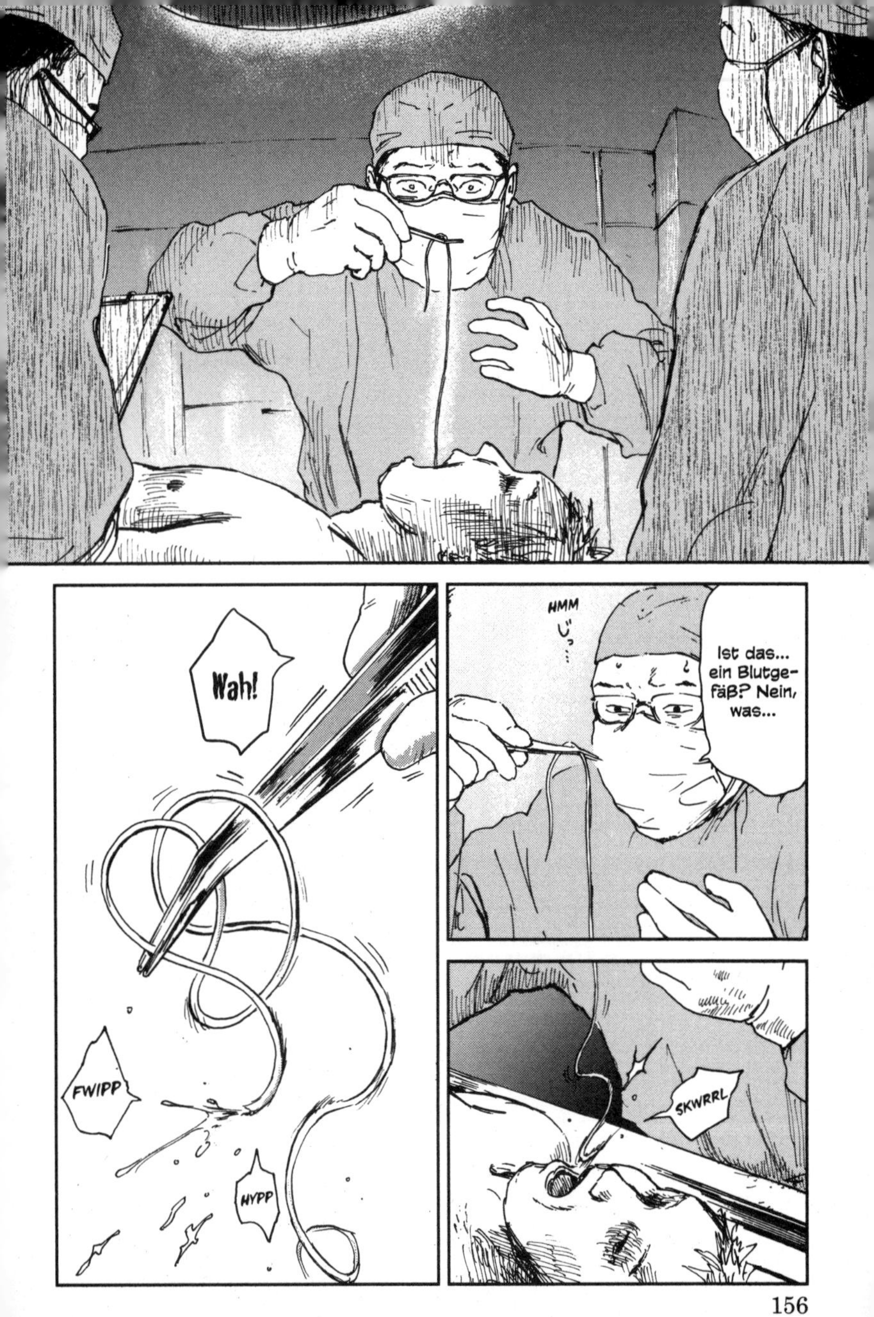
Ist das... ein Blutge-fäß? Nein, was...
HMM
じっ…
Wah!
SKWRRL
FWIPP
HYPP

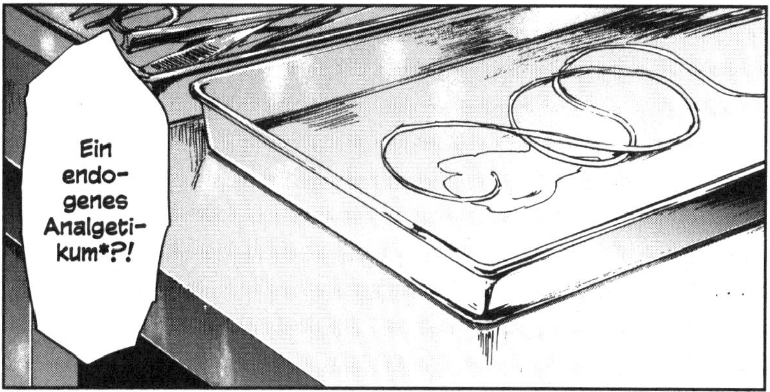

*Körpereigene Opioide

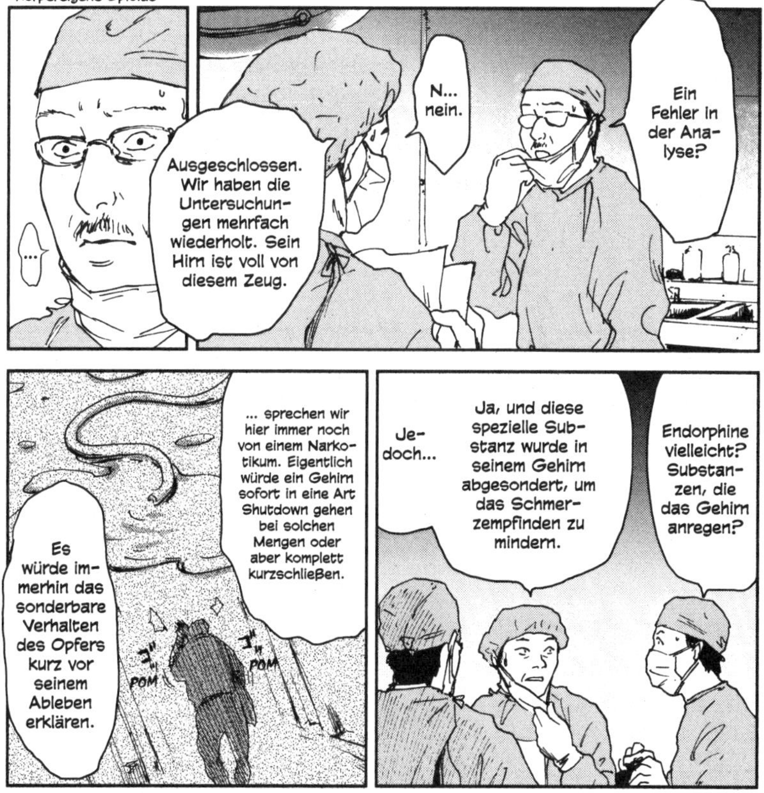

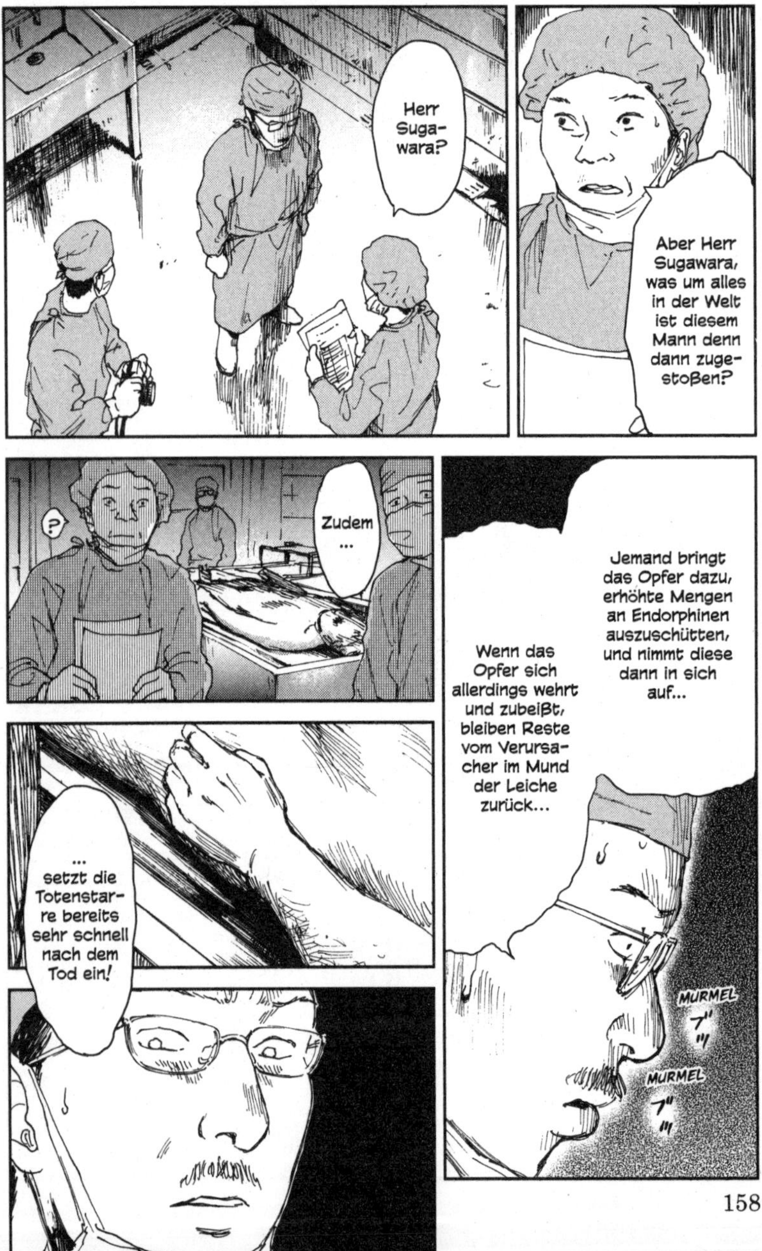
Aber Herr Sugawara, was um alles in der Welt ist diesem Mann denn dann zugestoßen?
Herr Sugawara?
Jemand bringt das Opfer dazu, erhöhte Mengen an Endorphinen auszuschütten, und nimmt diese dann in sich auf...
Wenn das Opfer sich allerdings wehrt und zubeißt, bleiben Reste vom Verursacher im Mund der Leiche zurück...
MURMEL
MURMEL
Zudem ...
?
... setzt die Totenstarre bereits sehr schnell nach dem Tod ein!

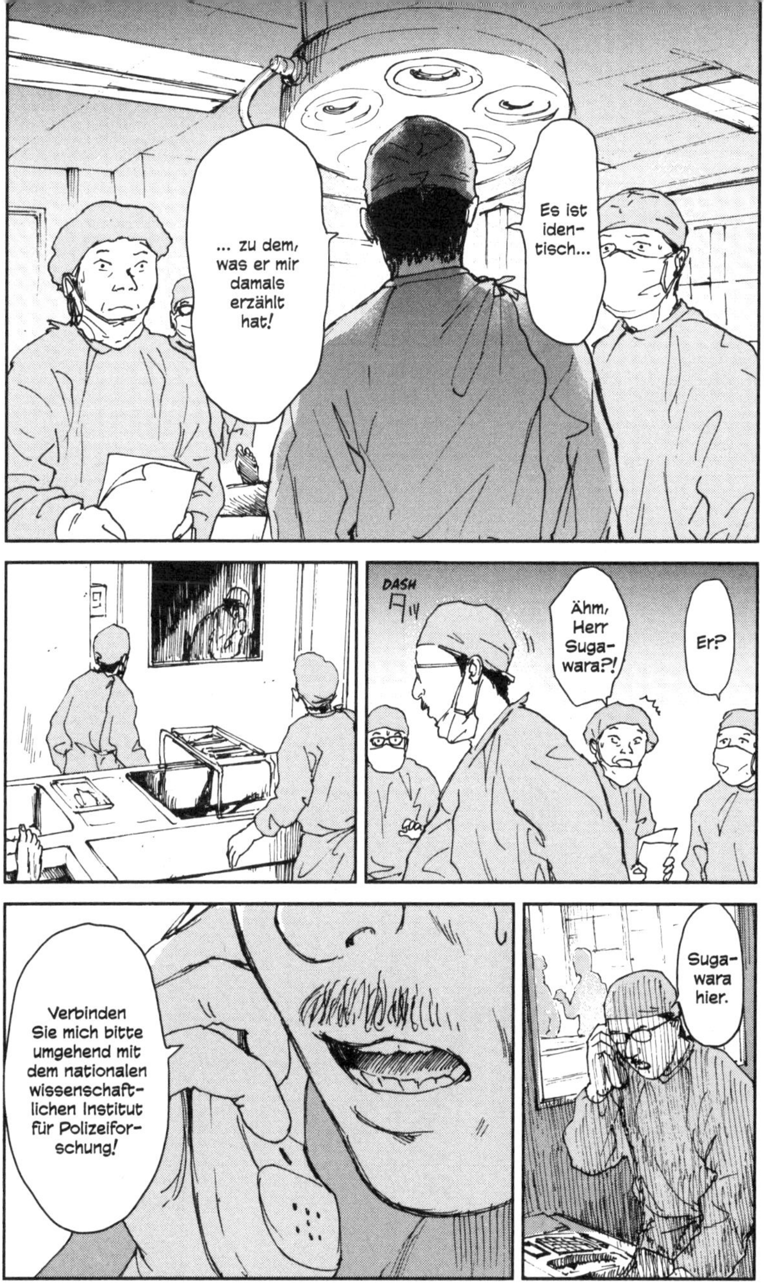
Es ist iden-tisch...
... zu dem, was er mir damals erzählt hat!
Er?
Ähm, Herr Suga-wara?!
DASH
Suga-wara hier.
Verbinden Sie mich bitte umgehend mit dem nationalen wissenschaft-lichen Institut für Polizeifor-schung!

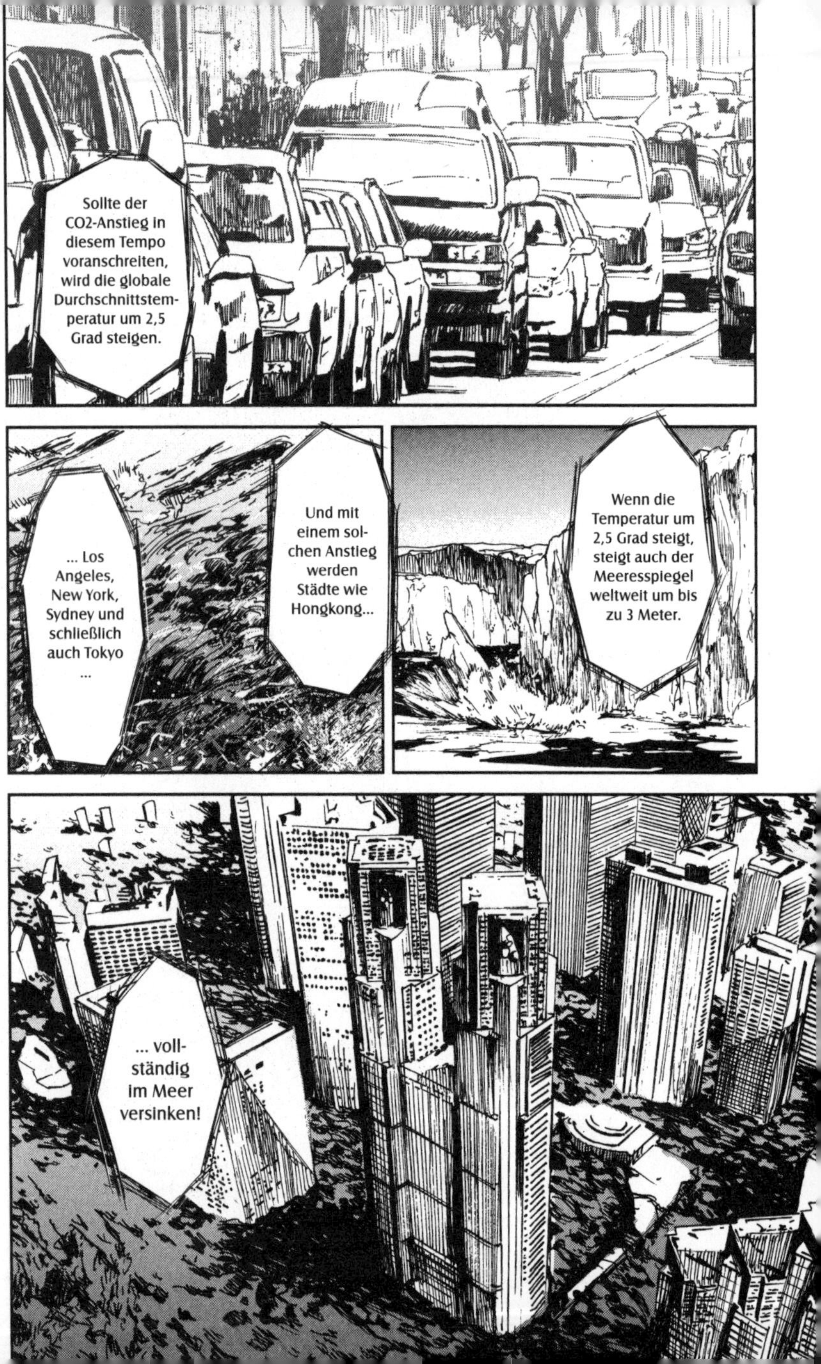
Sollte der CO2-Anstieg in diesem Tempo voranschreiten, wird die globale Durchschnittstemperatur um 2,5 Grad steigen.
Wenn die Temperatur um 2,5 Grad steigt, steigt auch der Meeresspiegel weltweit um bis zu 3 Meter.
Und mit einem solchen Anstieg werden Städte wie Hongkong...
... Los Angeles, New York, Sydney und schließlich auch Tokyo ...
... vollständig im Meer versinken!

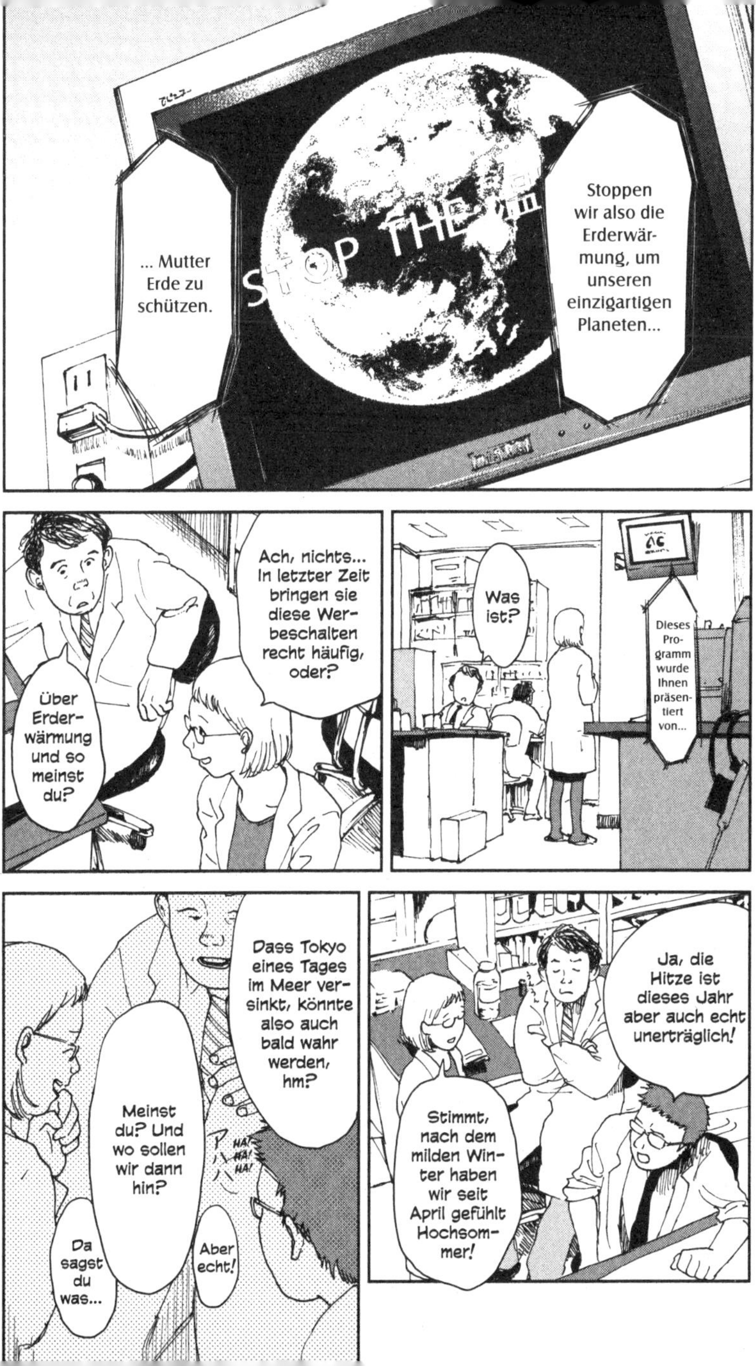
Stoppen wir also die Erderwärmung, um unseren einzigartigen Planeten...
... Mutter Erde zu schützen.
STOP THE
Dieses Programm wurde Ihnen präsentiert von...
Was ist?
Ach, nichts... In letzter Zeit bringen sie diese Werbeschalten recht häufig, oder?
Über Erderwärmung und so meinst du?
Ja, die Hitze ist dieses Jahr aber auch echt unerträglich!
Stimmt, nach dem milden Winter haben wir seit April gefühlt Hochsommer!
Dass Tokyo eines Tages im Meer versinkt, könnte also auch bald wahr werden, hm?
Meinst du? Und wo sollen wir dann hin?
HA! HA! HA!
Aber echt!
Da sagst du was...

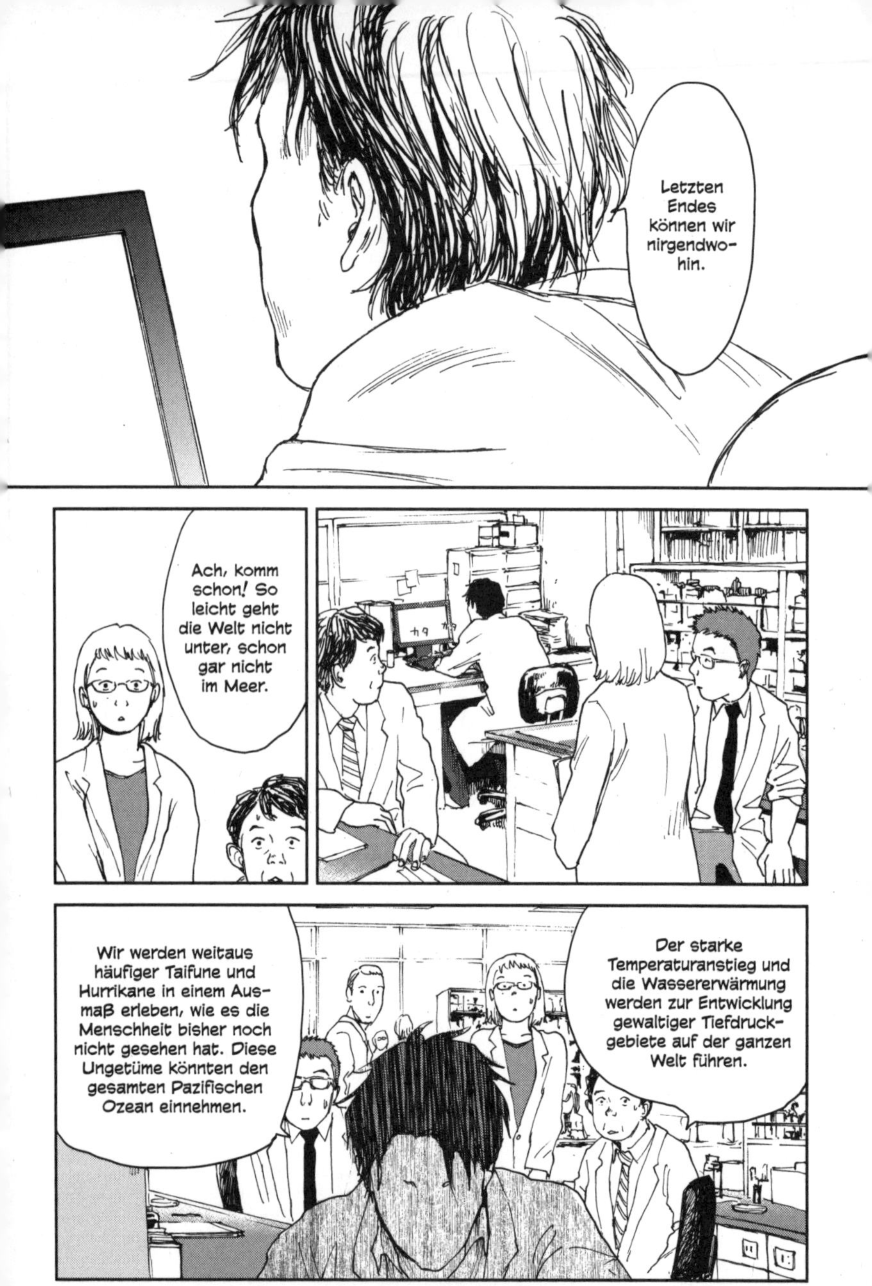
Letzten Endes können wir nirgendwohin.
Ach, komm schon! So leicht geht die Welt nicht unter, schon gar nicht im Meer.
Der starke Temperaturanstieg und die Wassererwärmung werden zur Entwicklung gewaltiger Tiefdruckgebiete auf der ganzen Welt führen.
Wir werden weitaus häufiger Taifune und Hurrikane in einem Ausmaß erleben, wie es die Menschheit bisher noch nicht gesehen hat. Diese Ungetüme könnten den gesamten Pazifischen Ozean einnehmen.

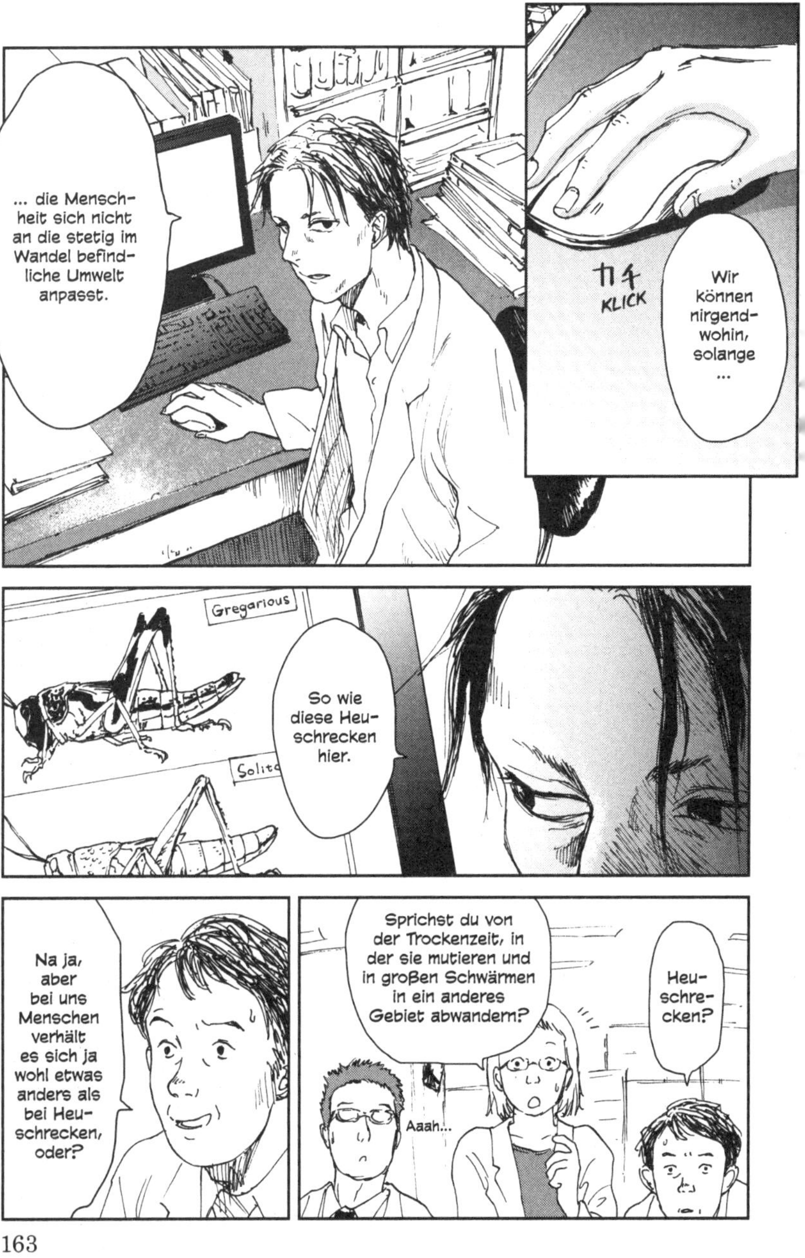
カチ
KLICK
Wir können nirgendwohin, solange ...
... die Menschheit sich nicht an die stetig im Wandel befindliche Umwelt anpasst.
Gregarious
So wie diese Heuschrecken hier.
Heuschrecken?
Sprichst du von der Trockenzeit, in der sie mutieren und in großen Schwärmen in ein anderes Gebiet abwandern?
Aaah...
Na ja, aber bei uns Menschen verhält es sich ja wohl etwas anders als bei Heuschrecken, oder?

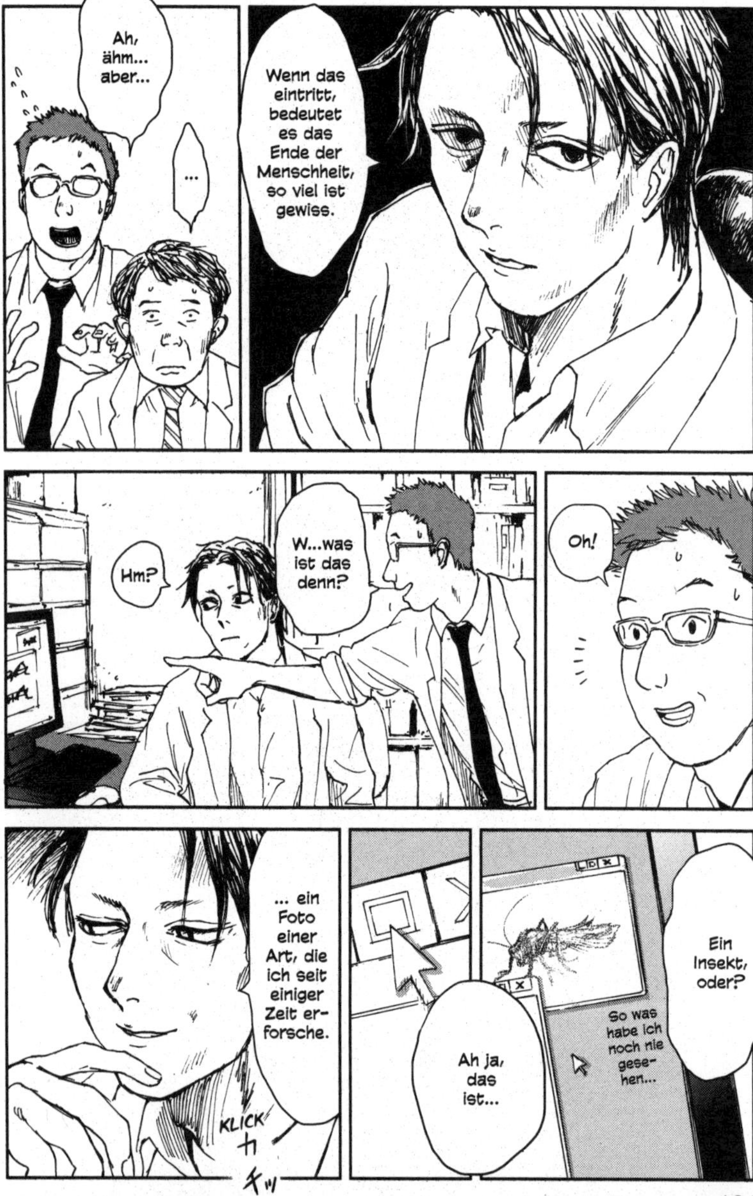
Wenn das eintritt, bedeutet es das Ende der Menschheit, so viel ist gewiss.
Ah, ähm... aber...
...
Oh!
W...was ist das denn?
Hm?
Ein Insekt, oder?
So was habe ich noch nie gesehen...
Ah ja, das ist...
... ein Foto einer Art, die ich seit einiger Zeit erforsche.
KLICK
カチッ

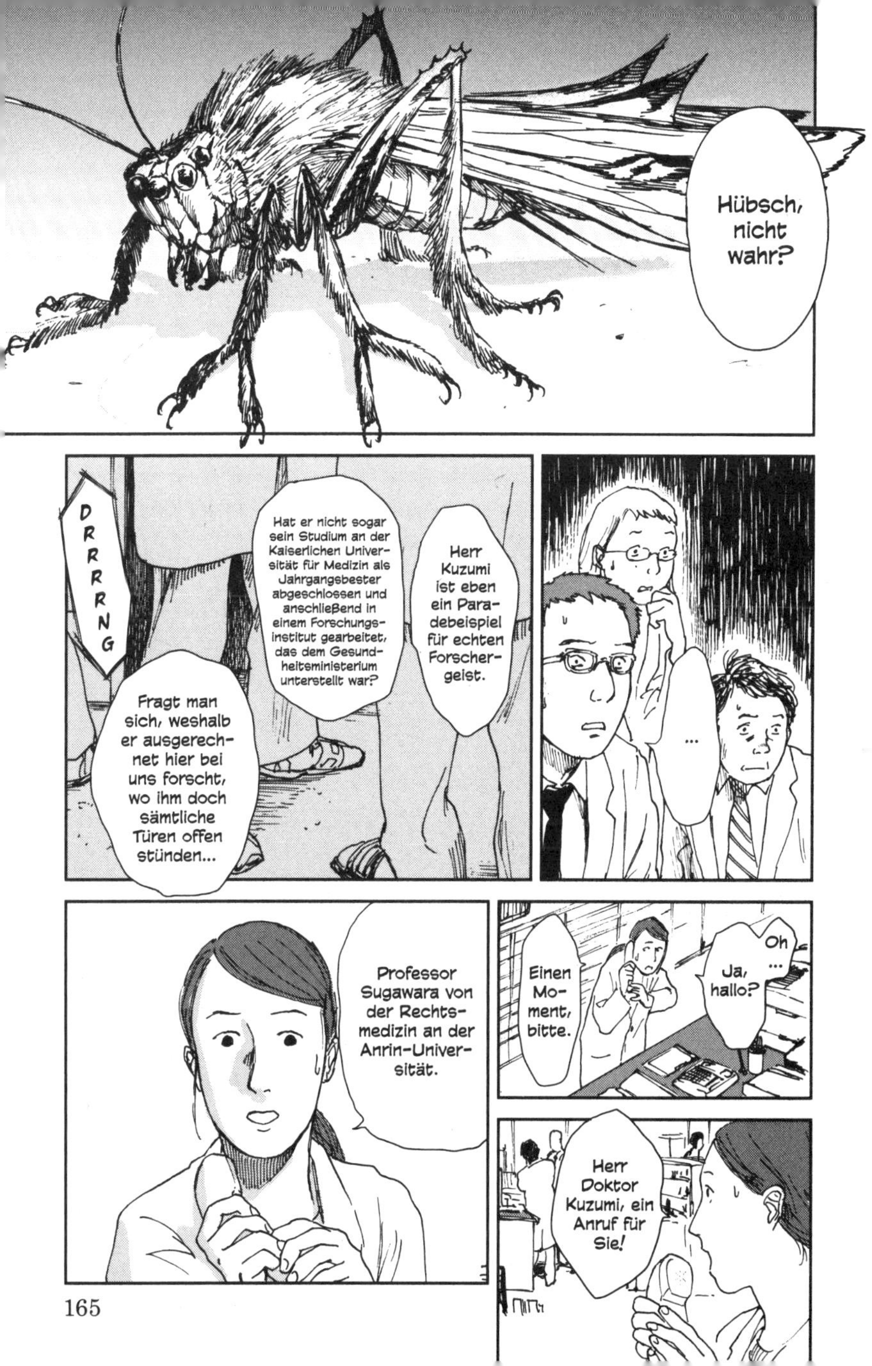
Hübsch, nicht wahr?
…
DRRRRNG
Herr Kuzumi ist eben ein Paradebeispiel für echten Forschergeist.
Hat er nicht sogar sein Studium an der Kaiserlichen Universität für Medizin als Jahrgangsbester abgeschlossen und anschließend in einem Forschungsinstitut gearbeitet, das dem Gesundheitsministerium unterstellt war?
Fragt man sich, weshalb er ausgerechnet hier bei uns forscht, wo ihm doch sämtliche Türen offen stünden…
Oh …
Ja, hallo?
Einen Moment, bitte.
Herr Doktor Kuzumi, ein Anruf für Sie!
Professor Sugawara von der Rechtsmedizin an der Anrin-Universität.

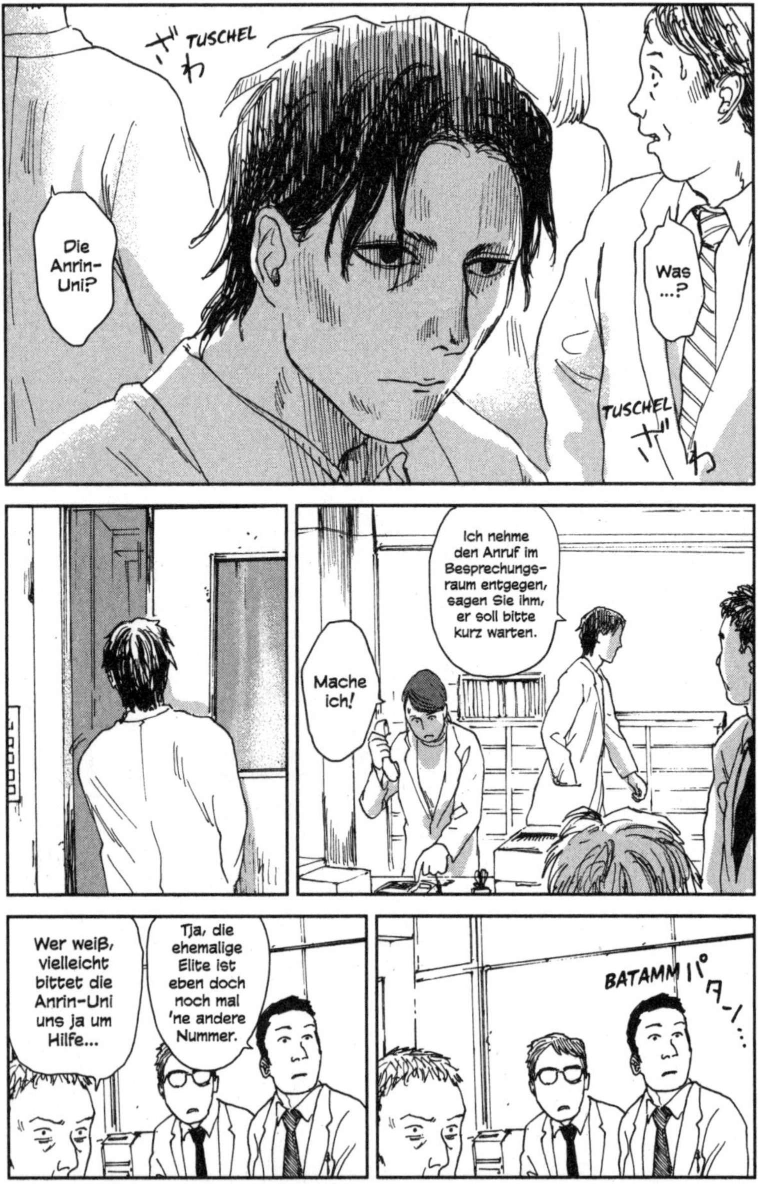
TUSCHEL ざわ
Was …?
Die Anrin-Uni?
TUSCHEL ざわ
Ich nehme den Anruf im Besprechungsraum entgegen, sagen Sie ihm, er soll bitte kurz warten.
Mache ich!
BATAMM パターン…
Tja, die ehemalige Elite ist eben doch noch mal 'ne andere Nummer.
Wer weiß, vielleicht bittet die Anrin-Uni uns ja um Hilfe…

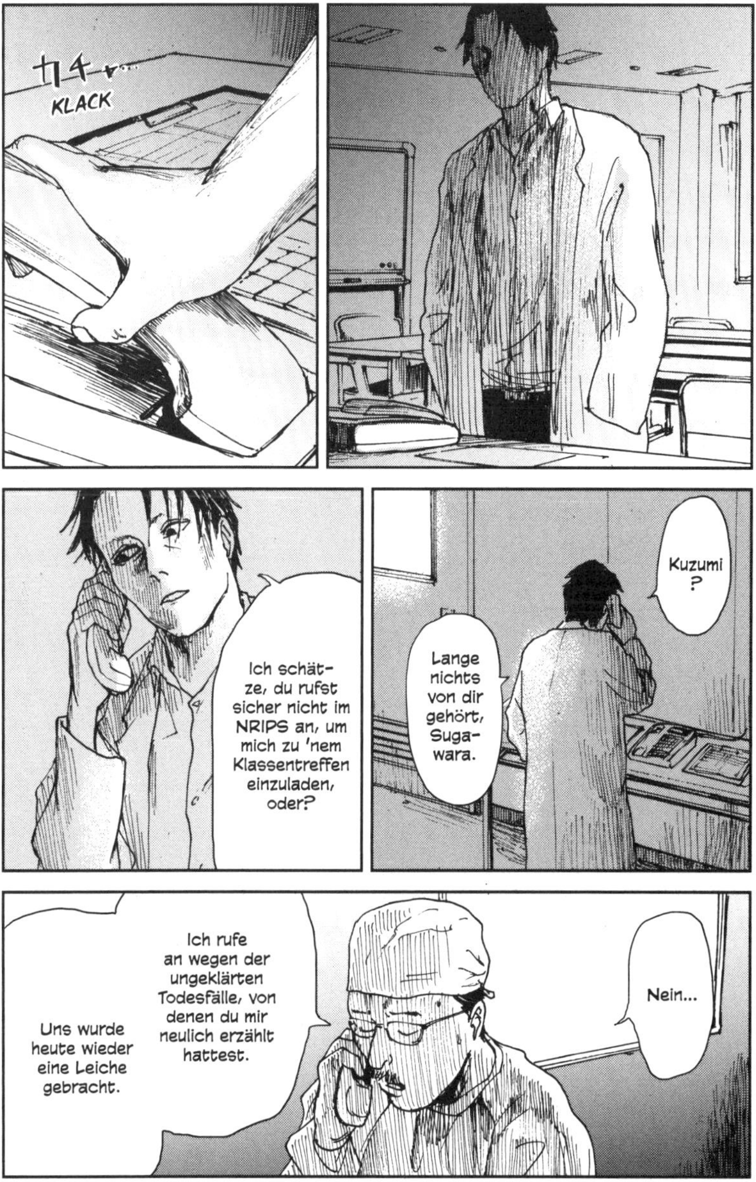
カチャ…
KLACK
Kuzumi ?
Lange nichts von dir gehört, Suga-wara.
Ich schät-ze, du rufst sicher nicht im NRIPS an, um mich zu 'nem Klassentreffen einzuladen, oder?
Nein...
Ich rufe an wegen der ungeklärten Todesfälle, von denen du mir neulich erzählt hattest.
Uns wurde heute wieder eine Leiche gebracht.

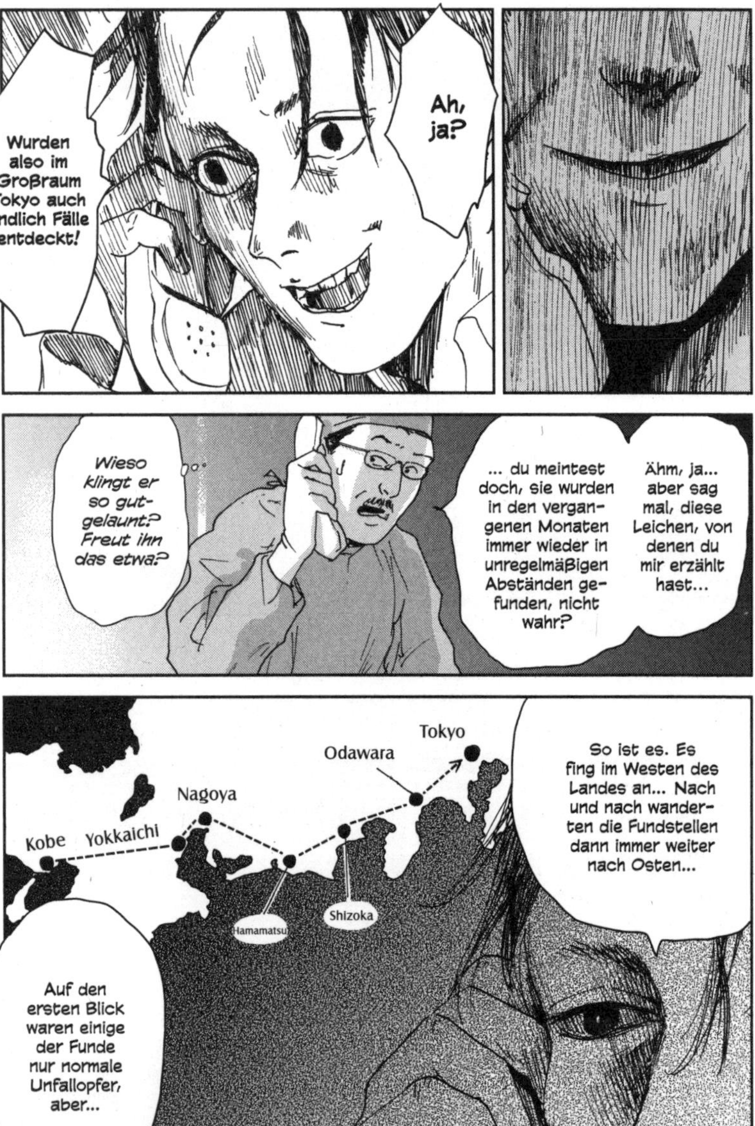
Ah, ja?
Wurden also im Großraum Tokyo auch endlich Fälle entdeckt!
Ähm, ja... aber sag mal, diese Leichen, von denen du mir erzählt hast...
... du meintest doch, sie wurden in den vergangenen Monaten immer wieder in unregelmäßigen Abständen gefunden, nicht wahr?
Wieso klingt er so gutgelaunt? Freut ihn das etwa?
Tokyo
Odawara
Nagoya
Kobe
Yokkaichi
Hamamatsu
Shizoka
So ist es. Es fing im Westen des Landes an... Nach und nach wanderten die Fundstellen dann immer weiter nach Osten...
Auf den ersten Blick waren einige der Funde nur normale Unfallopfer, aber...

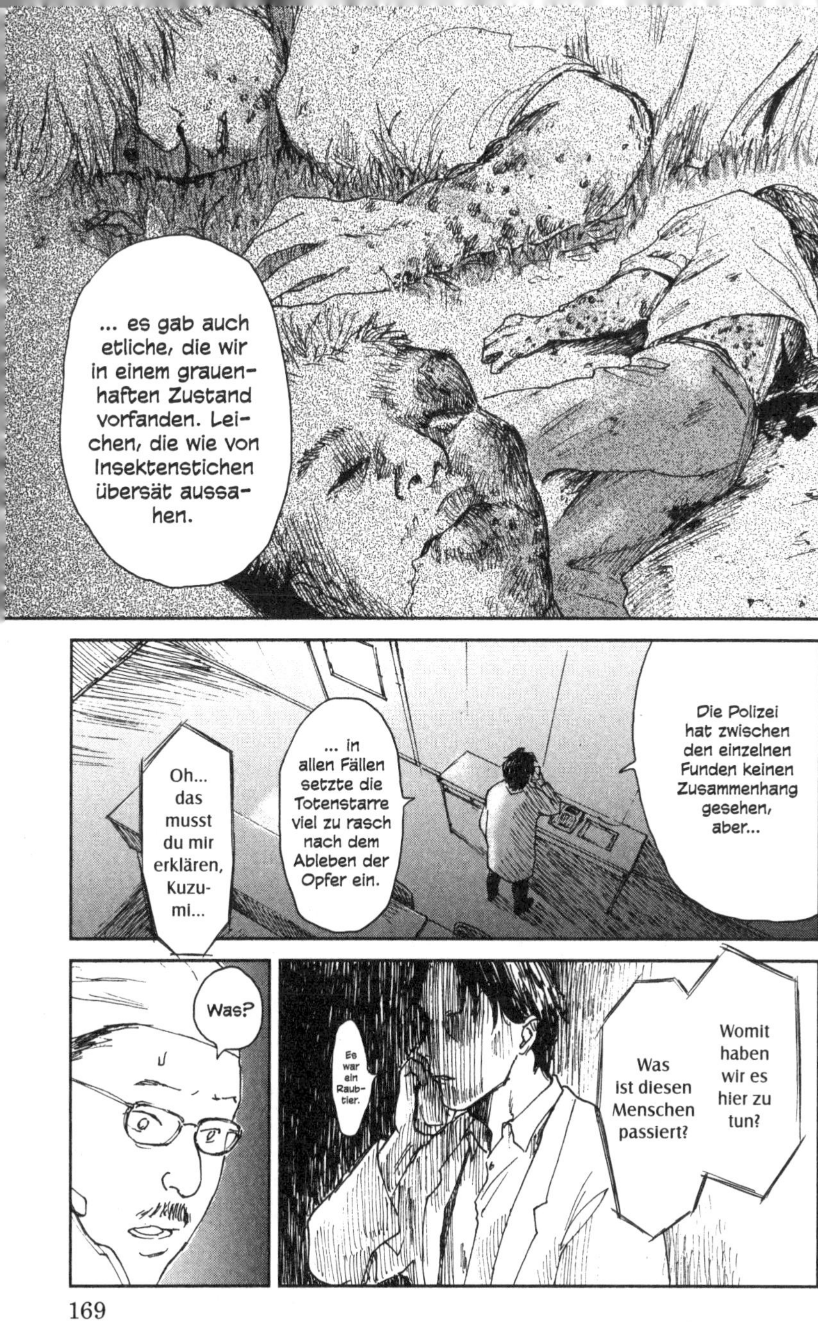
... es gab auch etliche, die wir in einem grauenhaften Zustand vorfanden. Leichen, die wie von Insektenstichen übersät aussahen.
Die Polizei hat zwischen den einzelnen Funden keinen Zusammenhang gesehen, aber...
... in allen Fällen setzte die Totenstarre viel zu rasch nach dem Ableben der Opfer ein.
Oh... das musst du mir erklären, Kuzumi...
Womit haben wir es hier zu tun?
Was ist diesen Menschen passiert?
Es war ein Raubtier.
Was?

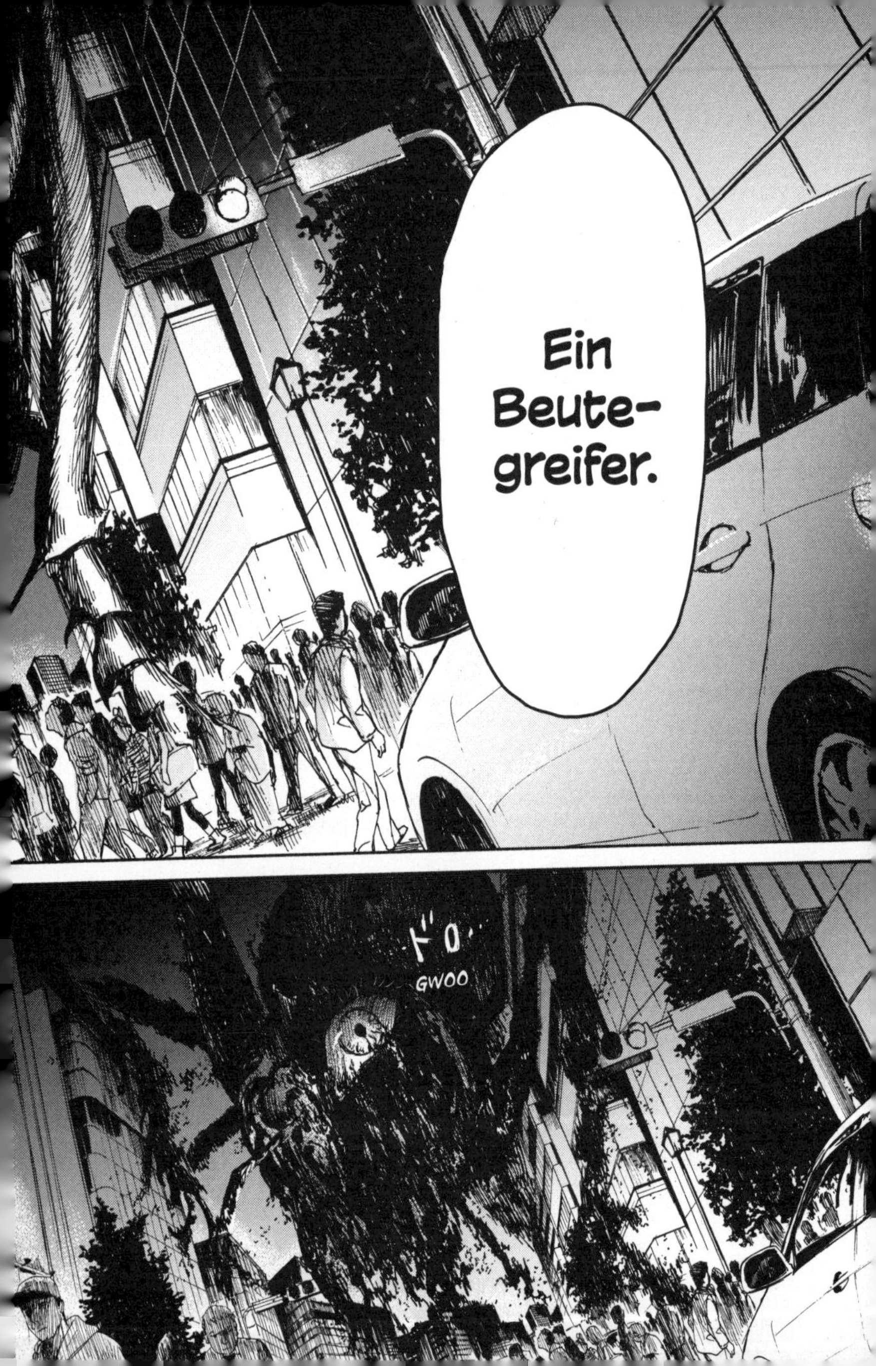
Ein Beute-
greifer.
ド〃ォ
GWOO

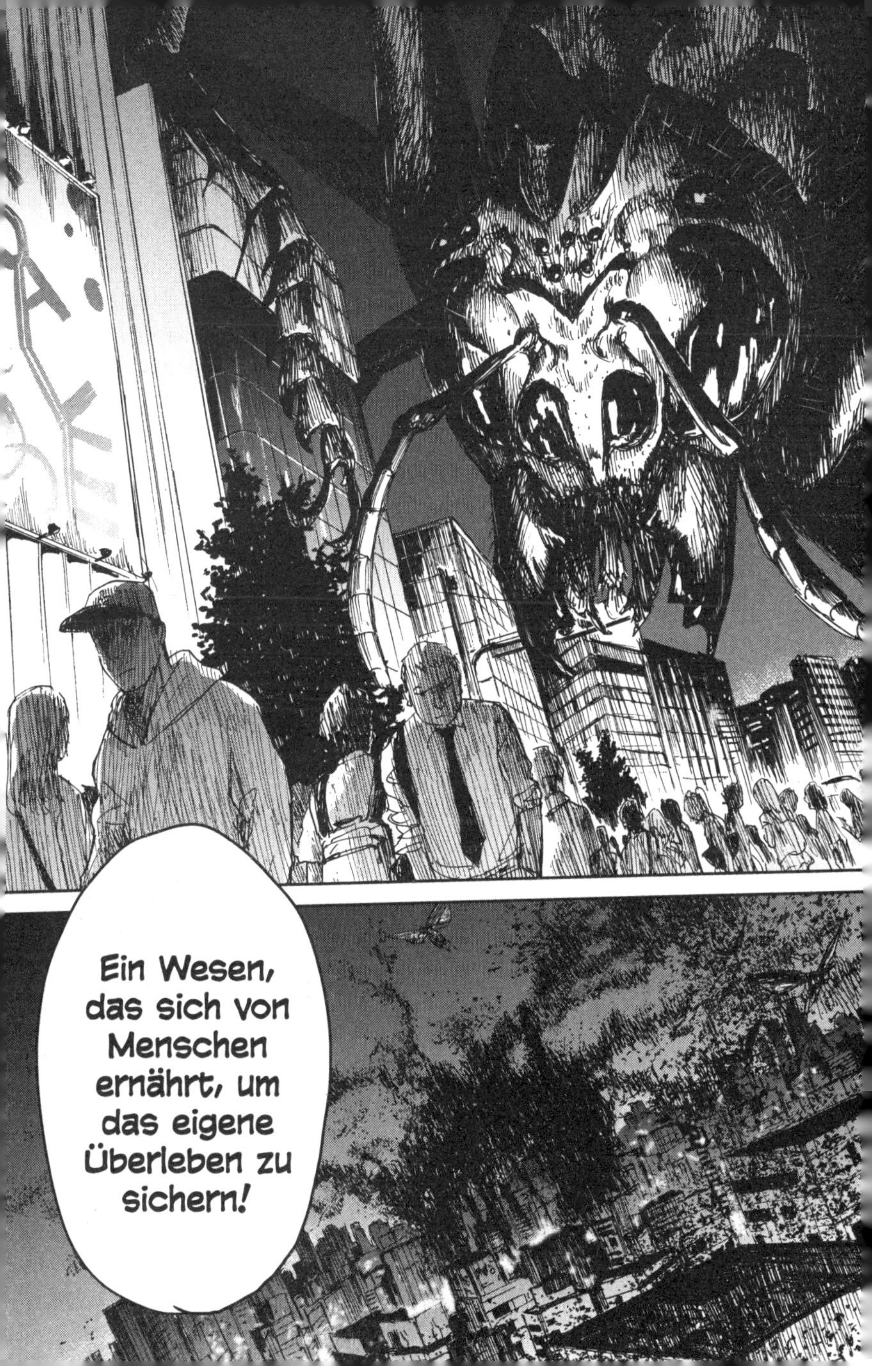
Ein Wesen, das sich von Menschen ernährt, um das eigene Überleben zu sichern!

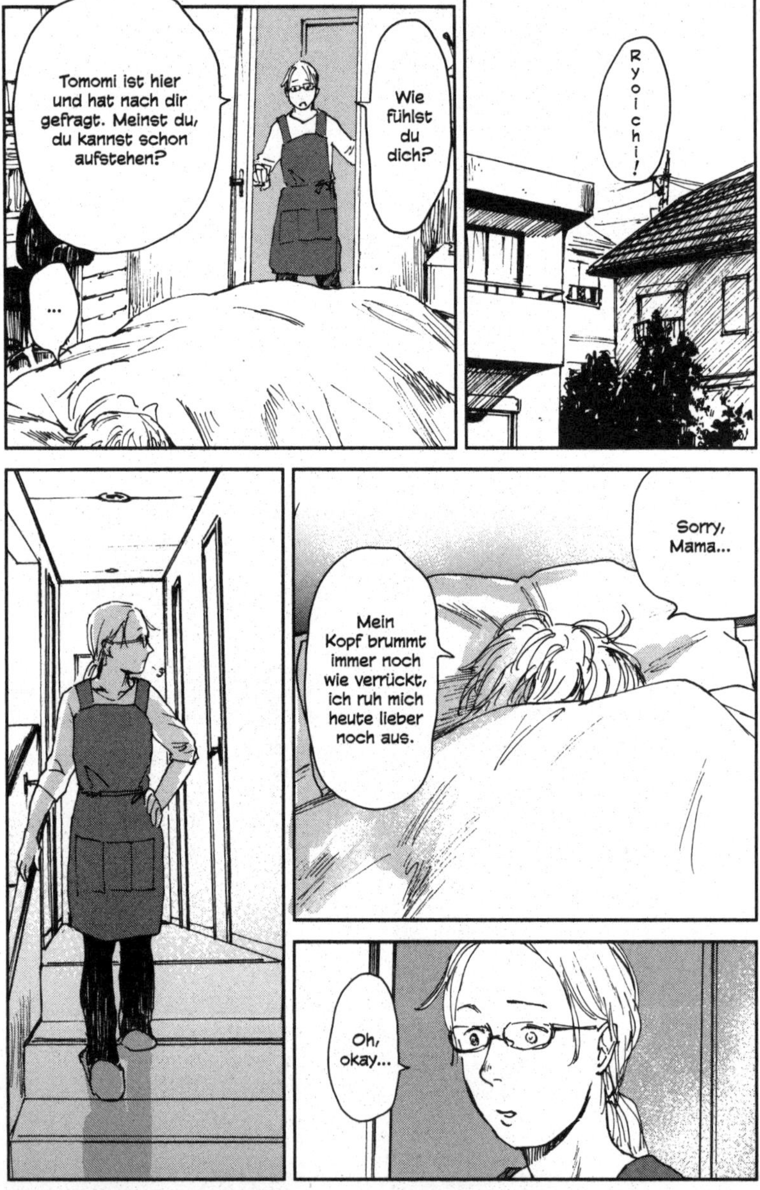
Ryoichi!
Wie fühlst du dich?
Tomomi ist hier und hat nach dir gefragt. Meinst du, du kannst schon aufstehen?
...
Sorry, Mama...
Mein Kopf brummt immer noch wie verrückt, ich ruh mich heute lieber noch aus.
Oh, okay...

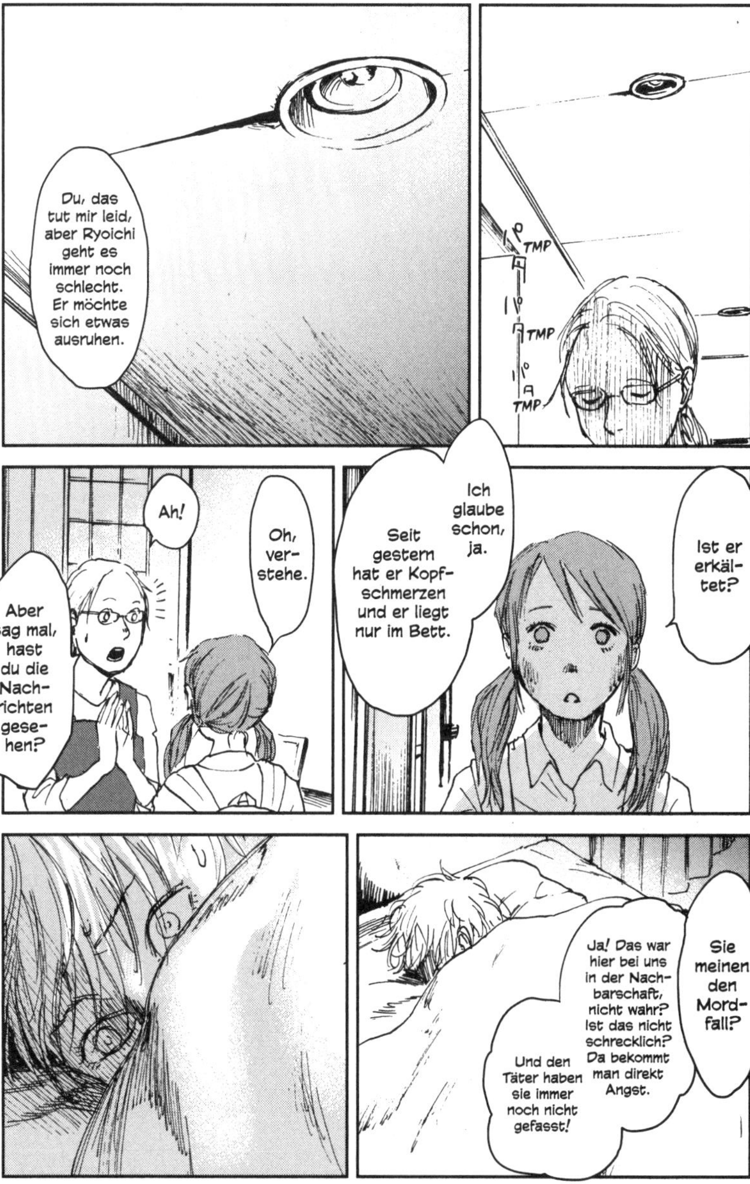
TMP
TMP
TMP
Du, das tut mir leid, aber Ryoichi geht es immer noch schlecht. Er möchte sich etwas ausruhen.
Ist er erkältet?
Ich glaube schon, ja.
Seit gestern hat er Kopfschmerzen und er liegt nur im Bett.
Oh, verstehe.
Ah!
Aber sag mal, hast du die Nachrichten gesehen?
Sie meinen den Mordfall?
Ja! Das war hier bei uns in der Nachbarschaft, nicht wahr? Ist das nicht schrecklich? Da bekommt man direkt Angst.
Und den Täter haben sie immer noch nicht gefasst!

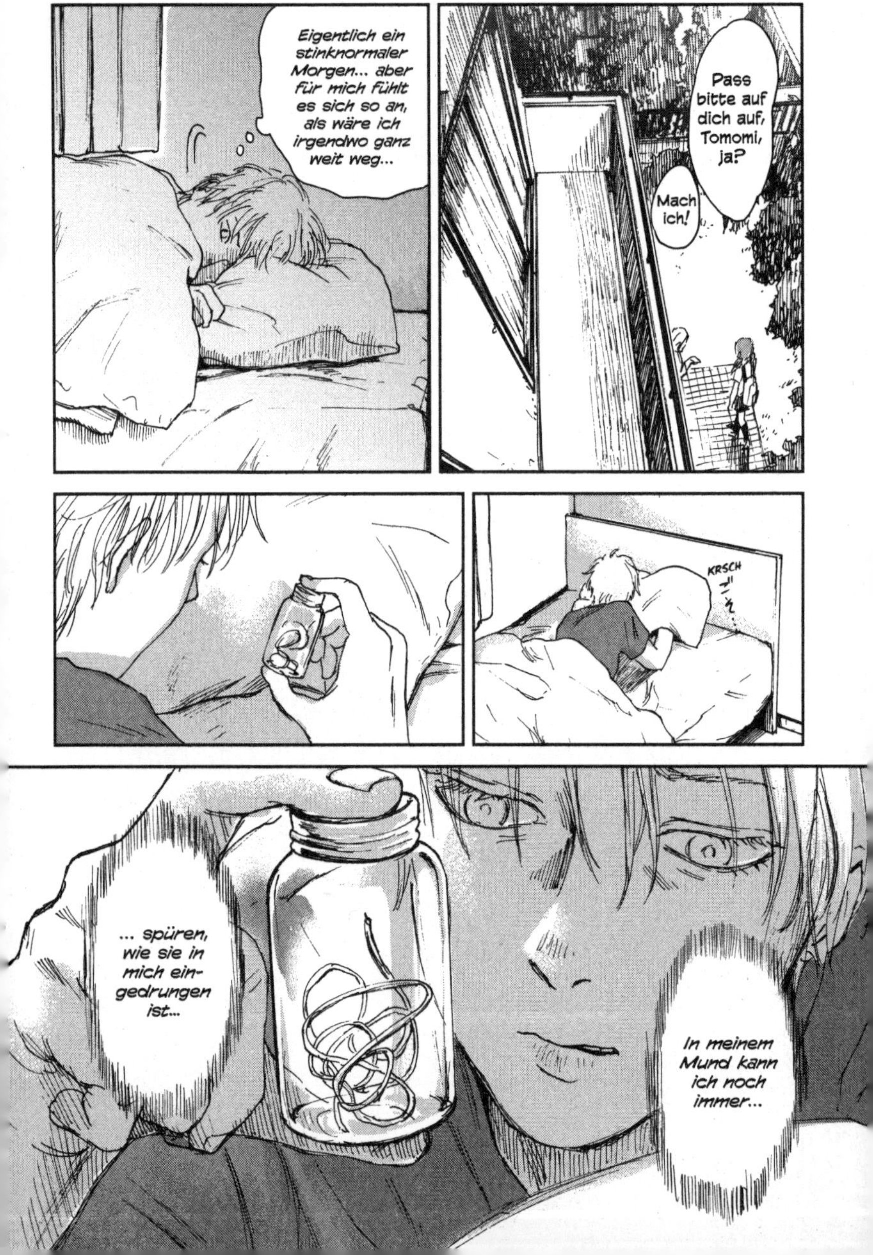
Pass bitte auf dich auf, Tomomi, ja?
Mach ich!
Eigentlich ein stinknormaler Morgen... aber für mich fühlt es sich so an, als wäre ich irgendwo ganz weit weg...
KRSCH
In meinem Mund kann ich noch immer...
... spüren, wie sie in mich eingedrungen ist...

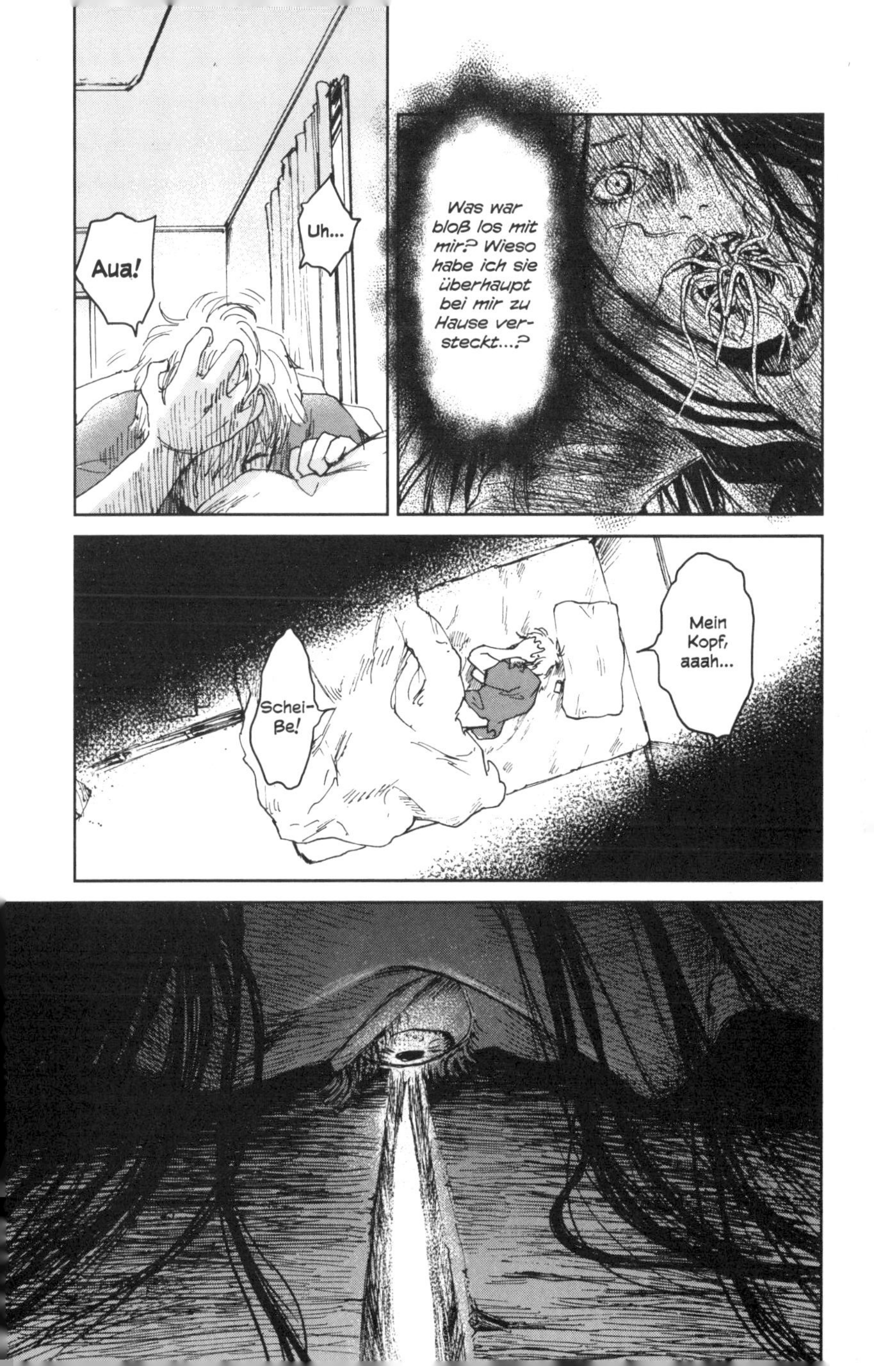
Was war bloß los mit mir? Wieso habe ich sie überhaupt bei mir zu Hause versteckt...?
Uh...
Aua!
Mein Kopf, aaah...
Schei-ße!

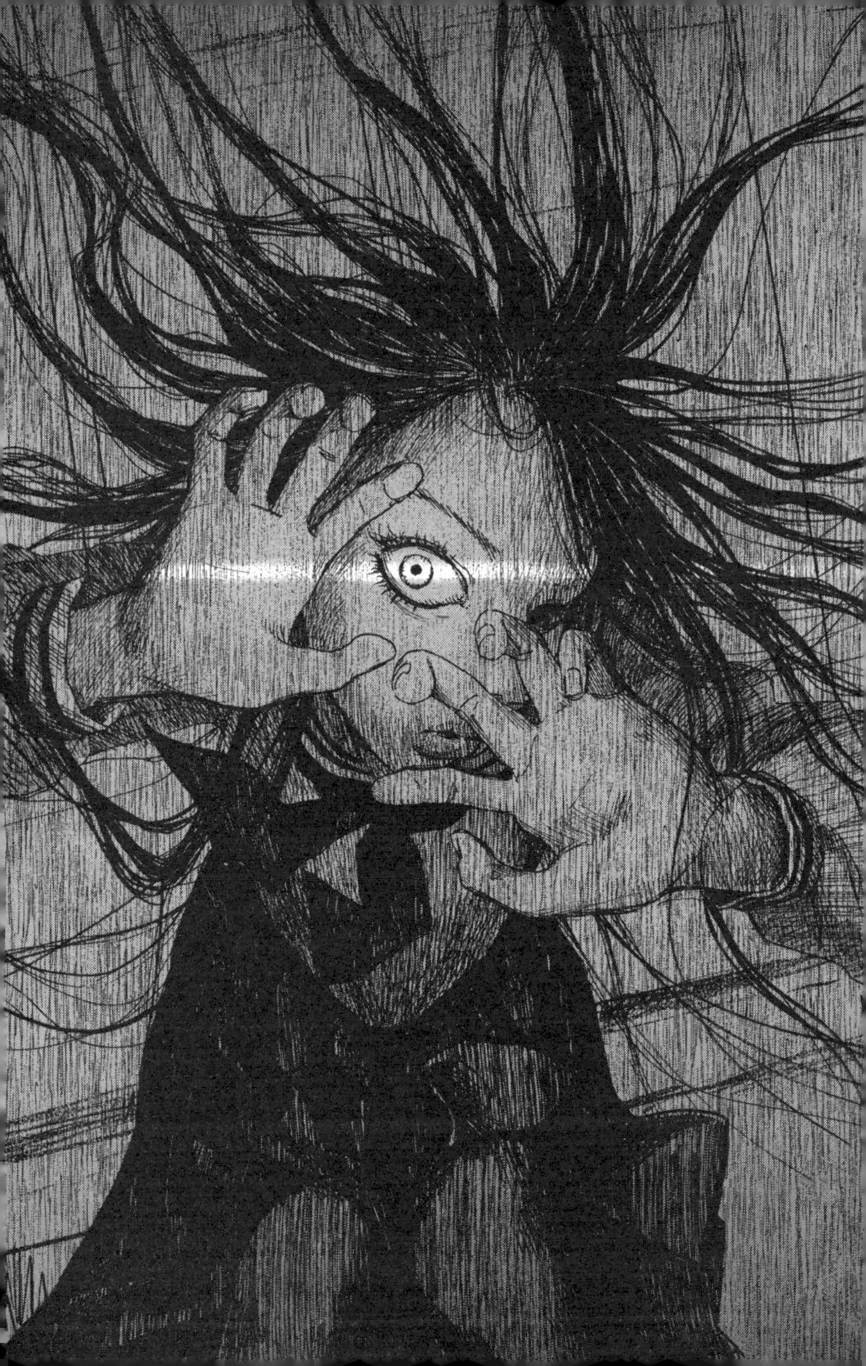

KAPITEL 7

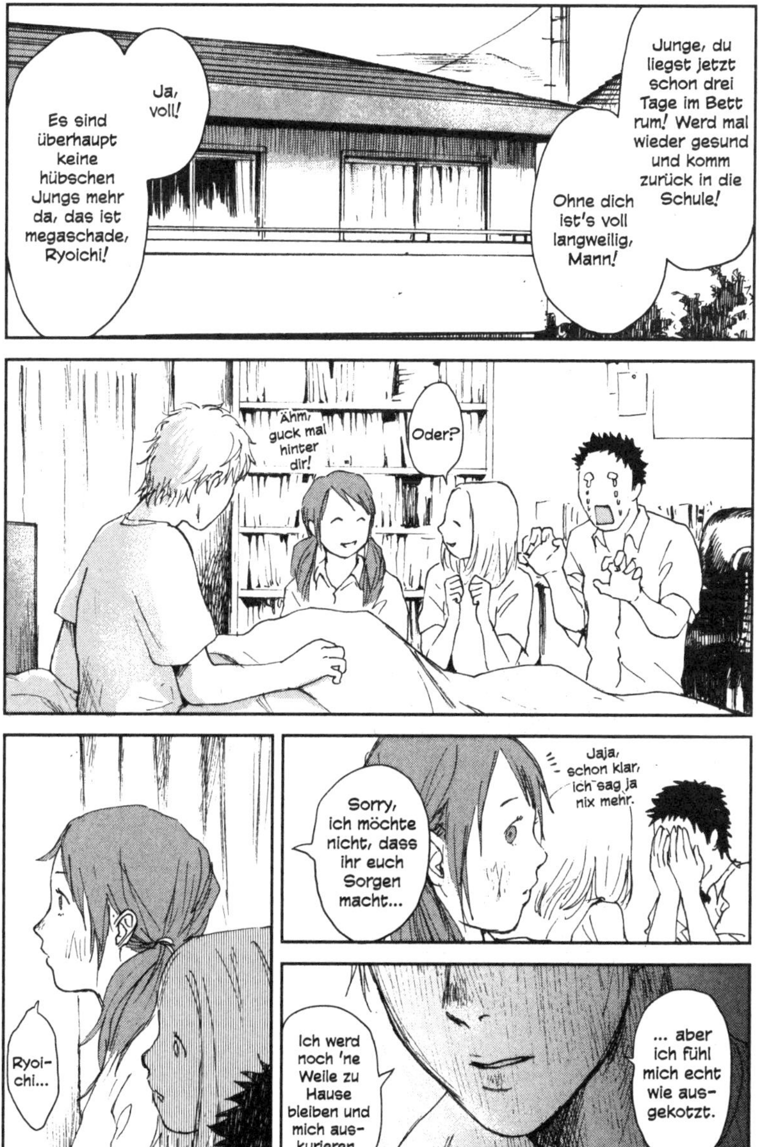

Junge, du liegst jetzt schon drei Tage im Bett rum! Werd mal wieder gesund und komm zurück in die Schule!
Ohne dich ist's voll langweilig, Mann!
Es sind überhaupt keine hübschen Jungs mehr da, das ist megaschade, Ryoichi!
Ja, voll!
Oder?
Ähm, guck mal hinter dir!
Jaja, schon klar, ich sag ja nix mehr.
Sorry, ich möchte nicht, dass ihr euch Sorgen macht...
... aber ich fühl mich echt wie ausgekotzt.
Ich werd noch 'ne Weile zu Hause bleiben und mich auskurieren.
Ryoichi...

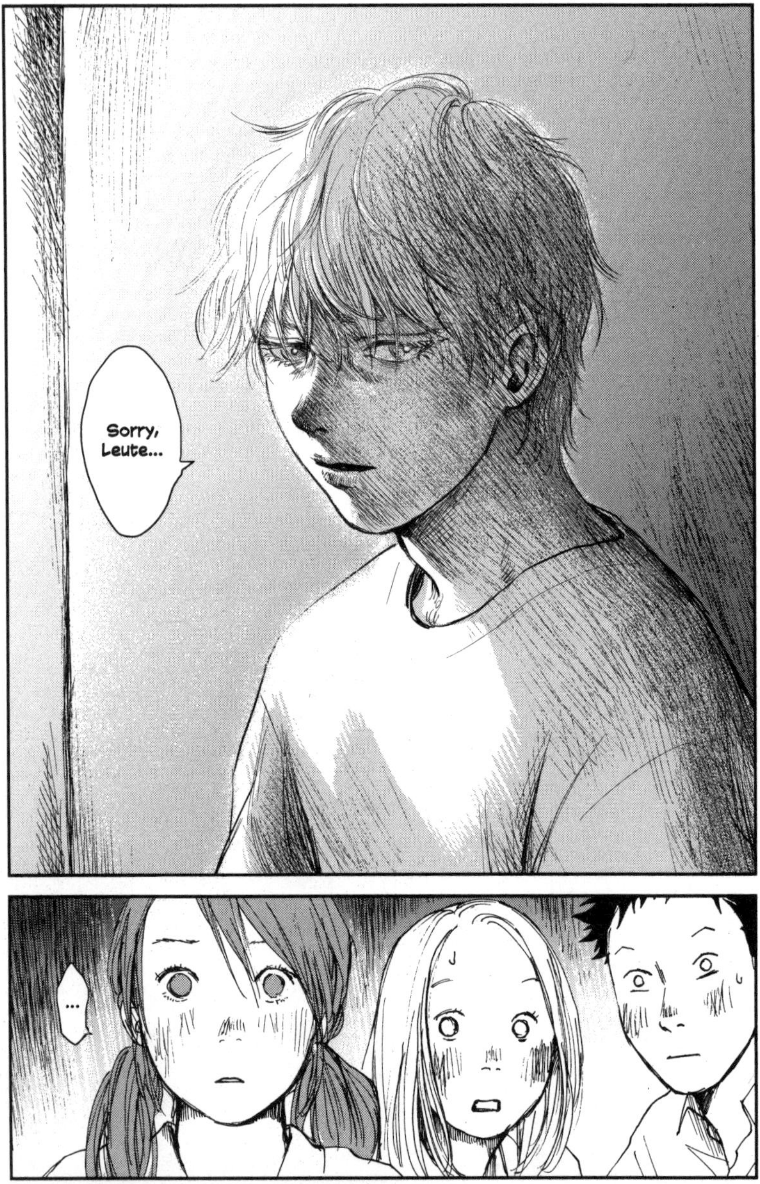

Sorry, Leute...
...

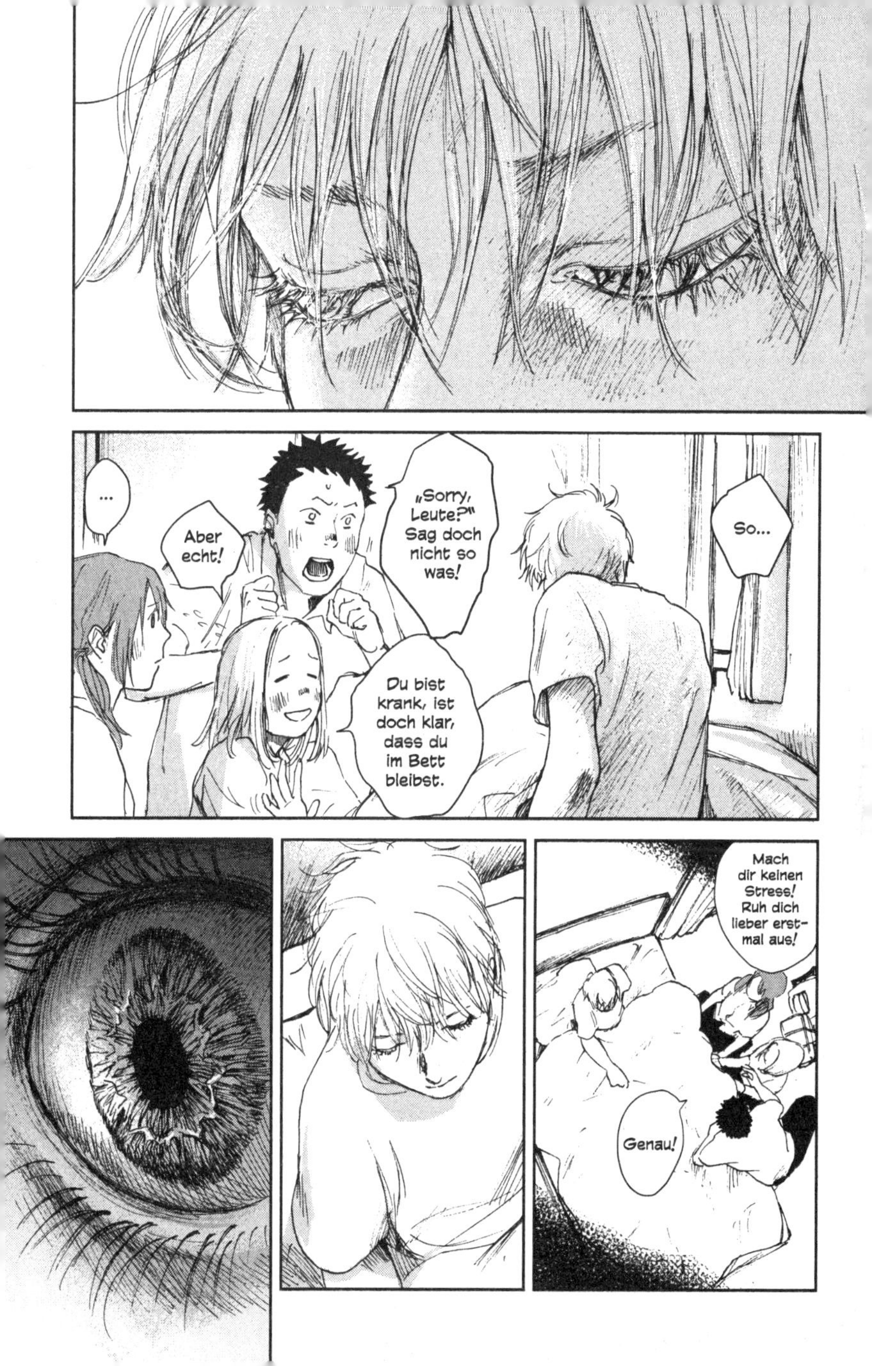
So...
„Sorry, Leute?“ Sag doch nicht so was!
Aber echt!
...
Du bist krank, ist doch klar, dass du im Bett bleibst.
Mach dir keinen Stress! Ruh dich lieber erst-mal aus!
Genau!

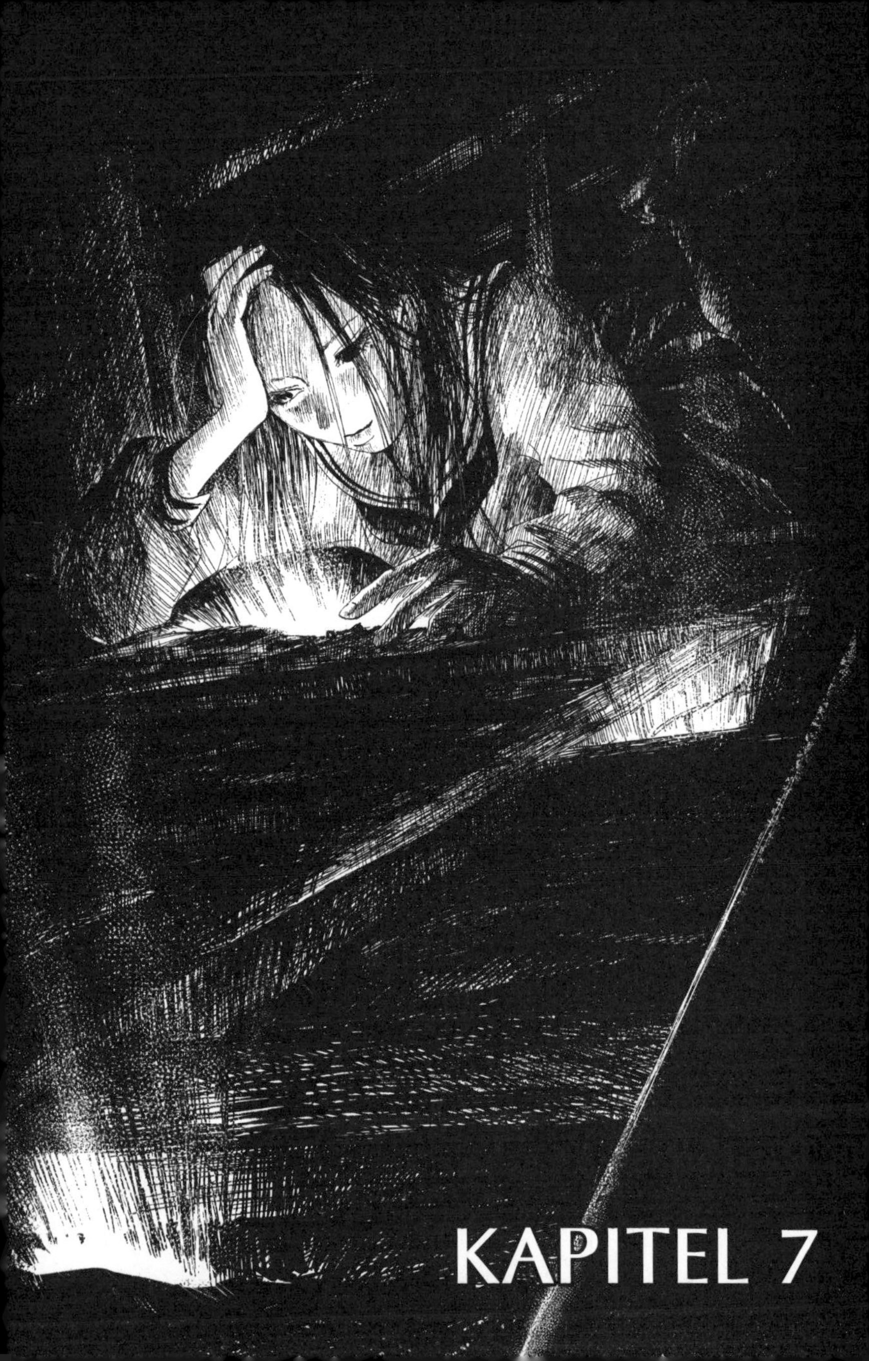

KAPITEL 7

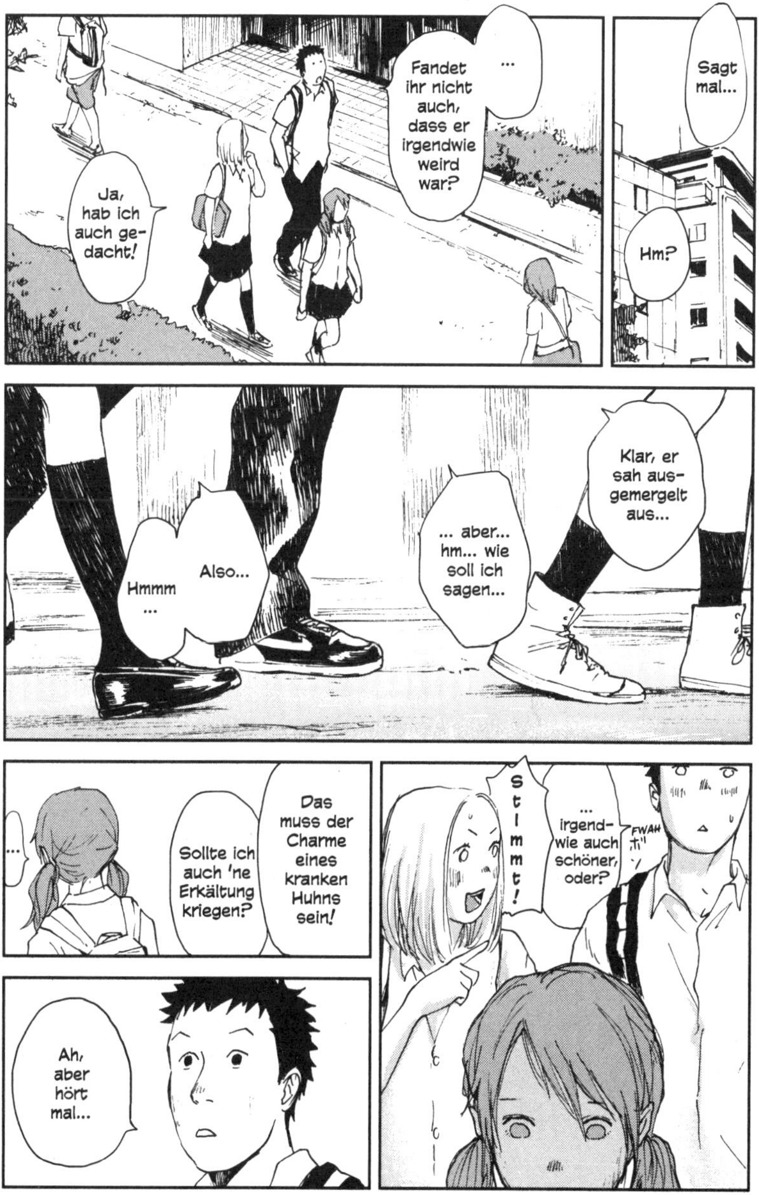
Sagt mal...
Hm?
...
Fandet ihr nicht auch, dass er irgendwie weird war?
Ja, hab ich auch gedacht!
Klar, er sah ausgemergelt aus...
... aber... hm... wie soll ich sagen...
Also...
Hmmm ...
... irgendwie auch schöner, oder?
FWAH
Stimmt!
Das muss der Charme eines kranken Huhns sein!
Sollte ich auch 'ne Erkältung kriegen?
...
Ah, aber hört mal...

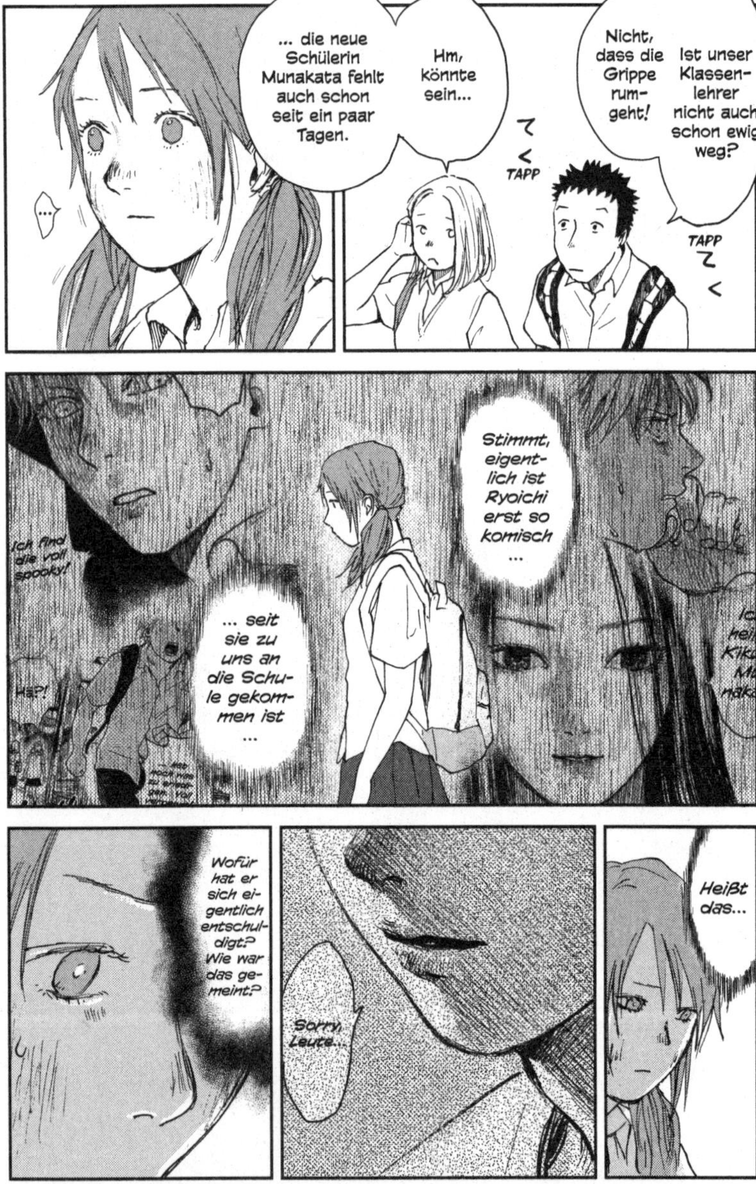
Ist unser Klassenlehrer nicht auch schon ewig weg?
Nicht, dass die Grippe rumgeht!
TAPP
TAPP
Hm, könnte sein...
... die neue Schülerin Munakata fehlt auch schon seit ein paar Tagen.
...
Stimmt, eigentlich ist Ryoichi erst so komisch ...
... seit sie zu uns an die Schule gekommen ist ...
Ich find die voll spooky!
Ha?!
Heißt das...
Wofür hat er sich eigentlich entschuldigt? Wie war das gemeint?
Sorry, Leute...

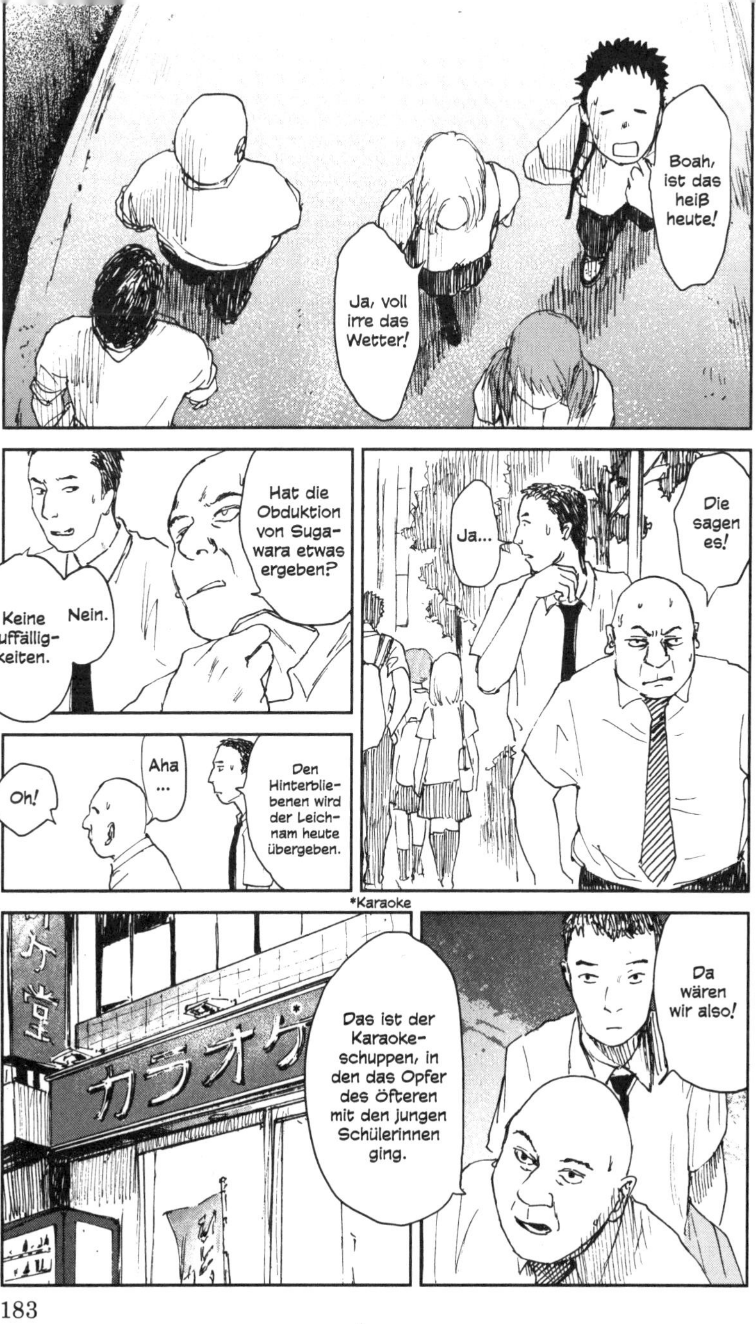
Boah, ist das heiß heute!
Ja, voll irre das Wetter!
Die sagen es!
Ja...
Hat die Obduktion von Sugawara etwas ergeben?
Nein.
Keine Auffälligkeiten.
Den Hinterbliebenen wird der Leichnam heute übergeben.
Aha ...
Oh!
*Karaoke
Da wären wir also!
Das ist der Karaokeschuppen, in den das Opfer des öfteren mit den jungen Schülerinnen ging.

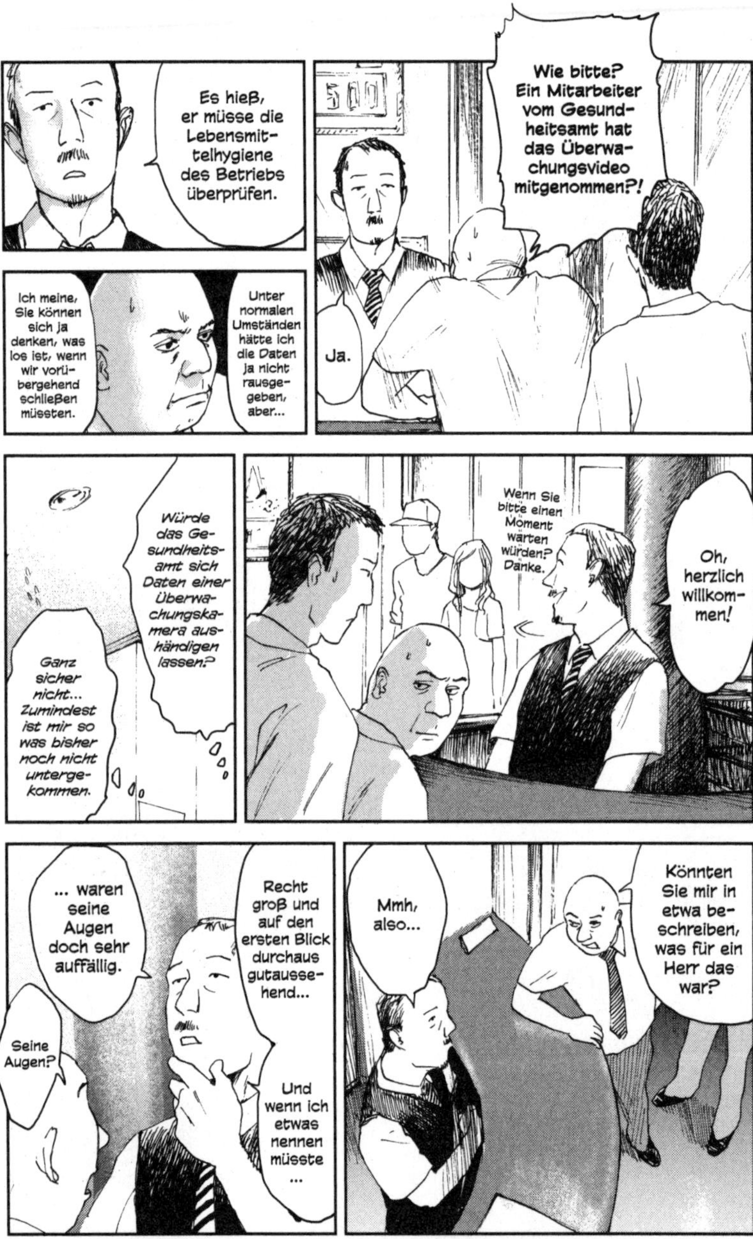
Wie bitte? Ein Mitarbeiter vom Gesundheitsamt hat das Überwachungsvideo mitgenommen?!
Ja.
Es hieß, er müsse die Lebensmittelhygiene des Betriebs überprüfen.
Unter normalen Umständen hätte ich die Daten ja nicht rausgegeben, aber...
Ich meine, Sie können sich ja denken, was los ist, wenn wir vorübergehend schließen müssten.
Oh, herzlich willkommen!
Wenn Sie bitte einen Moment warten würden? Danke.
Würde das Gesundheitsamt sich Daten einer Überwachungskamera aushändigen lassen?
Ganz sicher nicht... Zumindest ist mir so was bisher noch nicht untergekommen.
Könnten Sie mir in etwa beschreiben, was für ein Herr das war?
Mmh, also...
Recht groß und auf den ersten Blick durchaus gutaussehend...
Und wenn ich etwas nennen müsste ...
... waren seine Augen doch sehr auffällig.
Seine Augen?

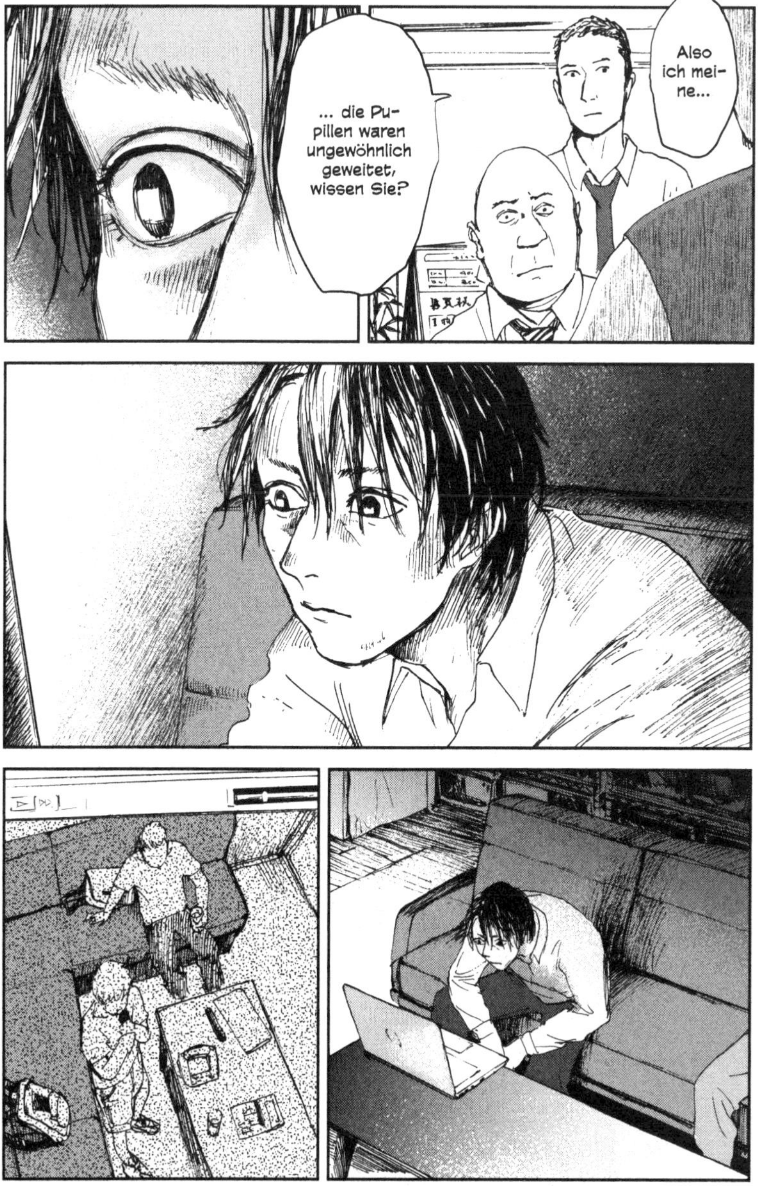
Also ich meine...
... die Pupillen waren ungewöhnlich geweitet, wissen Sie?

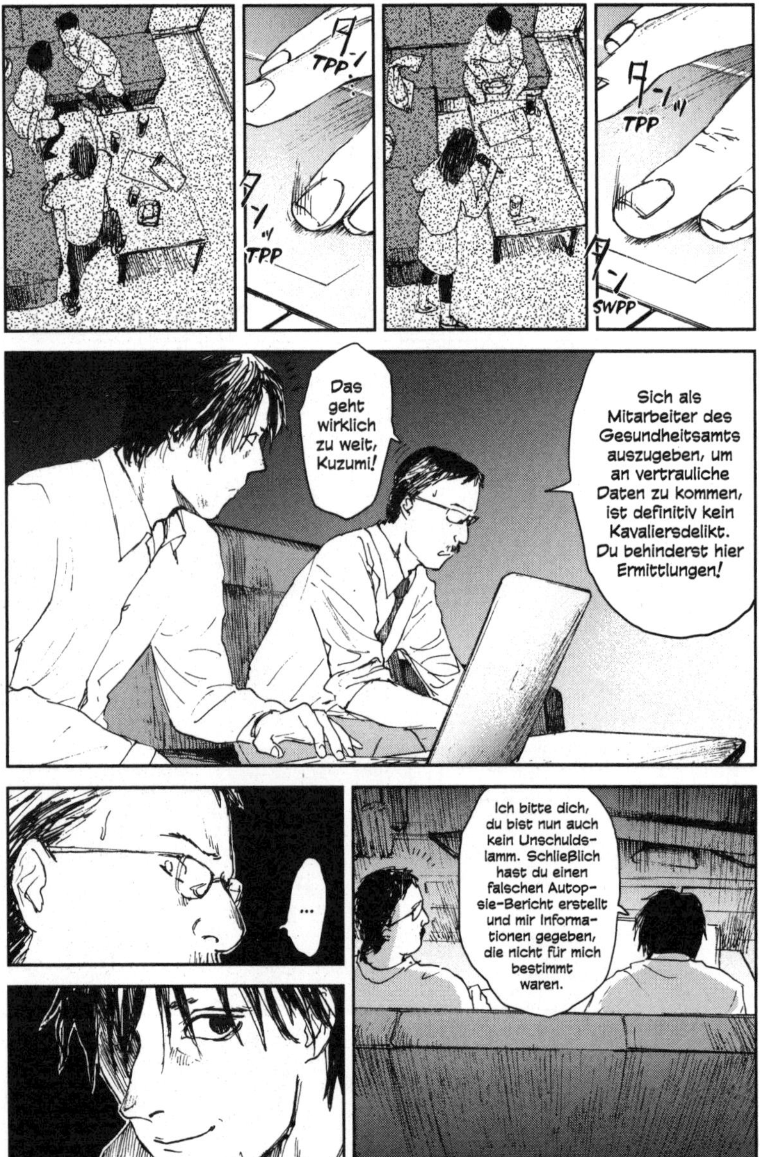
TPP
SWPP
TPP
TPP
Sich als Mitarbeiter des Gesundheitsamts auszugeben, um an vertrauliche Daten zu kommen, ist definitiv kein Kavaliersdelikt. Du behinderst hier Ermittlungen!
Das geht wirklich zu weit, Kuzumi!
Ich bitte dich, du bist nun auch kein Unschuldslamm. Schließlich hast du einen falschen Autopsie-Bericht erstellt und mir Informationen gegeben, die nicht für mich bestimmt waren.
...

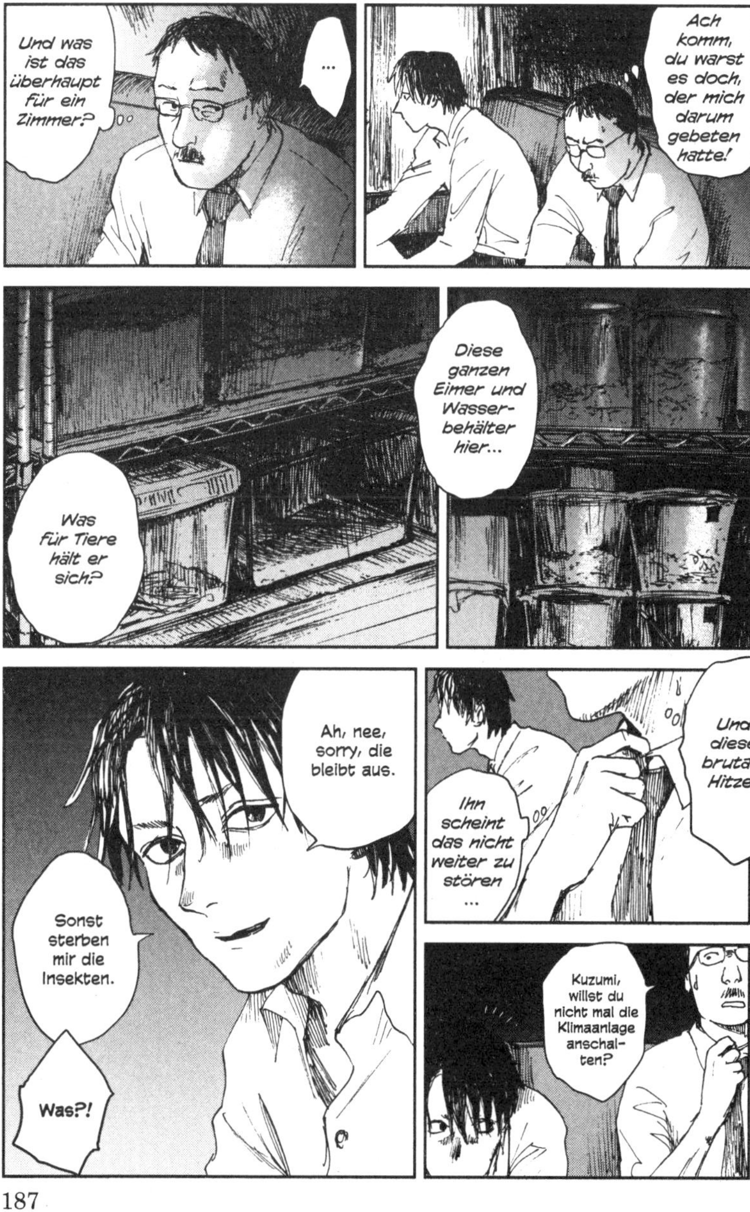
Ach komm, du warst es doch, der mich darum gebeten hatte!
...
Und was ist das überhaupt für ein Zimmer?
Diese ganzen Eimer und Wasser-behälter hier...
Was für Tiere hält er sich?
Und diese brutale Hitze!
Ihn scheint das nicht weiter zu stören ...
Kuzumi, willst du nicht mal die Klimaanlage anschal-ten?
Ah, nee, sorry, die bleibt aus.
Sonst sterben mir die Insekten.
Was?!

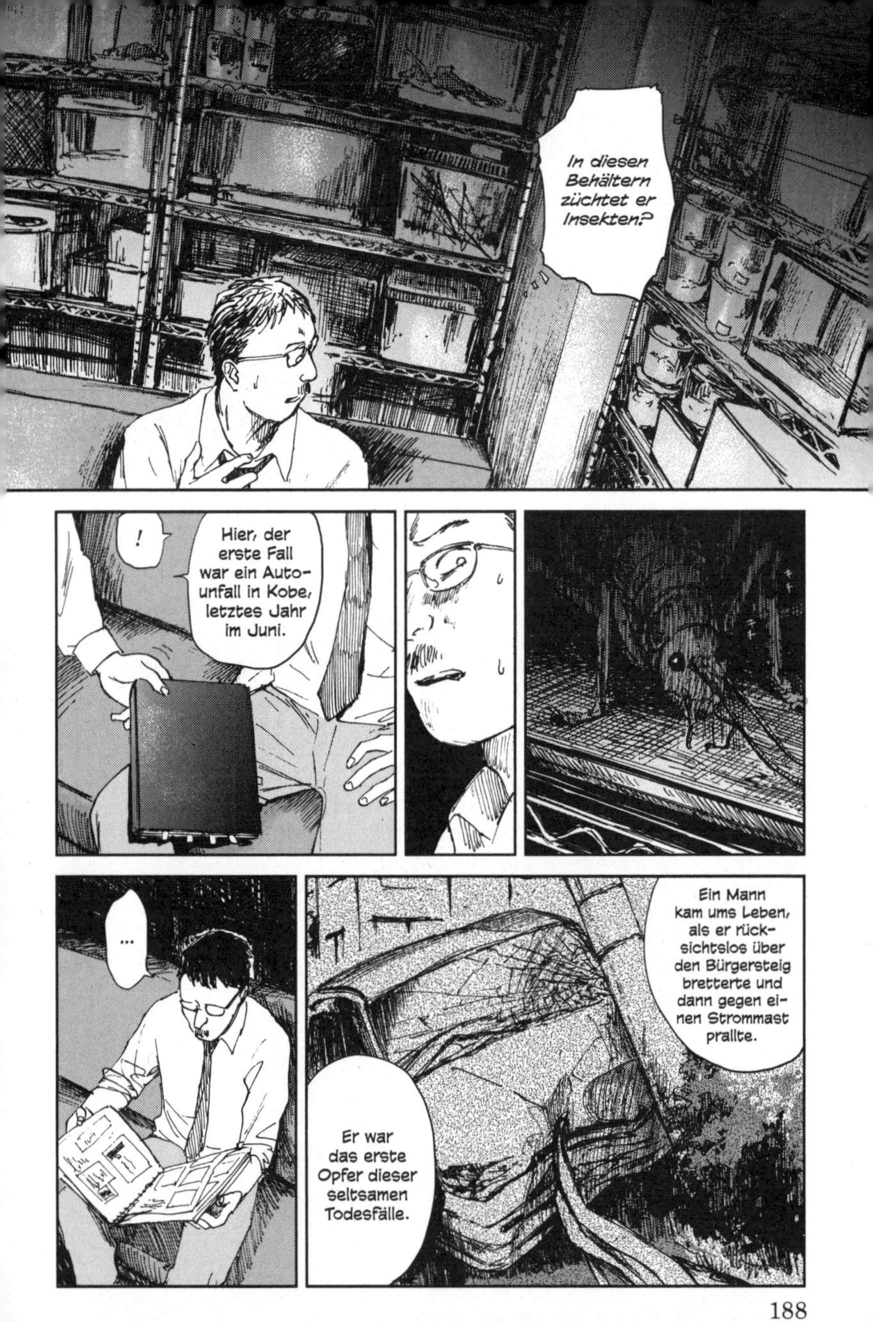
In diesen Behältern züchtet er Insekten?
Hier, der erste Fall war ein Autounfall in Kobe, letztes Jahr im Juni.
!
...
Ein Mann kam ums Leben, als er rücksichtslos über den Bürgersteig bretterte und dann gegen einen Strommast prallte.
Er war das erste Opfer dieser seltsamen Todesfälle.

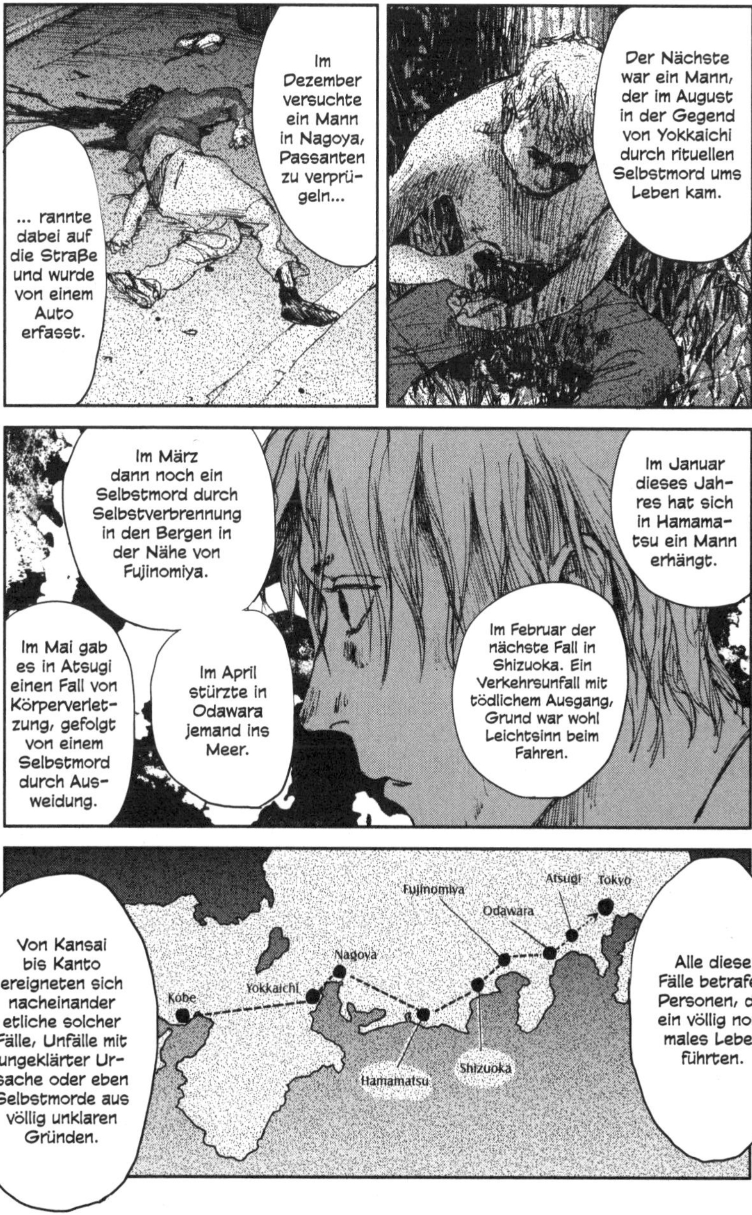
Der Nächste war ein Mann, der im August in der Gegend von Yokkaichi durch rituellen Selbstmord ums Leben kam.
Im Dezember versuchte ein Mann in Nagoya, Passanten zu verprügeln...
... rannte dabei auf die Straße und wurde von einem Auto erfasst.
Im Januar dieses Jahres hat sich in Hamamatsu ein Mann erhängt.
Im Februar der nächste Fall in Shizuoka. Ein Verkehrsunfall mit tödlichem Ausgang, Grund war wohl Leichtsinn beim Fahren.
Im März dann noch ein Selbstmord durch Selbstverbrennung in den Bergen in der Nähe von Fujinomiya.
Im April stürzte in Odawara jemand ins Meer.
Im Mai gab es in Atsugi einen Fall von Körperverletzung, gefolgt von einem Selbstmord durch Ausweidung.
Alle diese Fälle betrafen Personen, die ein völlig normales Leben führten.
Von Kansai bis Kanto ereigneten sich nacheinander etliche solcher Fälle, Unfälle mit ungeklärter Ursache oder eben Selbstmorde aus völlig unklaren Gründen.
Kobe
Yokkaichi
Nagoya
Hamamatsu
Shizuoka
Fujinomiya
Odawara
Atsugi
Tokyo

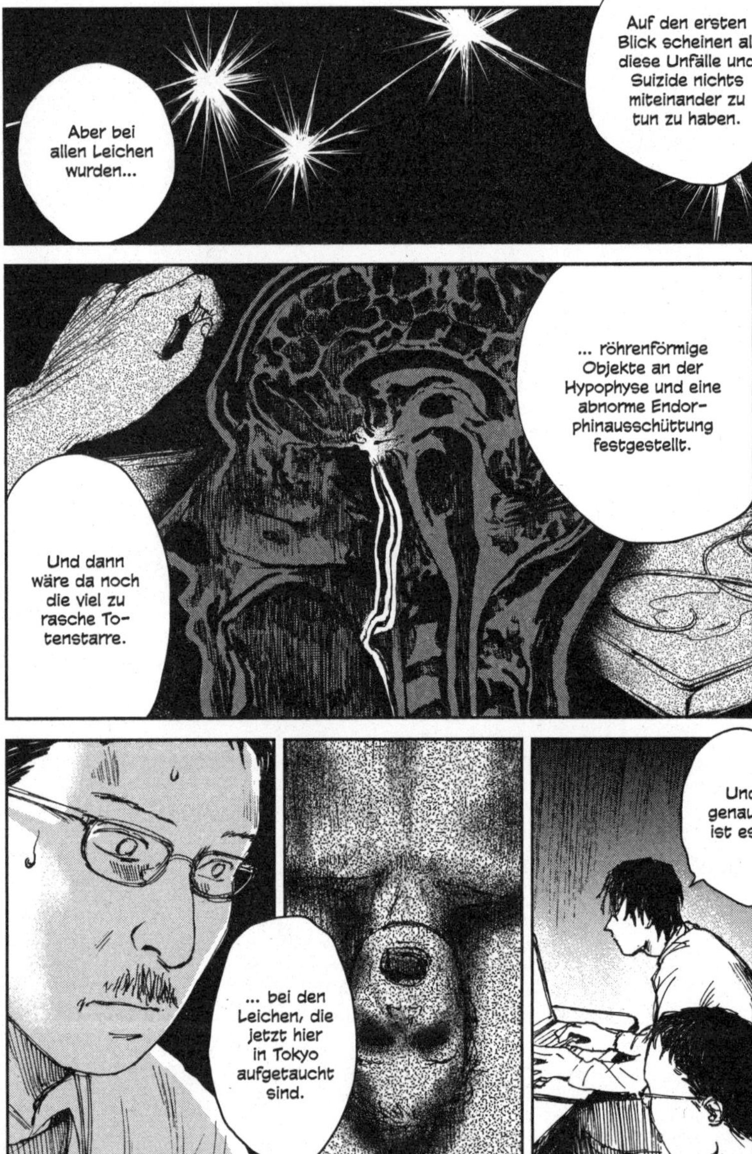
Auf den ersten Blick scheinen all diese Unfälle und Suizide nichts miteinander zu tun zu haben.
Aber bei allen Leichen wurden...
... röhrenförmige Objekte an der Hypophyse und eine abnorme Endorphinausschüttung festgestellt.
Und dann wäre da noch die viel zu rasche Totenstarre.
Und genauso ist es...
... bei den Leichen, die jetzt hier in Tokyo aufgetaucht sind.

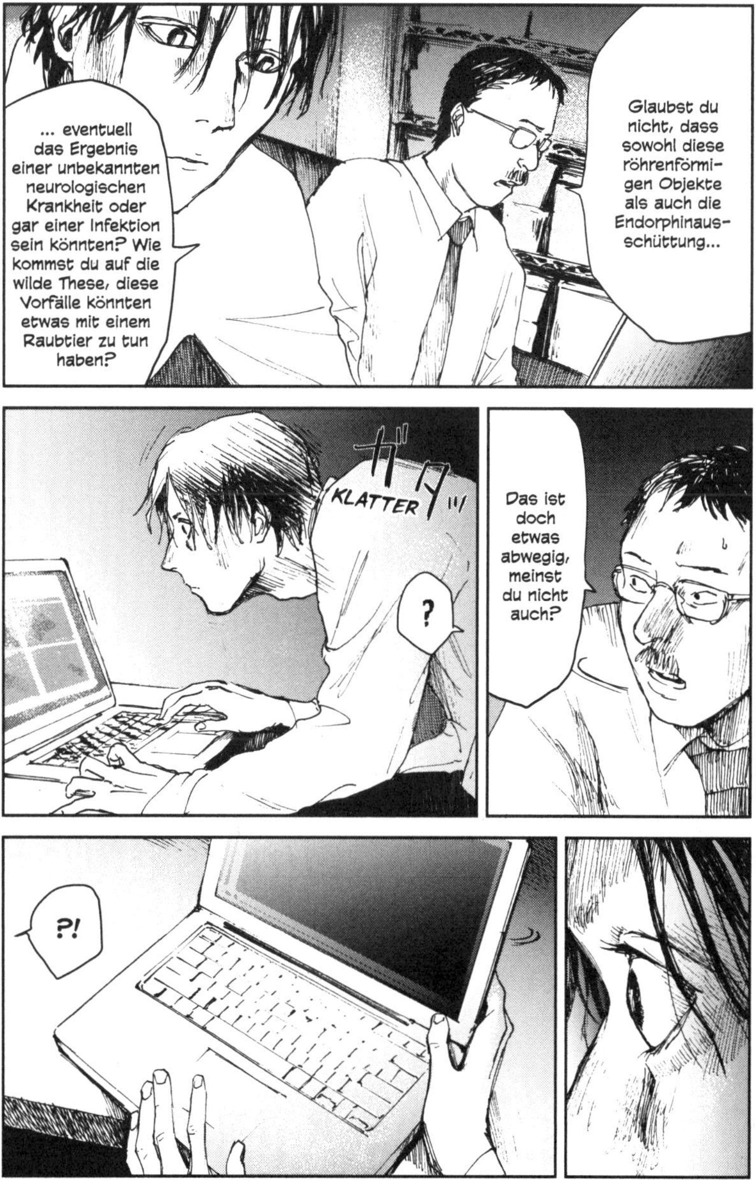
Glaubst du nicht, dass sowohl diese röhrenförmigen Objekte als auch die Endorphinausschüttung...
... eventuell das Ergebnis einer unbekannten neurologischen Krankheit oder gar einer Infektion sein könnten? Wie kommst du auf die wilde These, diese Vorfälle könnten etwas mit einem Raubtier zu tun haben?
Das ist doch etwas abwegig, meinst du nicht auch?
ガタッ
KLATTER
?
?!

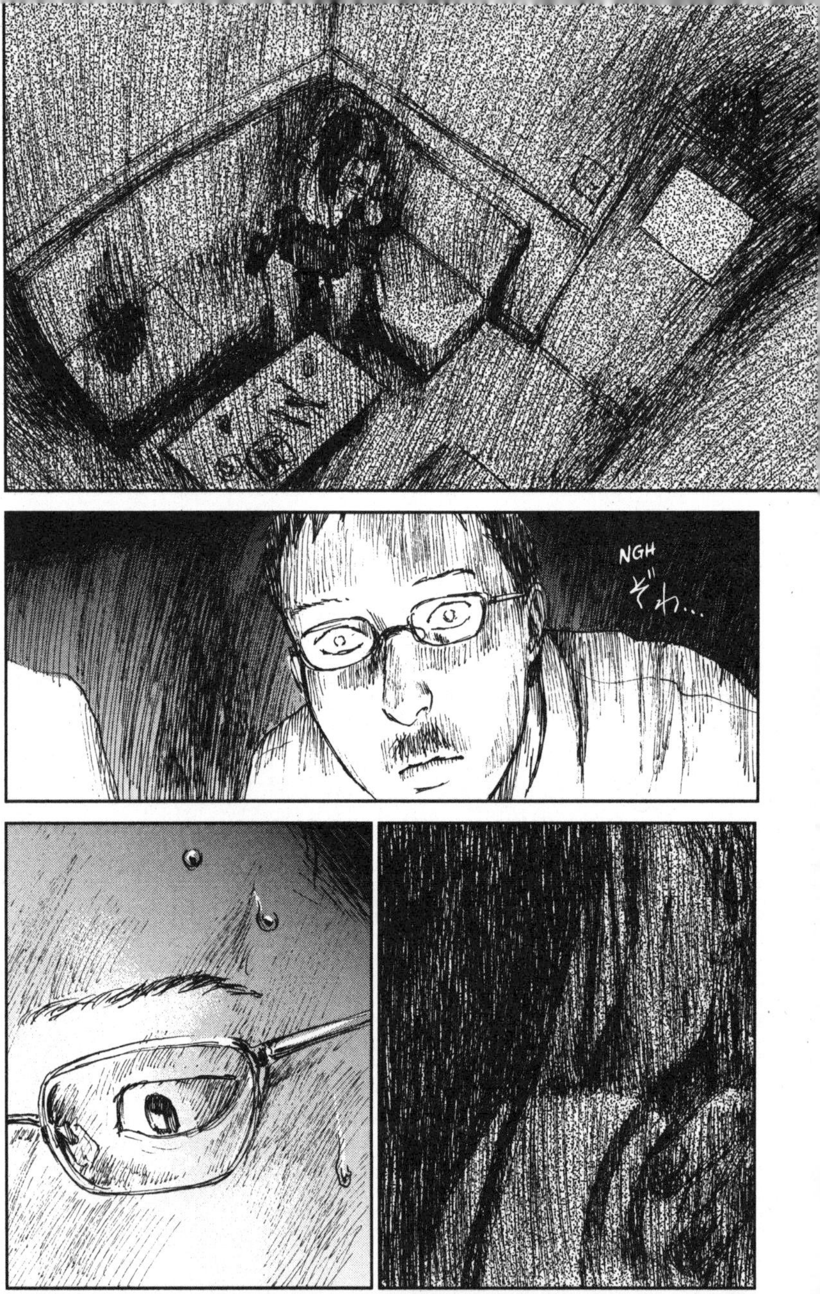
NGH
ぞわ…

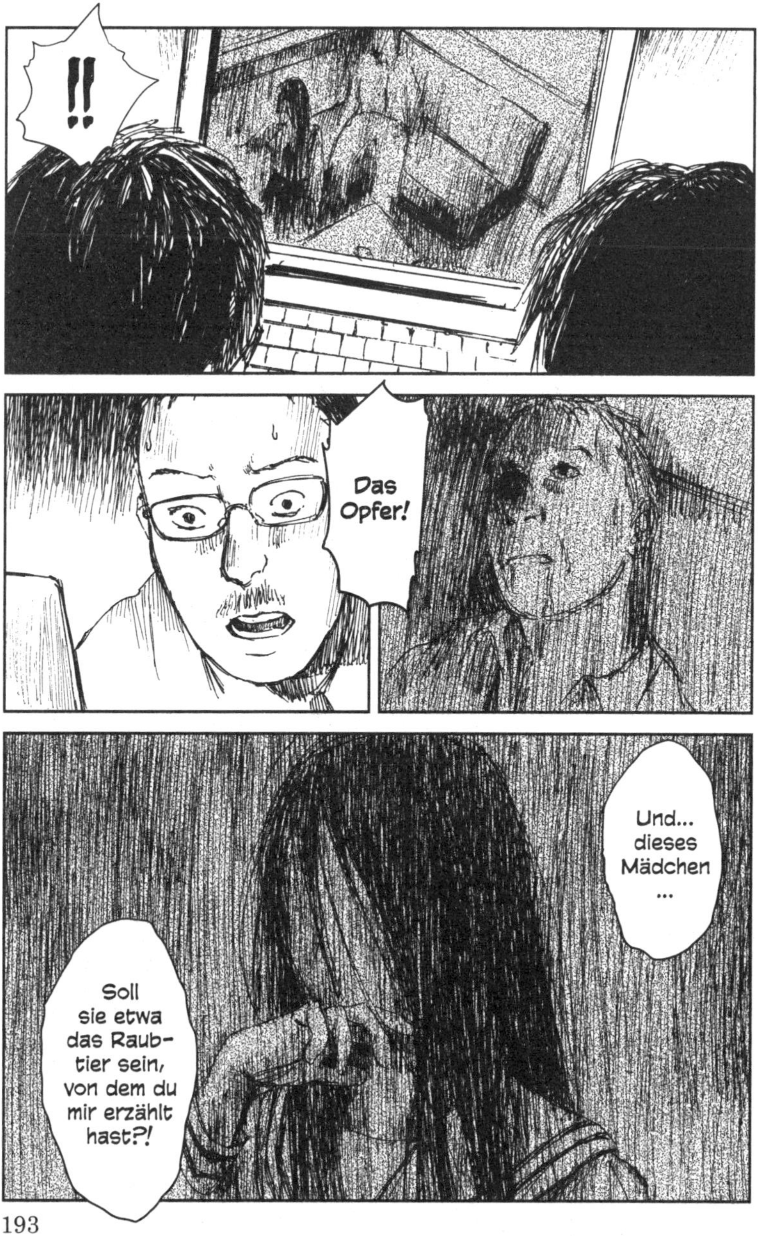
!!
Das Opfer!
Und... dieses Mädchen ...
Soll sie etwa das Raubtier sein, von dem du mir erzählt hast?!

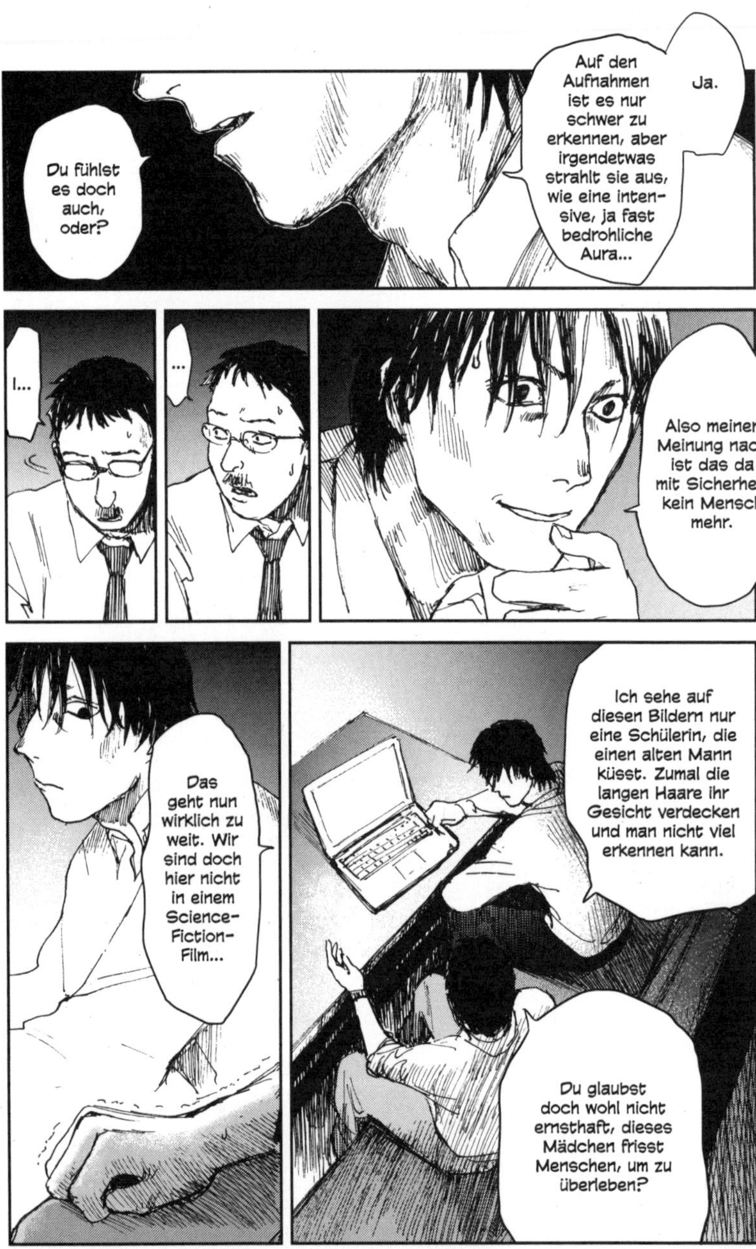
Ja.
Auf den Aufnahmen ist es nur schwer zu erkennen, aber irgendetwas strahlt sie aus, wie eine intensive, ja fast bedrohliche Aura...
Du fühlst es doch auch, oder?
Also meiner Meinung nach ist das da mit Sicherheit kein Mensch mehr.
...
I...
Ich sehe auf diesen Bildern nur eine Schülerin, die einen alten Mann küsst. Zumal die langen Haare ihr Gesicht verdecken und man nicht viel erkennen kann.
Du glaubst doch wohl nicht ernsthaft, dieses Mädchen frisst Menschen, um zu überleben?
Das geht nun wirklich zu weit. Wir sind doch hier nicht in einem Science-Fiction-Film...

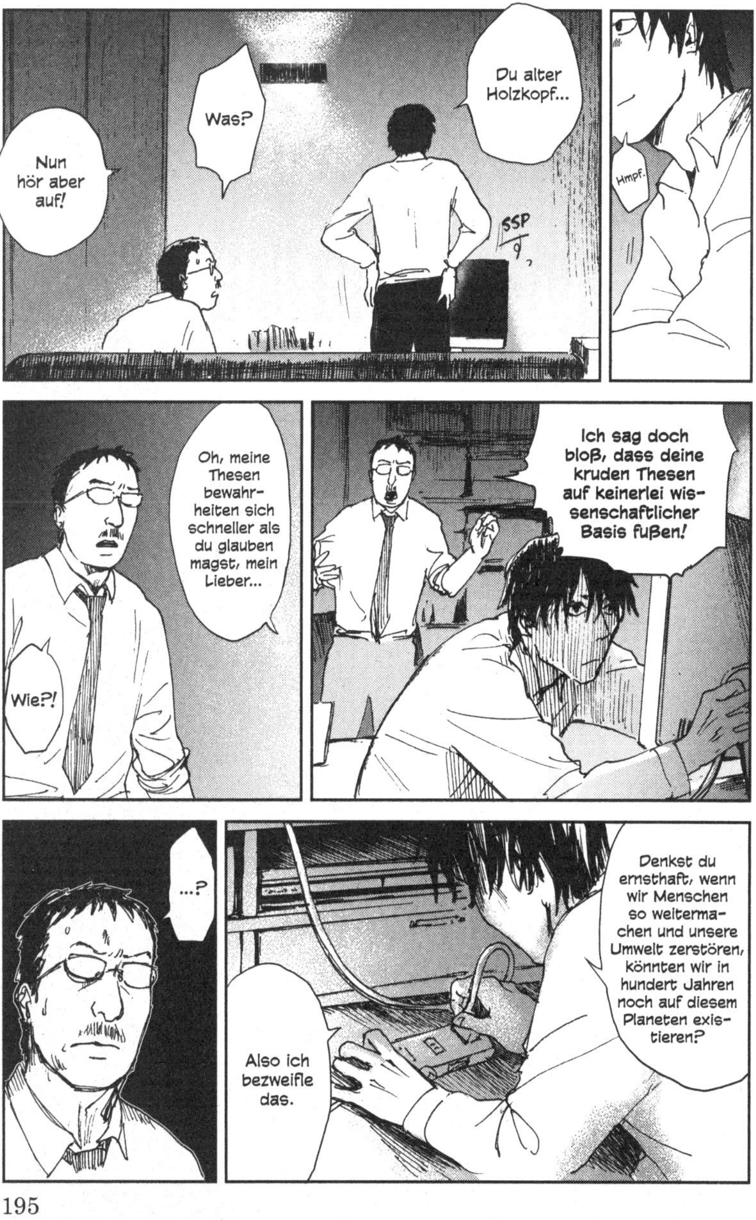
Hmpf.
Du alter Holzkopf...
Was?
Nun hör aber auf!
SSP
Ich sag doch bloß, dass deine kruden Thesen auf keinerlei wissenschaftlicher Basis fußen!
Oh, meine Thesen bewahrheiten sich schneller als du glauben magst, mein Lieber...
Wie?!
Denkst du ernsthaft, wenn wir Menschen so weitermachen und unsere Umwelt zerstören, könnten wir in hundert Jahren noch auf diesem Planeten existieren?
Also ich bezweifle das.
...?

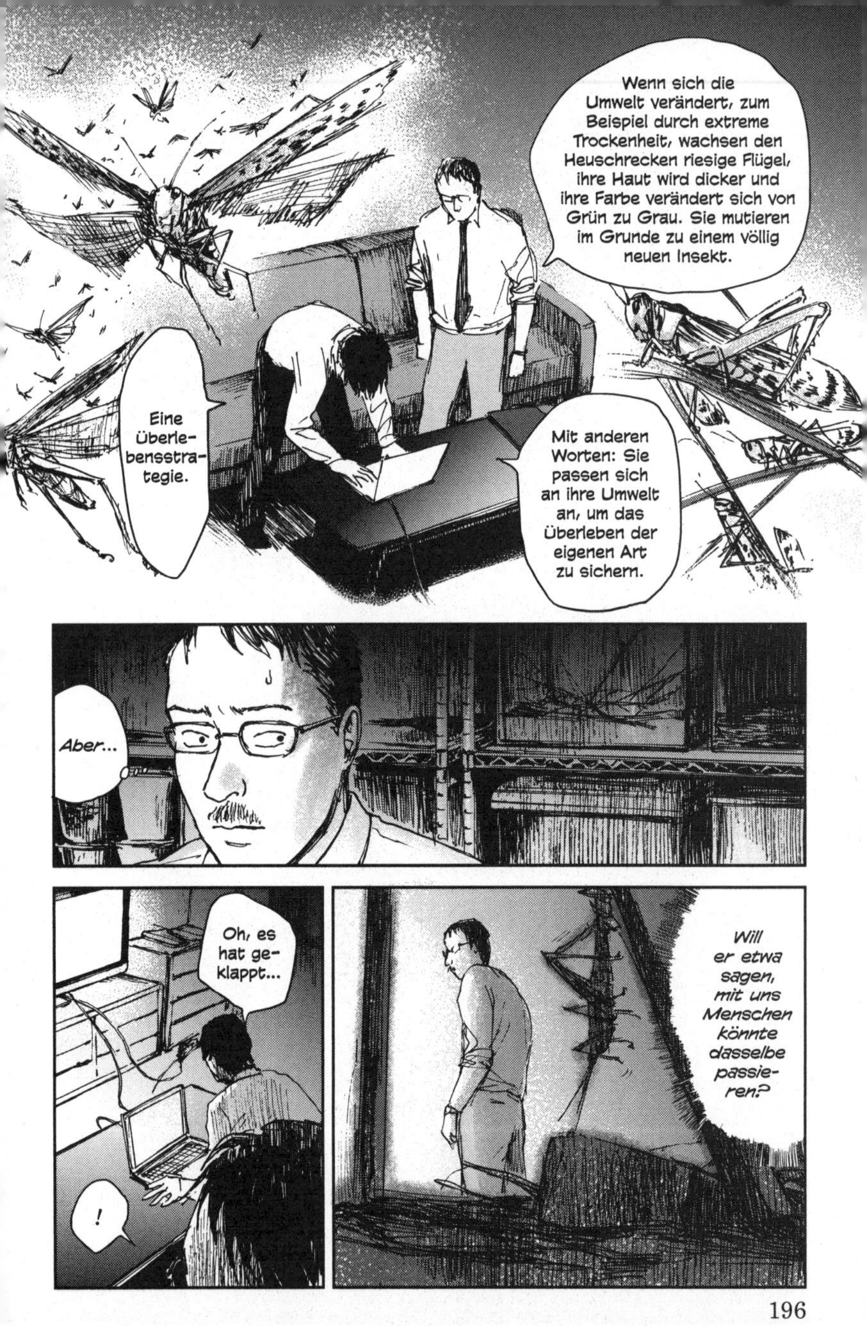
Wenn sich die Umwelt verändert, zum Beispiel durch extreme Trockenheit, wachsen den Heuschrecken riesige Flügel, ihre Haut wird dicker und ihre Farbe verändert sich von Grün zu Grau. Sie mutieren im Grunde zu einem völlig neuen Insekt.
Mit anderen Worten: Sie passen sich an ihre Umwelt an, um das Überleben der eigenen Art zu sichern.
Eine Überlebensstrategie.
Aber...
Will er etwa sagen, mit uns Menschen könnte dasselbe passieren?
Oh, es hat geklappt...
!

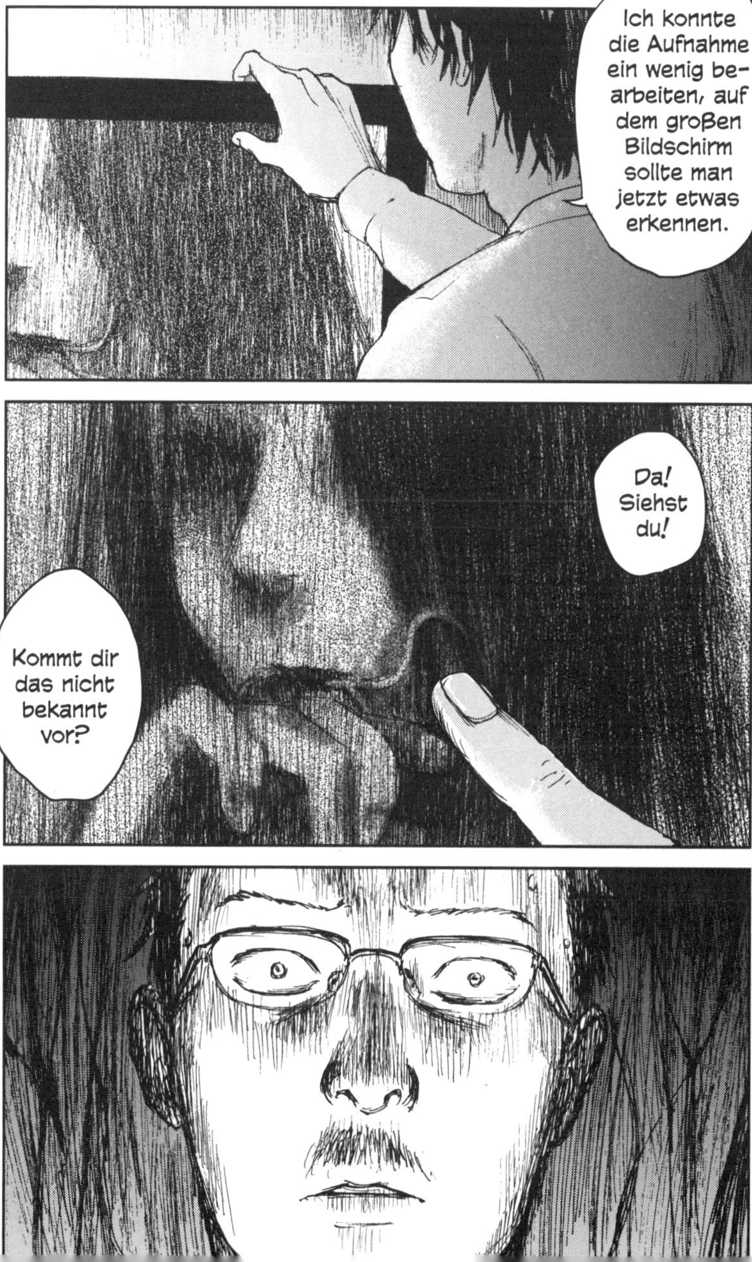
Ich konnte die Aufnahme ein wenig be-arbeiten, auf dem großen Bildschirm sollte man jetzt etwas erkennen.
Da! Siehst du!
Kommt dir das nicht bekannt vor?

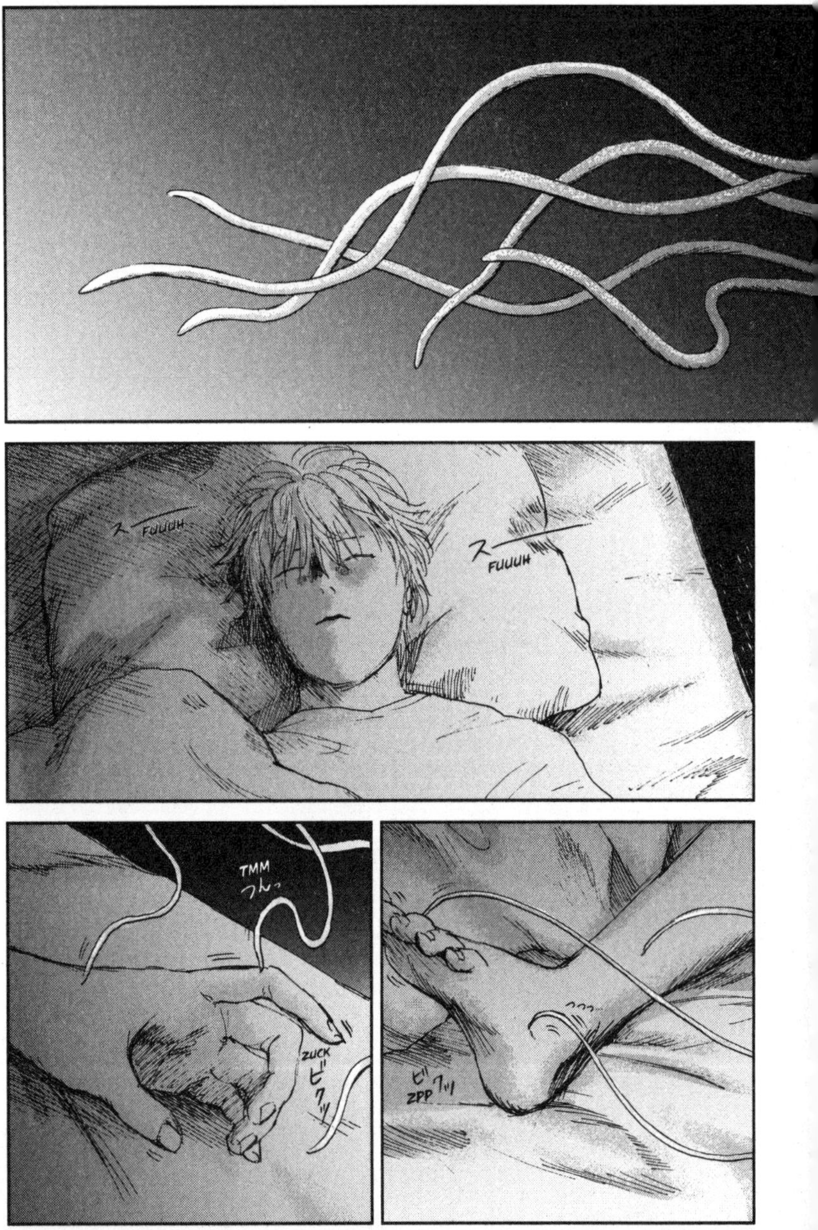
スー
FUUUH
スー
FUUUH
ZPP
ビクッ
TMM
つんっ
ZUCK
ビクッ

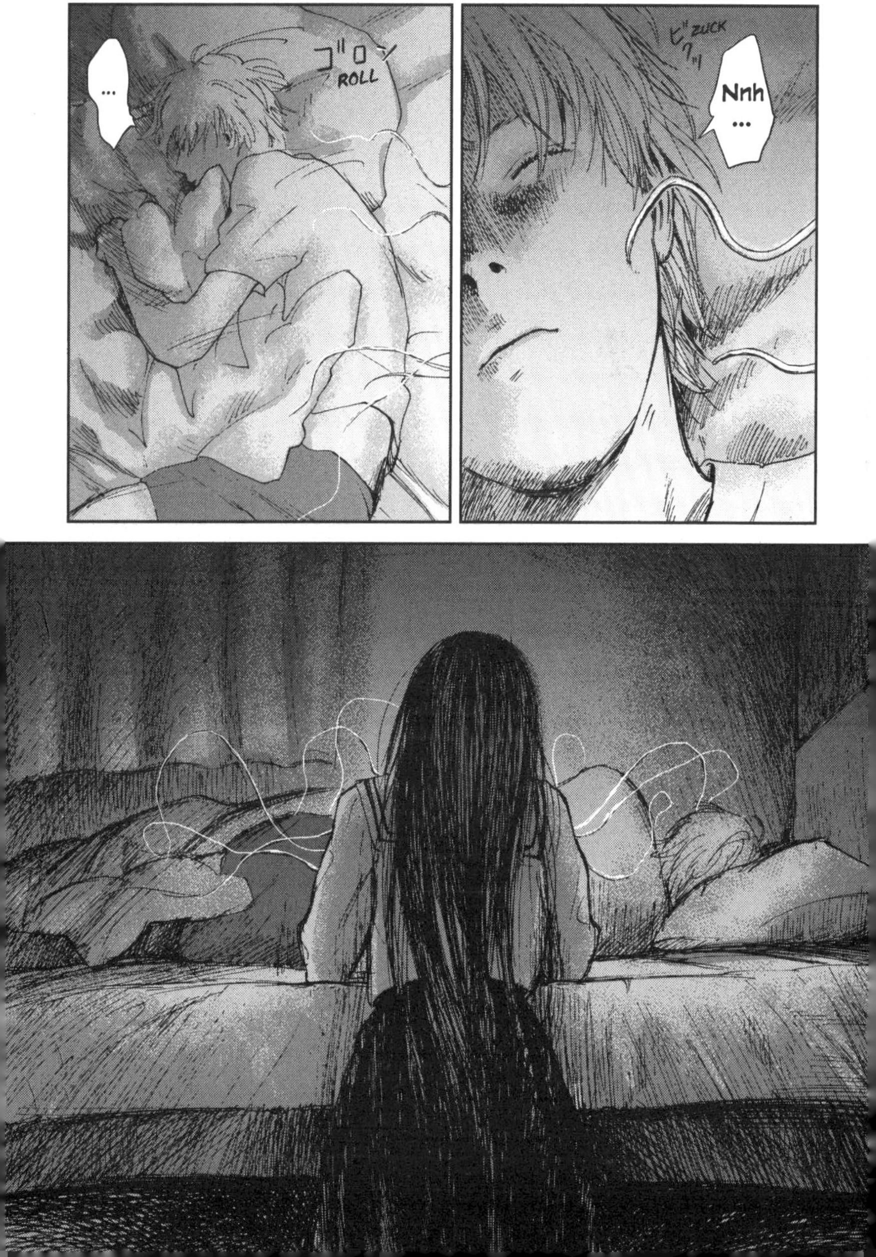
ビクッ ZUCK
Nnh ...
ゴロン ROLL
...

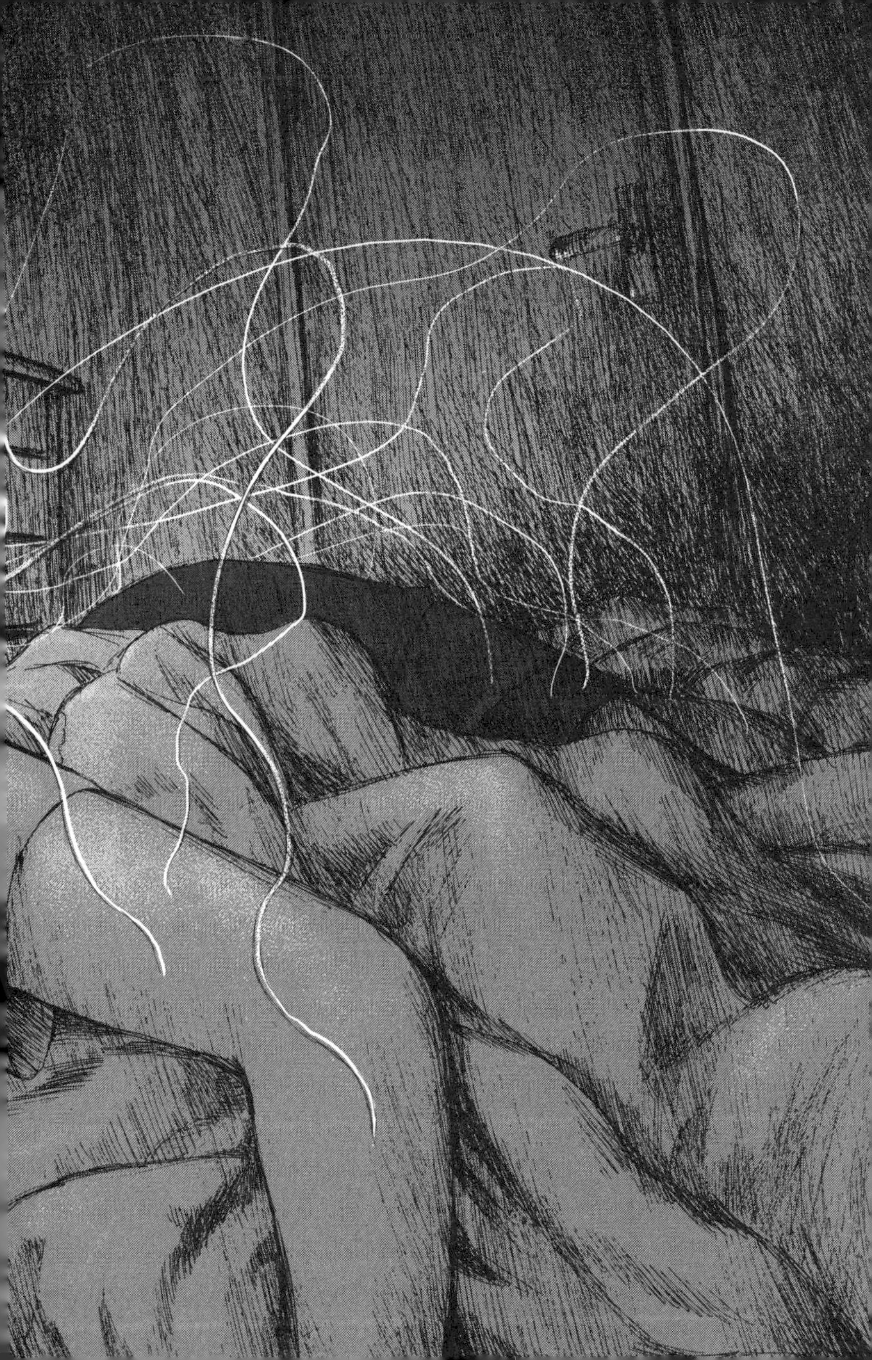

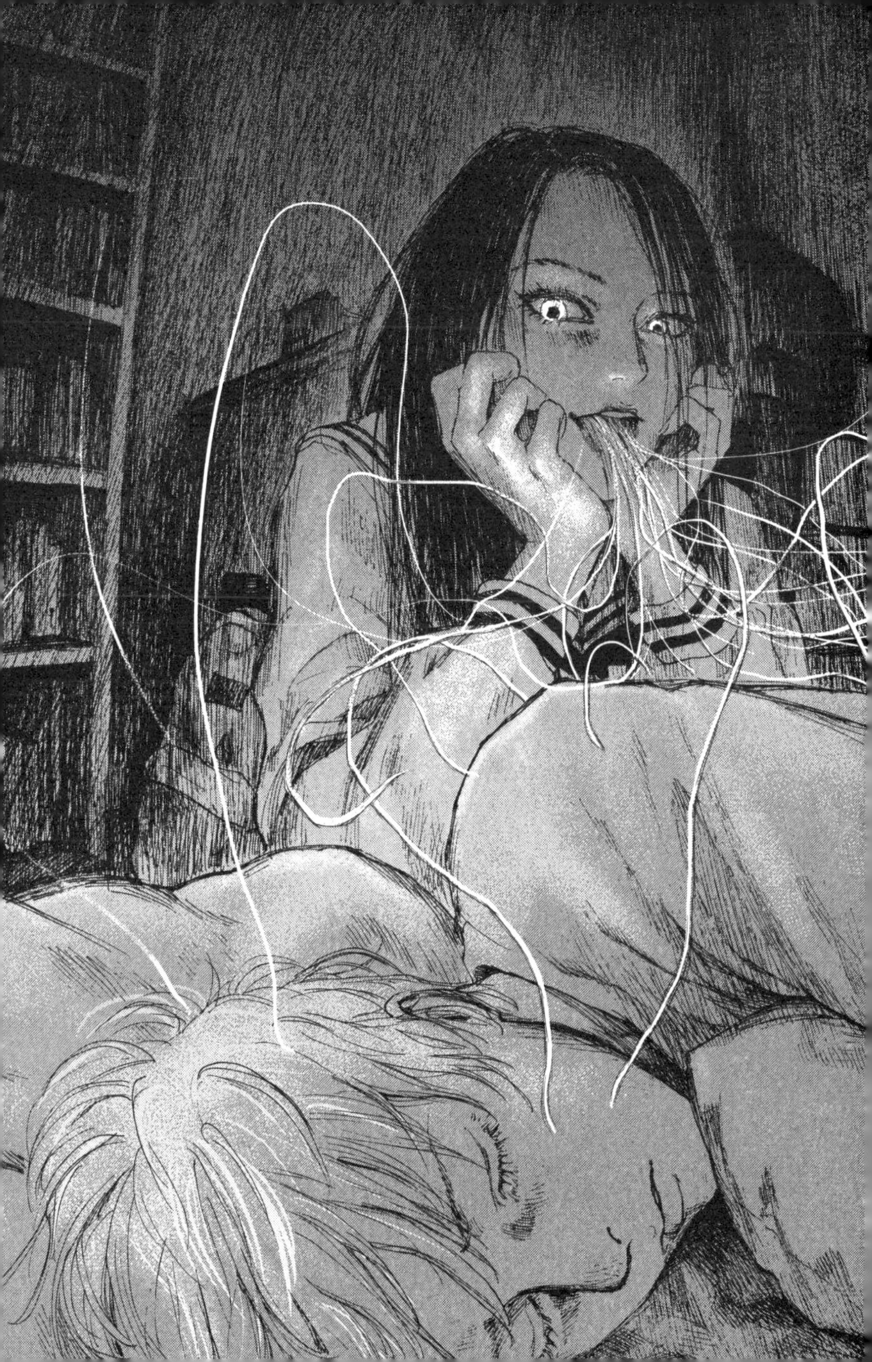

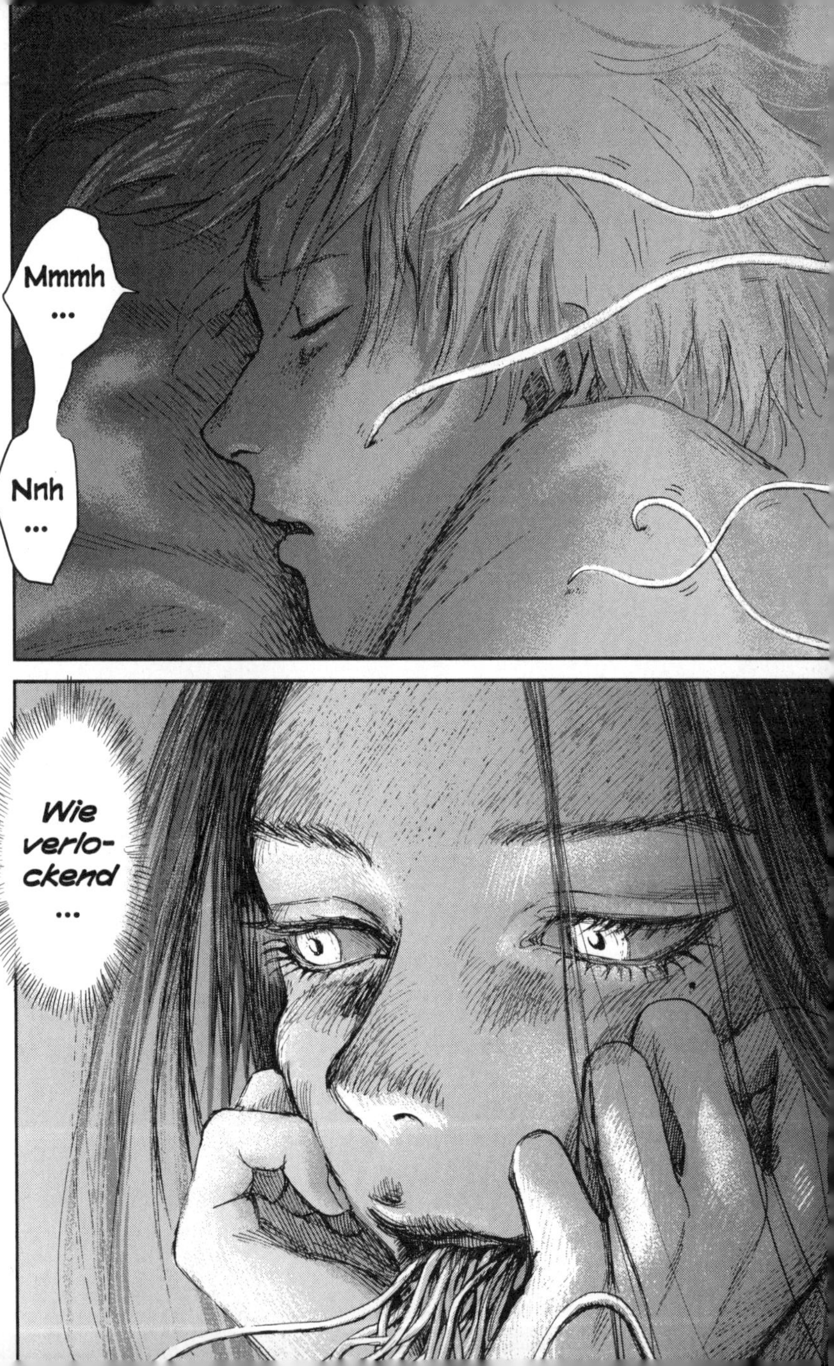

Mmmh ...
Nnh ...
Wie verlo-ckend ...

FORTSETZUNGFOLGT!

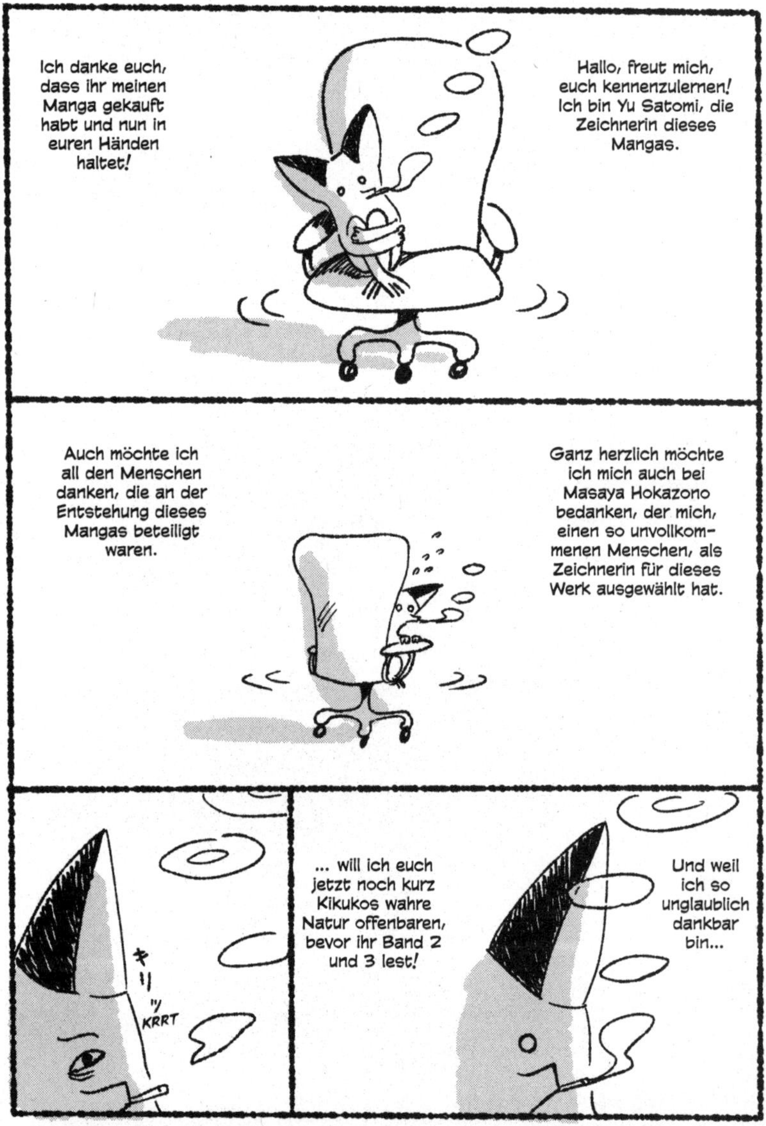
Hallo, freut mich, euch kennenzulernen! Ich bin Yu Satomi, die Zeichnerin dieses Mangas.
Ich danke euch, dass ihr meinen Manga gekauft habt und nun in euren Händen haltet!
Ganz herzlich möchte ich mich auch bei Masaya Hokazono bedanken, der mich, einen so unvollkommenen Menschen, als Zeichnerin für dieses Werk ausgewählt hat.
Auch möchte ich all den Menschen danken, die an der Entstehung dieses Mangas beteiligt waren.
Und weil ich so unglaublich dankbar bin...
... will ich euch jetzt noch kurz Kikukos wahre Natur offenbaren, bevor ihr Band 2 und 3 lest!
KRRT

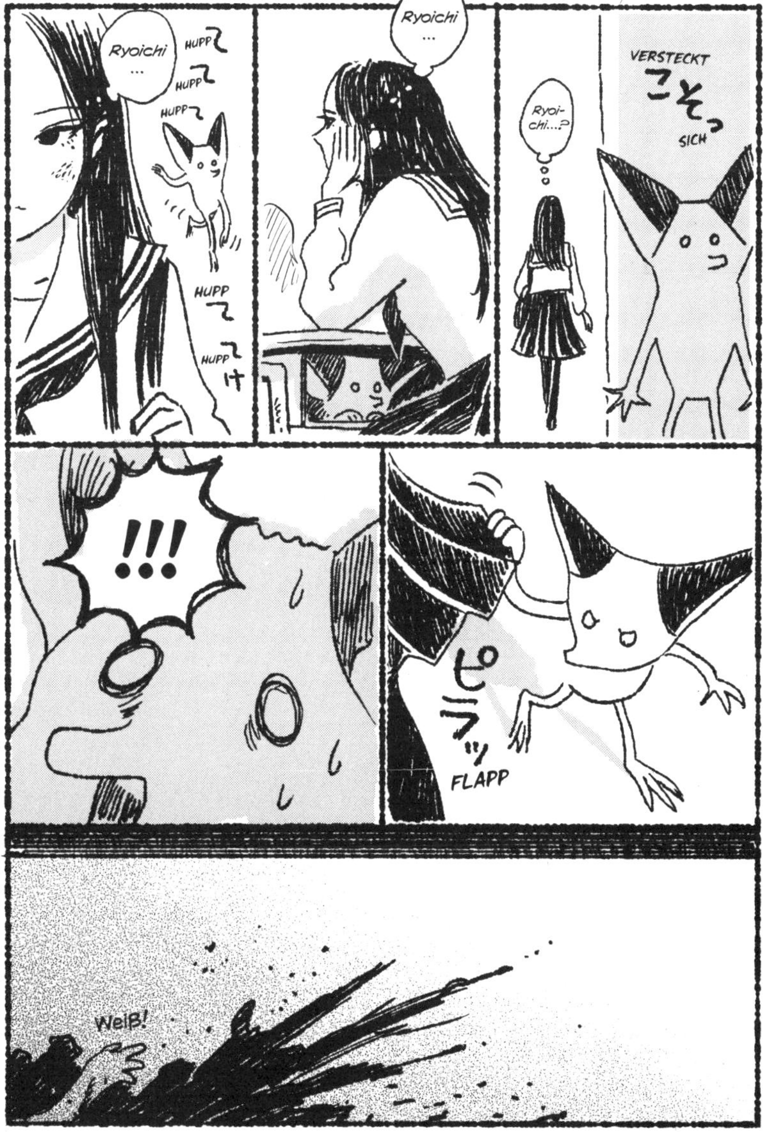
Ryoichi …
HUPP
HUPP
HUPP
HUPP
HUPP
Ryoichi …
Ryoi-chi…?
VERSTECKT
SICH
!!!
FLAPP
Weiß!

[Nachwort]

Zum ersten Mal traf ich Yu Satomi, als ich auf der Suche nach einer guten Illustratorin für das Cover meiner Story-Sammlung „Akai Hon" war. Und Yu Satomi ist eine Frau, die Zeichnungen erschafft, welche gleichermaßen wunderschön aber auch ungemein gruselig wirken können. Ich habe mich natürlich gefragt, was für ein Mensch hinter diesem Talent steckt, ja, ob sie überhaupt ein Mensch war? An dem Tag, als wir uns zum ersten Mal trafen und sie etwas verängstigt vor mir stand, wurden meine Erwartungen leider enttäuscht, denn vor mir stand zu meiner Überraschung tatsächlich ein Mensch aus Fleisch und Blut, noch dazu eine wunderschöne, schlanke, junge Frau. Obwohl sie mir direkt gestand, dass sie bis dato keinerlei Erfahrung mit Manga hatte, ließ sie sich dennoch auf meinen Vorschlag ein und stimmte einer Zusammenarbeit zu. Und der Grad an Perfektion, den sie den Gesichtern mit ihren Zeichnungen verlieh, verblüffte mich so sehr, dass ich direkt beschloss, sie mit dem Zeichnen zu beauftragen.
Ehrlich gesagt war es ein wenig riskant von mir, da sie mit Manga bisher noch nicht in Berührung kam, aber ich sollte nochmals überrascht werden, als ich das erste Kapitel vorgelegt bekam. Die Qualität ihrer Arbeit war einfach umwerfend und sie verstand genau, worauf es bei der Umsetzung der Story ankam. Eine vierte Überraschung erlebte ich, als ich sah, wie sie sogar weiß, mit VR (der virtuellen Realität) umzugehen und sie für ihre Zwecke zu manipulieren.
Yu Satomi, wie weit werden Sie noch gehen? Kurzum, Sie sind wirklich einzigartig! Und ich bin ungemein froh, dass ich mich an Sie gewandt habe! Das sagte ich voller Freude und Begeisterung, als ich die ersten Entwürfe in den Händen hielt. Ich hoffe, dass ihr genauso erstaunt und begeistert seid, wie ich es damals war.

Masaya Hokazono

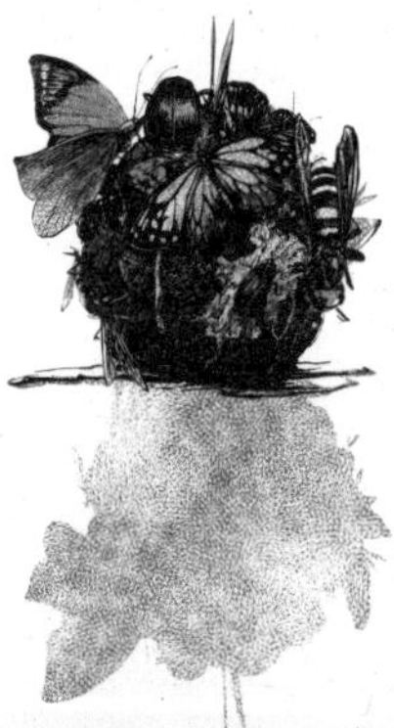

www.egmont-manga.de
Unsere Bücher findest du im
Buch- und Fachhandel und auf

EGMONT Shop

www.egmont-shop.de

„Mushihime – Insect Princess 1"
von Masaya Hokazono und Yu Satomi
Aus dem Japanischen von Martin Gericke
Originaltitel: „Mushihime" Vol. 1

Originalausgabe:
MUSHIHIME

First published in Japan in 2015 by HOME-SHA Inc., Tokyo.
arranged by SHUEISHA Inc., Tokyo.
German translation rights in Germany, Austria and German-speaking Switzerland
arranged by SHUEISHA Inc. through VME PLB SAS, France.

Deutschsprachige Ausgabe:

verlegt durch Egmont Verlagsgesellschaften mbH,
Ritterstraße 26, 10969 Berlin

1. Auflage 2023
Verantwortliche Redakteurin: Luisa Steinhäuser
Gestaltung: Claudia V. Villhauer
Koordination: Angelika Schönhuber
Printed in the EU
ISBN 978-3-7555-0281-4

story house
EGMONT

SUTOPPU!

**Koko wa kono manga no owari dayo.
Hantaigawa kara yomihajimete ne!
Dewa omatase shimashita!
Tanoshii hitotoki wo dozo!**

Egmont-Manga-Chiimu

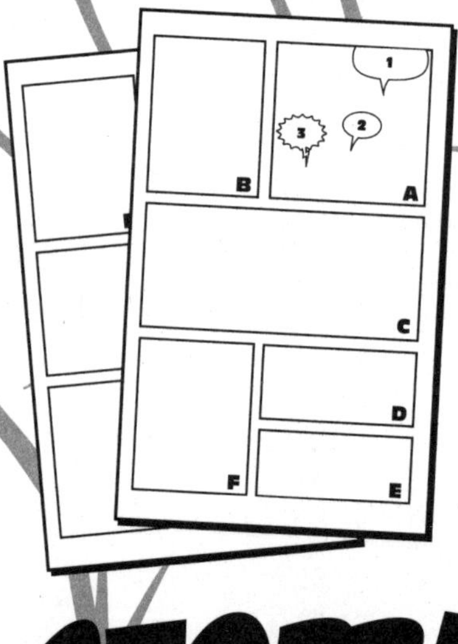

STOPP!

**Das ist der Schluss des Mangas.
Fangt bitte am anderen Ende an!
Und nun genug der Vorrede,
viel Spaß beim Lesen!**

Euer Egmont-Manga-Team